科目別 過去問題集

現代社会
2023高卒認定
スーパー実戦過去問題集

編集●J-出版編集部
制作●J-Web School

J-出版

もくじ

高卒認定情報ほか

問題／解答・解説

高卒認定試験の概要

1．高等学校卒業認定試験とは

高等学校卒業程度認定試験（高卒認定試験）は、高等学校を卒業していないなどのため、大学等の受験資格がない方に対し、高等学校卒業者と同等以上の学力があるかどうかを認定する試験です。合格者には大学・短大・専門学校や看護学校などの受験資格が与えられるだけでなく、高等学校卒業者と同等以上の学力がある者として認定され、就職、転職、資格試験等に広く活用することができます。ただし、試験で合格点を得た者が満18歳に達していないときには、18歳の誕生日の翌日から合格者となります。

2．受験資格

受験年度末の3月31日までに満16歳以上になる方。現在、高等学校等に在籍されている方も受験が可能です。ただし、すでに大学入学資格を持っている方は受験できません。

3．実施日程

試験は8月と11月の年２回実施されます。8月試験と11月試験の受験案内（願書）配布開始日、出願期間、試験日、結果通知送付日は以下のとおりです（令和４年度の実施日程を基に作成しています。最新の実施日程については文部科学省のホームページを確認してください）。

	第1回（8月試験）	第2回（11月試験）
配布開始日	4月4日（月）～	7月19日（火）～
出願期間	4月4日（月）～5月9日（月）	7月19日（火）～9月13日（火）
試験日	8月4日（木）・5日（金）	11月5日（土）・6日（日）
結果通知送付日	8月30日（火）発送	12月6日（火）発送

4．試験科目と合格要件

試験の合格者となるためには、合格要件に沿って８科目もしくは９科目、10科目の試験科目に合格することが必要です（「公民」および「理科」の選択科目によって科目数が異なります）。

教科	試験科目	科目数	合格要件
国語	国語	1	必修
地理歴史	世界史A、世界史B	1	２科目のうちいずれか１科目必修
	日本史A、日本史B	1	４科目のうちいずれか１科目必修
	地理A、地理B		
公民	現代社会	1 または 2	「現代社会」１科目 「倫理」および「政治・経済」の２科目 いずれか必修
	倫理		
	政治・経済		
数学	数学	1	必修
理科	科学と人間生活	2 または 3	以下の①、②のいずれかが必修 ①「科学と人間生活」の１科目と「物理基礎」、「化学基礎」、「生物基礎」、「地学基礎」のうち１科目（合計２科目） ②「物理基礎」、「化学基礎」、「生物基礎」、「地学基礎」のうち３科目（合計３科目）
	物理基礎		
	化学基礎		
	生物基礎		
	地学基礎		
外国語	英語	1	必修

5. 試験科目の出題範囲

試験科目	出題範囲（対応する教科書名）	
国語	「国語総合」古文・漢文含む	平成25年4月以降の高等学校入学者が使用している教科書
世界史A	「世界史A」	
世界史B	「世界史B」	
日本史A	「日本史A」	
日本史B	「日本史B」	
地理A	「地理A」	
地理B	「地理B」	
現代社会	「現代社会」	
倫理	「倫理」	
政治・経済	「政治・経済」	
数学	「数学Ⅰ」	平成24年4月以降の高等学校入学者が使用している教科書
科学と人間生活	「科学と人間生活」	
物理基礎	「物理基礎」	
化学基礎	「化学基礎」	
生物基礎	「生物基礎」	
地学基礎	「地学基礎」	
英語	「コミュニケーション英語Ⅰ」	平成25年4月以降の高等学校入学者が使用している教科書

出願から合格まで

1. 受験願書の入手

受験案内（願書）は、文部科学省や各都道府県教育委員会、各都道府県の配布場所などで配布されます。ただし、配布期間は年度毎に異なりますので、文部科学省のホームページなどで事前に確認してください。なお、直接取りに行くことができない方はパソコンやスマートフォンで受験案内（願書）を請求することが可能です。

〈パソコンもしくはスマートフォンで請求する場合〉

次のURLにアクセスし、画面の案内に従って申し込んでください。　https://telemail.jp/shingaku/pc/gakkou/kousotsu/

○受験案内（願書）は、配布開始時期のおよそ1か月前から出願締切のおよそ1週間前まで請求できます。

○請求後、受験案内（願書）は発送日から通常3～5日程度で届きます。ただし、配布開始日以前に請求した場合は予約扱いとなり、配布開始日に発送されます。

○受験案内（願書）に同封されている支払い方法に従って料金を払います。

○不明な点はテレメールカスタマーセンター（TEL：050-8601-0102　受付時間：9:30 ～ 18:00）までお問い合わせください。

2. 出願書類の準備

受験案内（願書）を入手したら、出願に必要な次の書類を用意します（令和4年度の受験案内を基に作成しています。内容が変更になる場合もあるため、最新の受験案内を必ず確認してください）。

①受験願書・履歴書
②受験料（収入印紙）
③写真2枚（縦4cm×横3cm）　※同じ写真を2枚用意
④住民票または戸籍抄本
⑤科目合格通知書　※一部科目合格者のみ
⑥試験科目の免除に必要な書類（単位修得証明書、技能審査の合格証明書）　※試験科目の免除を申請する者のみ
⑦氏名、本籍の変更の経緯がわかる公的書類（戸籍抄本等）　※必要な者のみ
⑧個人情報の提供にかかる同意書　※該当者のみ
⑨特別措置申請書および医師の診断・意見書　※必要な者のみ
⑩出願用の封筒

①受験願書・履歴書

受験願書・履歴書の用紙は受験案内に添付されています。

②受験料（収入印紙）

受験科目が７科目以上の場合は 8,500 円、４科目以上６科目以下の場合は 6,500 円、３科目以下の場合は 4,500 円です。受験料分の日本政府発行の収入印紙（都道府県発行の収入証紙等は不可）を郵便局等で購入し、受験願書の所定欄に貼り付けてください。

③写真２枚（縦４cm× 横３cm）

出願前６か月以内に撮影した、無帽・背景無地・正面上半身の写真を２枚（同一のもの）用意し、裏面に受験地と氏名を記入して受験願書の所定欄に張り付けてください。写真は白黒・カラーいずれも可です。

④住民票または戸籍抄本（原本）

出願前６か月以内に交付され、かつ「本籍地（外国籍の方は国籍等）」が記載されたものを用意してください。マイナンバーの記載は不要です。海外在住の外国籍の方で提出が困難な場合は、必ず事前に文部科学省総合教育政策局生涯学習推進課認定試験第二係まで問い合わせてください。　TEL：03-5253-4111（代表）（内線 2590・2591）

⑤科目合格通知書（原本）

過去に高等学校卒業程度認定試験または大学入学資格検定において、一部科目に合格している方は提出してください。なお、紛失した場合は受験案内にある「科目合格通知書再交付願」で出願前に再交付を受けてください。結婚等により、科目合格通知書に記載された氏名または本籍に変更がある場合は、「⑦氏名、本籍の変更の経緯がわかる公的書類（戸籍抄本等）」をあわせて提出してください。

⑥試験科目の免除に必要な書類（単位修得証明書、技能審査の合格証明書）（原本）

試験科目の免除を申請する方は受験案内を確認し、必要書類を提出してください。なお、単位修得証明書が発行元で厳封されていない場合は受理されません。結婚等により、試験科目の免除に必要な書類の氏名に変更がある場合は、「⑦氏名、本籍の変更の経緯がわかる公的書類（戸籍抄本等）」をあわせて提出してください。

⑦氏名、本籍の変更の経緯がわかる公的書類（戸籍抄本等）（原本）

結婚等により、「⑤科目合格通知書」や「⑥試験科目の免除に必要な書類」に記載された氏名または本籍が変更となっている場合に提出してください。

⑧個人情報の提供にかかる同意書

外国籍の方で、過去に高等学校卒業程度認定試験または大学入学資格検定で合格した科目があり、「⑤科目合格通知書」の氏名（本名）または国籍に変更がある場合は、提出してください。

⑨特別措置申請書および医師の診断・意見書

身体上の障がい等により、受験の際に特別措置を希望する方は、受験案内を確認し、必要書類を提出してください。

⑩出願用の封筒

出願用の封筒は受験案内に添付されています。封筒の裏面に氏名、住所、受験地を明記し、「出願書類確認欄」を用いて必要書類が揃っているかを再度チェックし、不備がなければ郵便局の窓口で「簡易書留扱い」にして文部科学省宛に送付してください。

3. 受験票

受験票等（受験科目決定通知書、試験会場案内図および注意事項を含む）は文部科学省から受験願書に記入された住所に届きます。受験案内に記載されている期日を過ぎても到着しない場合や記載内容に誤りがある場合は、文部科学省総合教育政策局生涯学習推進課認定試験第二係に連絡してください。　TEL：03-5253-4111（代表）　①試験実施に関すること（内線 2024・2643）　②証明書に関すること（内線 2590・2591）

4. 合格発表・結果通知

試験の結果に応じて、文部科学省から次のいずれかの書類が届きます。全科目合格者には「**合格証書**」、一部科目合格者には「**科目合格通知書**」、その他の者には「**受験結果通知**」が届きます。「**合格証書**」が届いた方は、大学入学資格（高等学校卒業程度認定資格）が与えられます。ただし、試験で合格点を得た方が満 18 歳に達していないときには、18 歳の誕生日の翌日から合格者となります。そのため、大学入学共通テスト、大学の入学試験等については、原則として満 18 歳になる年度から受験が可能となります。大学入学共通テストについては、独立行政法人大学入試センター　事業第一課（TEL：03-3465-8600）にお問い合わせください。「**科目合格通知書**」が届いた方は、高等学校卒業程度認定試験において１科目以上の科目を合格した証明になりますので、次回の受験まで大切に保管するようにしてください。なお、一部科目合格者の方は「**科目履修制度**」を利用して、合格に必要な残りの科目について単位を修得することによって、高等学校卒業程度認定試験合格者となることができます（「**科目履修制度**」については次のページもあわせて参照してください）。

科目履修制度（未合格科目を免除科目とする）

1.科目履修制度とは

科目履修制度とは、通信制などの高等学校の科目履修生として未合格科目（合格に必要な残りの科目）を履修し、レポートの提出とスクーリングの出席、単位認定試験の受験をすることで履修科目の単位を修得する制度となります。この制度を利用して単位を修得した科目は、免除科目として文部科学省に申請することができます。高等学校卒業程度認定試験（高卒認定試験）の合格科目と科目履修による単位修得を合わせることにより、高等学校卒業程度認定試験の合格者となることができるのです。

2.科目履修の学習内容

レポートの提出と指定会場にて指定回数のスクーリングに出席し、単位認定試験で一定以上の点数をとる必要があります。

3.科目履修制度の利用

❶すでに高卒認定試験で合格した一部科目と科目履修を合わせることにより高卒認定試験合格者となる。

高卒認定試験 既合格科目 ＋ 科目履修（残り科目を履修） ＝ 合わせて8科目以上 高卒認定試験 合格

※最低１科目の既合格科目または合格見込科目が必要

①苦手科目がどうしても合格できない方
②合格見込成績証明書を入手し、受験手続をしたい方
③残り科目を確実な方法で合格したい方
④大学・短大・専門学校への進路が決まっている方

❷苦手科目等を先に科目履修で免除科目にして、残りの得意科目は高卒認定試験で合格することで高卒認定試験合格者となる。

科目履修（苦手科目等を履修） ＋ 高卒認定試験 科目受験 ＝ 合わせて8科目以上 高卒認定試験 合格

※最低１科目の既合格科目または合格見込科目が必要

①得意科目だけで高卒認定試験の受験に臨みたい方
②できるだけ受験科目数を減らしたい方
③どうしても試験で合格する自信のない科目がある方
④確実な方法で高卒認定試験の合格を目指したい方

4.免除を受けることができる試験科目と免除に必要な修得単位数

免除が受けられる試験科目	高等学校の科目	免除に必要な修得単位数
国語	「国語総合」	4
世界史Ａ	「世界史Ａ」	2
世界史Ｂ	「世界史Ｂ」	4
日本史Ａ	「日本史Ａ」	2
日本史Ｂ	「日本史Ｂ」	4
地理Ａ	「地理Ａ」	2
地理Ｂ	「地理Ｂ」	4
現代社会	「現代社会」	2
倫理	「倫理」	2
政治・経済	「政治・経済」	2
数学	「数学Ⅰ」	3
科学と人間生活	「科学と人間生活」	2
物理基礎	「物理基礎」	2
化学基礎	「化学基礎」	2
生物基礎	「生物基礎」	2
地学基礎	「地学基礎」	2
英語	「コミュニケーション英語Ⅰ」	3

（注）上記に記載されている免除に必要な修得単位数はあくまで標準的修得単位数であり、学校によっては科目毎の設定単位数が異なる場合があります。

■科目履修制度についてより詳しく知りたい方は、J-出版編集部にお問い合わせください。
TEL：03-5800-0552
Mail：info@j-publish.net
http://www.j-publish.net/risyu/

傾向と対策

1．出題傾向

現代社会の配点は、知識を問われる問題が約 50 点、資料の読み取り問題が約 50 点です。下表は、過去 3 年間の 8 月試験および 11 月試験の出題傾向です。幅広い分野から出題される傾向がありますが、出題回数が多い「現代の国家と民主政治」「現代の経済と国民の福祉」を優先して学習することで、効率良く得点獲得につなげることができます。

出題内容	令和2年度第1回	令和2年度第2回	令和3年度第1回	令和3年度第2回	令和4年度第1回	令和4年度第2回
現代の人間と文化						
現代社会の特質					●	●
青年期の課題	●	●	●	●		
世界の文化と宗教					●	●
人口・エネルギー問題						
環境問題とその対策			●			●
倫理・哲学				●		
現代の国家と民主政治						
民主政治の基本原理		●	●	●		
日本国憲法の制定と基本原理			●			
日本国憲法と基本的人権の尊重	●	●		●	●	●
国民主権と議会政治	●	●		●	●	●
現代日本の政治と課題	●	●				●
地方自治と住民自治						●
現代の経済と国民の福祉						
市場のしくみ	●		●	●		●
経済の変動					●	●
企業からみた経済	●	●		●		●
金融と財政	●				●	
国民生活と労働			●	●		
現代の世界と人類の課題						
国際政治と国際連合	●	●	●	●	●	●
新たな対立と紛争			●			
核兵器削減と軍縮			●		●	
国際経済のしくみ	●					●
南北問題と経済の新しい動き				●		
経済の地域主義と新たな動き		●	●			
現代社会に関する資料問題	●	●	●	●	●	●

2. 出題内容と対策

1 現代社会の人間と文化

青年期の課題は頻出です。確実に押さえておきましょう。

2 現代の国家と民主政治

政治分野は、選挙制度・憲法・日本の政治機構（国会・内閣・裁判所）に関する内容が重要です。それぞれの政治機関の役割や違いを押さえながら学ぶようにしましょう。

3 現代の経済と国民の福祉

経済分野は、雇用や労働に関する内容が重要です。各種法律を学習することに加えて、日々ニュースなどを通じて国民生活に関わる動向をチェックしておきましょう。経済のモノ・お金に関する価格の上下や金融政策については難解な問題が多いです。学習の際には、「どうして供給が増えると価格が下がるのか」など具体的に考えるようにして、さまざまな問題に対応できるようにしましょう。

4 現代の世界と人類の課題

国際の分野は、国際連合機関が重要です。国際機関の略称や国連の活動なども押さえておくようにしましょう。

5 現代社会に関する資料問題

資料問題は全体の約半分を占めていますので、得意分野にすることで合格に大きく近づくことができます。資料問題は正確に読み取ることができれば正解できますので、過去問演習に取り組み、さまざまなパターンの問題に慣れておきましょう。グラフを読む時には、「グラフのタイトル」「縦軸と横軸の項目」「単位（%や円など）」を確認しましょう。選択肢の説明のなかに出てくるはずです。また、試験会場で配られる問題用紙には書き込みができますので、問題を解きながら書き込みを行うと解きやすくなりますし、ミスを防ぐことにも役立ちます。

時間配分に注意！

現代社会は全体的に文章量が多いため、時間切れになりやすい科目といえます。試験が近づいてきたら、過去問演習は時間を計って取り組み、時間を短縮するコツをつかんでおきましょう。

【コツ1】本文は傍線部や空欄の前後を読む

知識を問われる問題は、本文中の傍線部や空欄の前後2行を読むだけで解ける問題がほとんどです。本文すべてを読むのではなく、ポイントを押さえて読むようにしましょう。

【コツ2】消去法を活用する

消去法を活用することで、判断しなければいけない選択肢の量を減らすことができます。消去法を使う際には、正解ではない選択肢に斜線などを引いてわかるようにしておき、ミスを防ぐようにしましょう。

【コツ3】分かる問題から解く

時間がかかりそうな問題や苦手な問題は飛ばし、解ける問題から解いていくことで、時間を有効に使うことができます。問題を飛ばす際には解答番号を必ず確認し、マークシートの塗る位置がずれてしまわないように注意してください。

ニュースや新聞を見る習慣をつけよう！

現代社会は今の世の中について学ぶ分野です。ニュースにはさまざまな現代社会の情報が含まれていますので、試験問題を解く際にも役立ちます。

令和４年度 第２回
高卒認定試験

現代社会

解答時間　50 分

注　意　事　項（抜粋）

＊　試験開始の合図前に，監督者の指示に従って，解答用紙の該当欄に以下の内容をそれぞれ正しく記入し，マークすること。

①**氏名欄**

氏名を記入すること。

②**受験番号**，③**生年月日**，④**受験地欄**

受験番号，生年月日を記入し，さらにマーク欄に**受験番号**（数字），**生年月日**（年号・数字），**受験地をマーク**すること。

＊　**受験番号，生年月日，受験地が正しくマークされていない場合は，採点できないことがある。**

＊　解答は，解答用紙の解答欄にマークすること。例えば，| 10 | と表示のある解答番号に対して②と解答する場合は，次の（例）のように**解答番号 10 の解答欄**の②に**マーク**すること。

（例）

解答番号	解　答　欄
10	① ● ③ ④ ⑤ ⑥ ⑦ ⑧ ⑨ ⓪

現 代 社 会

（解答番号 1 ～ 24 ）

1 次の会話文を読んで，問1～問3に答えよ。

幸司：この間，現代社会の授業で地球温暖化の対策について学んで，二酸化炭素(CO_2)などの温室効果ガスを減らすにはどうしたら良いのかを考えるようになったよ。

美紀：CO_2は化石燃料を燃やす中で多く排出されると学んだよ。

幸司：私は日本や世界のCO_2排出状況はどうなっているのかや(a)，国際社会はどんな取組みをしているのかを知りたいな。

美紀：国際社会は協力のために，COP(気候変動枠組み条約締約国会議)という話し合いの場を定期的に設けているね。COPは1992年の A を基本理念とする国連環境開発会議(地球サミット)以降開かれるようになったよ。2015年に開かれたCOP 21では， B が採択され，産業革命以前と比べて世界の平均気温の上昇を C 未満に抑える目標が定められたんだ。

幸司：目標達成のためには，化石燃料の消費を減らさなければならないね。世界は地球温暖化防止のために協力しようと取り組んでいることがわかったけれど，目標実現に向けての課題は，何かあるのかな。

美紀：先進国と途上国との間に考え方の違いがあり，対立することもあるそうだよ。(b)それぞれが置かれた状況にはどのような違いがあるのだろう。

幸司：それぞれの国の状況の違いを乗り越えて，各国が協力して地球環境を保全するよう，これからもニュースなどをよく見て考えていこうと思うよ。

問1 会話文中の A ， B ， C にあてはまるものの組合せとして適切なものを，次の①～④のうちから一つ選べ。解答番号は 1 。

	A	B	C
①	かけがえのない地球	京都議定書	2℃
②	持続可能な開発(発展)	京都議定書	3℃
③	かけがえのない地球	パリ協定	3℃
④	持続可能な開発(発展)	パリ協定	2℃

III

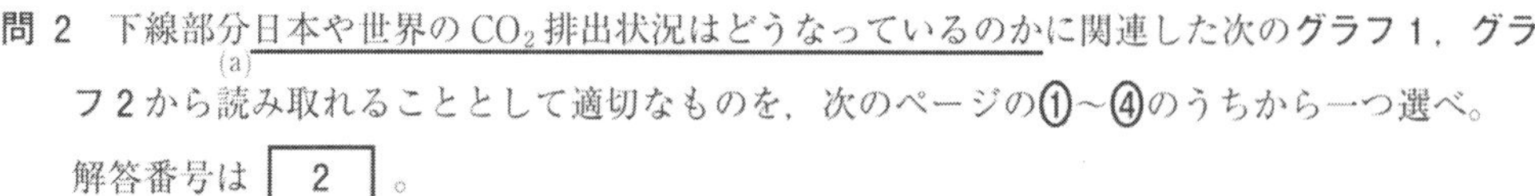

問 2　下線部分日本や世界のCO_2排出状況はどうなっているのかに関連した次のグラフ1，グラフ2から読み取れることとして適切なものを，次のページの①～④のうちから一つ選べ。解答番号は［ 2 ］。

グラフ1　主な国別・地域別燃料の燃焼で排出される二酸化炭素(CO_2)量の推移

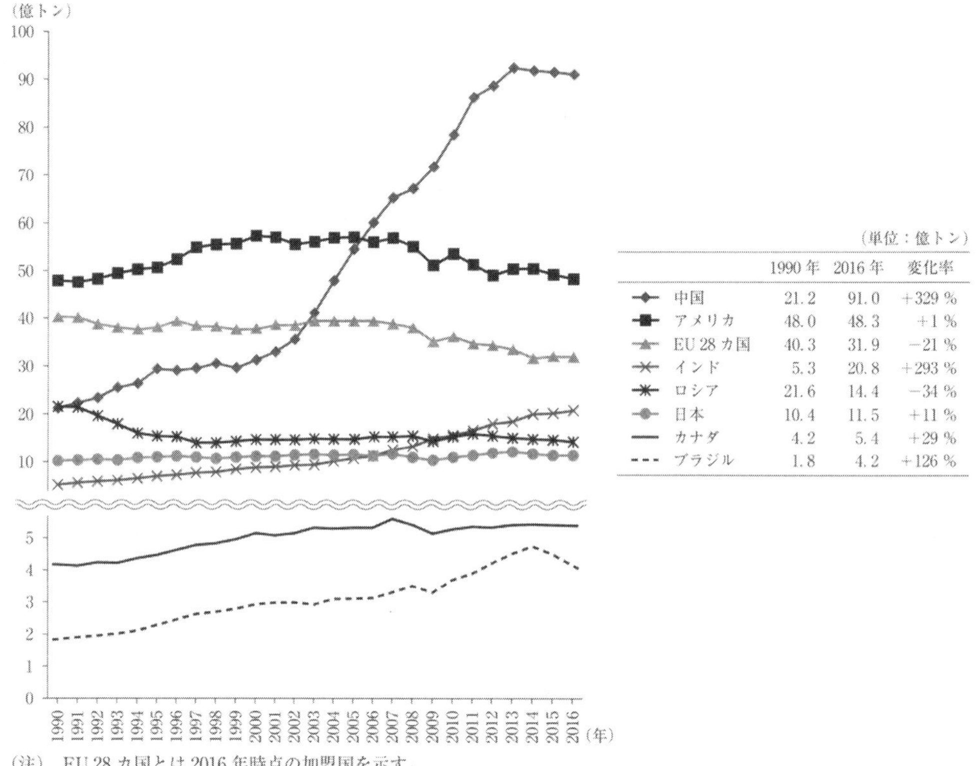

(単位：億トン)

	1990年	2016年	変化率
中国	21.2	91.0	+329 %
アメリカ	48.0	48.3	+1 %
EU 28 カ国	40.3	31.9	−21 %
インド	5.3	20.8	+293 %
ロシア	21.6	14.4	−34 %
日本	10.4	11.5	+11 %
カナダ	4.2	5.4	+29 %
ブラジル	1.8	4.2	+126 %

(注)　EU 28 カ国とは2016年時点の加盟国を示す。

(環境省ホームページにより作成)

グラフ2　日本の二酸化炭素(CO_2)排出量(2016年度)

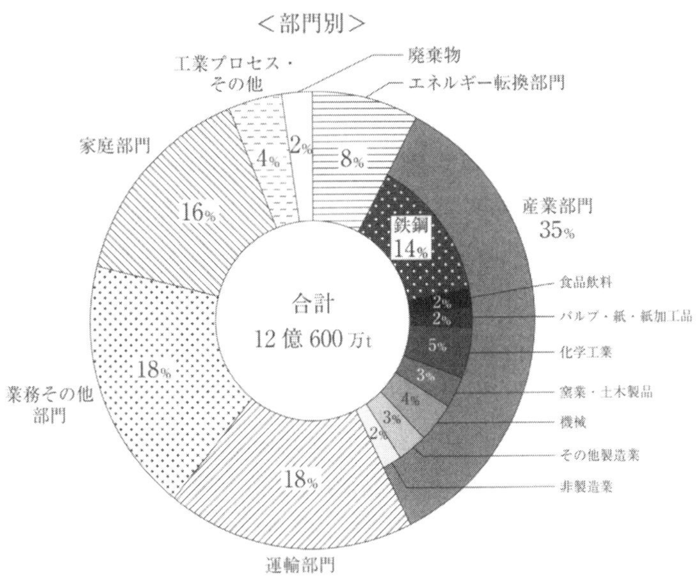

(注1)　機械は金属製品製造業を含む。
(注2)　化学工業は石油石炭製品を含む。
(一般社団法人 産業環境管理協会 資源・リサイクル促進センターホームページにより作成)

① **グラフ1**からは，日本のCO_2排出量は1990年から2016年にかけて11％減ったことがわかる。**グラフ2**からは，日本で最も二酸化炭素の排出が多い部門は運輸部門であることがわかる。

② **グラフ1**からは，EU 28カ国のCO_2排出量は1990年から2016年にかけて21％減ったことがわかる。**グラフ2**からは，日本で最も二酸化炭素の排出が多い部門は産業部門で，中でも鉄鋼業であることがわかる。

③ **グラフ1**からは，カナダのCO_2排出量は1990年から2016年にかけて29％減ったことがわかる。**グラフ2**からは，日本で最も二酸化炭素の排出が多い部門は産業部門で，中でも食品飲料業であることがわかる。

④ **グラフ1**からは，ロシアのCO_2排出量は1990年から2016年にかけて34％増えたことがわかる。**グラフ2**からは，日本で最も二酸化炭素の排出が多い部門は家庭部門であることがわかる。

問 3　下線部分(b)それぞれが置かれた状況にはどのような違いがあるのだろうに関連した次のグラフ3，グラフ4，グラフ5から読み取れることとして適切なものを，次のページの①～④のうちから一つ選べ。解答番号は［ 3 ］。

グラフ 3　世界の人口(2018 年)

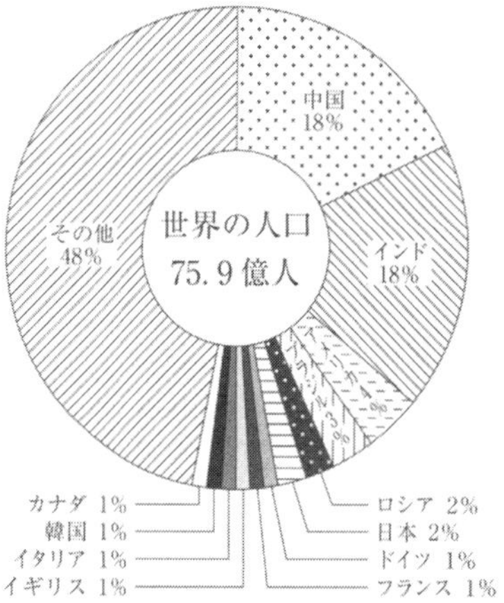

世界の人口
75.9 億人
中国 18%
インド 18%
アメリカ 4%
ブラジル 3%
ロシア 2%
日本 2%
ドイツ 1%
フランス 1%
カナダ 1%
韓国 1%
イタリア 1%
イギリス 1%
その他 48%

(注)　四捨五入の関係で合計値が合わない場合がある。
(一般財団法人日本原子力文化財団
原子力・エネルギー図面集により作成)

グラフ 4　世界の一次エネルギー消費量(2018 年)

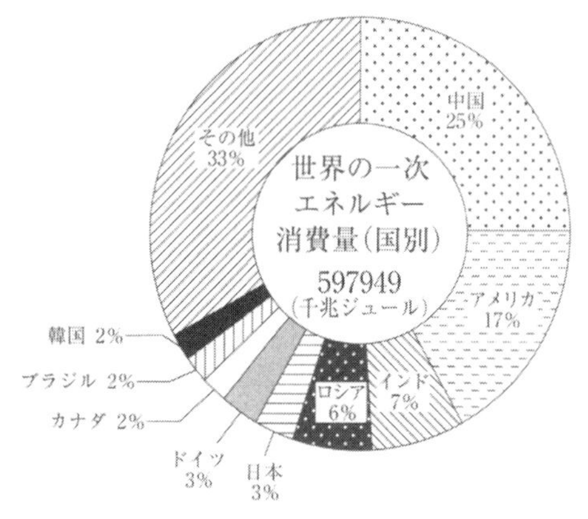

(IEA 統計により作成)

グラフ 5　世界の一人あたり一次エネルギー消費量(2018 年)

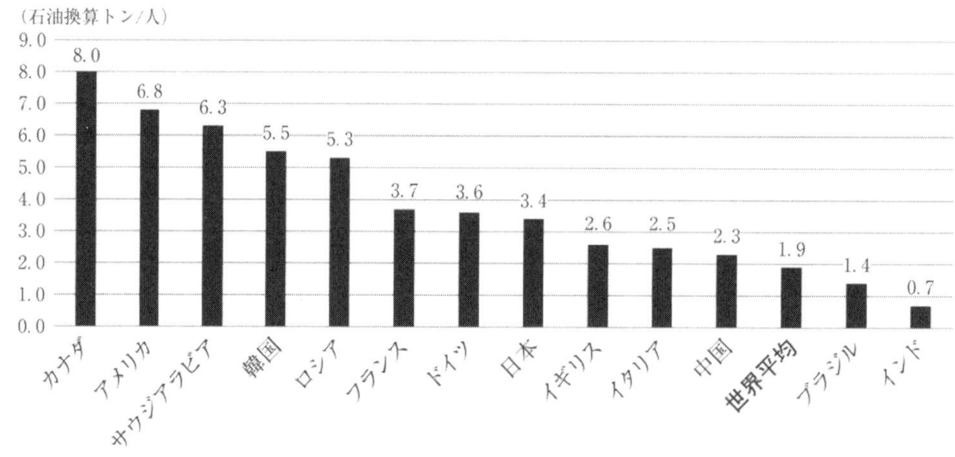

(注 1)　一次エネルギーとは自然に存在するそのままの状態のエネルギーのこと。
(注 2)　ジュールとはエネルギーを表す単位である。

(IEA 統計により作成)

① 中国の人口は世界で最も多く，国別の一次エネルギー消費量も最大である。中国の国民一人あたりの一次エネルギー消費量も，世界で最も多くなっている。

② アメリカの人口は，世界の人口の４％を占めている。アメリカの国別の一次エネルギー消費量も，世界全体の４％を占めている。

③ インドの人口は，世界の人口の 18％を占めている。インドの国別の一次エネルギー消費量は世界で三番目に多いが，一人あたりの一次エネルギー消費量は世界平均を下回っている。

④ 日本の人口は，世界の人口の２％を占めている。日本の国別の一次エネルギー消費量は世界３位で，一人あたりの一次エネルギー消費量は中国のそれよりも大きい。

2 次の会話文を読んで，問1～問3に答えよ。

里奈：各地で大雨が甚大な被害をもたらすなど，近年は自然災害が多発していますね。

和真：感染症の流行や経済に対する不安もあり，先の見えない時代だと感じます。

里奈：夏休みの宿題で『方丈記』を読みましたが，作者の鴨長明が生きた平安時代から鎌倉時代も，現代と同じように，とても不安の多い時代だったようです。

和真：たしかに，大火や竜巻，大地震それに源平の合戦など政治も混乱していました。

里奈：印象的だった部分を口語訳にしておいたので，読んでみてください。

> 総じて，この世の中は生きにくく，わが身と住居とははかなく，もろいということは，やはりまた，これまで述べてきたとおりだ。まして，住む環境によって，自分の境遇にしたがって心を悩ますということは，いちいち数えきれないほどだ。

（口語訳は，前田信弘『方丈記 不安な時代の心のありかた』による。以下同様。）

和真：「この世は生きにくく，わが身と住居とははかなく，もろい」なんて，とても考えさせられます。

里奈：鴨長明は，50歳のころに出家しているので，仏の教え(a)とも重ねて述べているのです。自分の身分がとるにたらないもので，権力や勢いのある家のそばに住んでいたら，喜ばしい出来事があっても，それを思い切り楽しむことはできないだろう，とも書いていました。

和真：物事は自分の置かれた状況次第だと思うことができれば悩まないのに，周りの人々の様子と比較をしてしまうから，悩んでしまうということでしょうか。社会学者リースマンが名づけた，大衆社会に特徴的な人間の心理や性格である **A** のようでもありますね。

里奈：そうでしょう。今の話に関連して，現代の若者の考え方で，気になる資料がありました。

グラフ1　人生で起こることは，結局は自分に原因があると思う

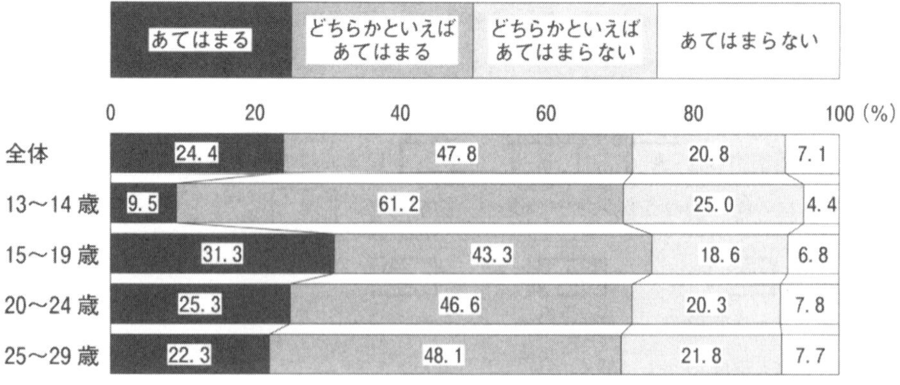

グラフ2　社会生活や日常生活を円滑に送ることができなかった経験

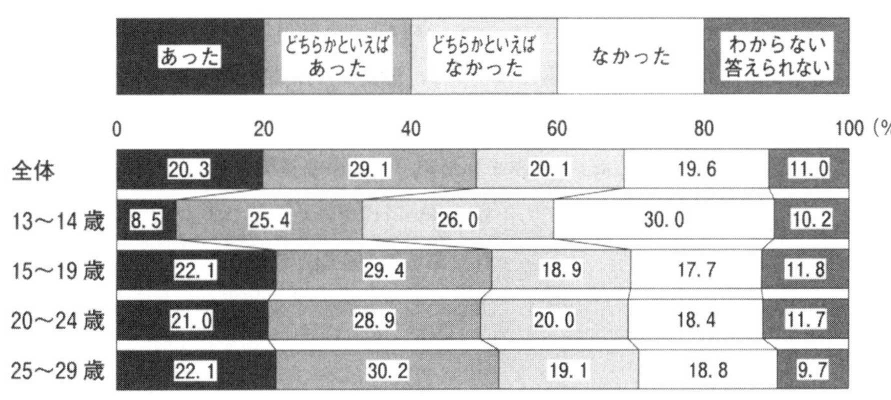

（内閣府「子供・若者の意識に関する調査(令和元年度)」により作成）

和真：**グラフ1**と**グラフ2**は13歳から29歳までの若者を対象とした意識調査ですね。**グラフ1**からは，高校生ぐらいの年齢(15～19歳)になると，それ以前と比べて，自分に原因があるに「あてはまる」と答える割合が［ B ］ことがわかります。

里奈：また，**グラフ2**からは，社会生活や日常生活を円滑に送ることができなかった経験の「あった」と回答した若者が，全体ではおよそ5人に1人，「どちらかといえばあった」と回答した人を含めると，およそ［ C ］いることがわかります。

和真：これらの資料からは，自分一人だけが悩みを抱えているのではなく，成長するとともに，人生の考え方も変化するのだと理解できそうです。

里奈：鴨長明は，このようなことも書いていました。

> さて，人間の世界というものは，ただ心の持ちかたひとつできまるものだ。もし，心が安らかな状態でなければ，象馬・七珍※のような財宝も，何の意味もなく，立派な宮殿や楼閣も，のぞむものではない。
>
> ※象と馬，貴重な宝石を合わせて，大切な宝物のこと

和真：普段の生活で「心の持ちかた」が大事なのは，その通りですね。(b)どのようなきっかけや支援があれば，悩みや困難を改善できるのか，あとで調べてみようと思います。

問1　会話文中の［ A ］，［ B ］，［ C ］にあてはまるものの組合せとして適切なものを，次の①～④のうちから一つ選べ。解答番号は［ 4 ］。

	A	B	C
①	他人指向型	高くなる	2人に1人
②	他人指向型	低くなる	4人に3人
③	伝統指向型	高くなる	4人に3人
④	伝統指向型	低くなる	2人に1人

問 2　下線部分(a)仏の教えに関連して，次の**レポート**は，夏休みに鴨長明と仏教の考え方について里奈がまとめたものである。**レポート**中の［D］，［E］にあてはまるものの組合せとして最も適切なものを，下の①～④のうちから一つ選べ。解答番号は［5］。

レポート

> 鴨長明の人生は，決して順調といえるものではありませんでした。若くして父の死を経験し，晩年になってめぐってきたチャンスも逃してしまいます。だからこそ，仏教の「［D］」について，鋭い感性をもっていたのだと考えます。世の人々も，またその住まいも，川面のよどみに浮かぶ泡のように滅びゆくものだという有名な言葉が生まれたのも，そうした感性のなせることです。
>
> また，仏教の真理に苦は執着から生じるという「集諦（じったい）」があります。この考え方を身に染みてわかっていたからこそ，小さな庵（いおり）に住んで，［E］を選んだのでしょう。鴨長明の文章を読むことは，現代の生活における悩みにどう向き合うべきかのヒントになると思いました。

［D］にあてはまる選択肢

ア　八正道

イ　諸行無常

［E］にあてはまる選択肢

ウ　世間から遠ざかり，ひとりで詩を詠（よ）むだけの生活

エ　都で返り咲くため，詩友と交流を絶やさない生活

	D	E
①	ア	ウ
②	ア	エ
③	イ	ウ
④	イ	エ

問 3 下線部分(b)どのようなきっかけや支援があれば，悩みや困難を改善できるのかに関連して，次の**表**と**グラフ 3** は和真が集めた資料である。**会話文**中の F ， G にあてはまるものの組合せとして適切なものを，次のページの①～④のうちから一つ選べ。

解答番号は 6 。

表　困難が改善した経験はどのようなことがきっかけだったと思うか(複数選択)(%)

	家族や友人の助け	時間の経過で状況が変化したこと	就職・転職したこと	学校に相談したこと	支援機関・医療機関に相談したこと	趣味の活動に参加したこと	わからない、答えられない
全体	31.0	24.2	11.6	9.5	7.5	6.6	9.6
13～14 歳	46.4	23.0	3.3	9.6	7.7	4.3	5.7
15～19 歳	31.8	25.0	4.2	11.8	6.3	7.8	13.1
20～24 歳	30.1	24.1	11.4	10.2	7.1	7.4	9.7
25～29 歳	27.5	23.9	21.3	6.5	8.9	5.0	6.9

グラフ 3　公的な支援機関や専門家から支援を受ける場合，どのような支援を受けたいか[支援の形態](複数選択)と困難改善経験

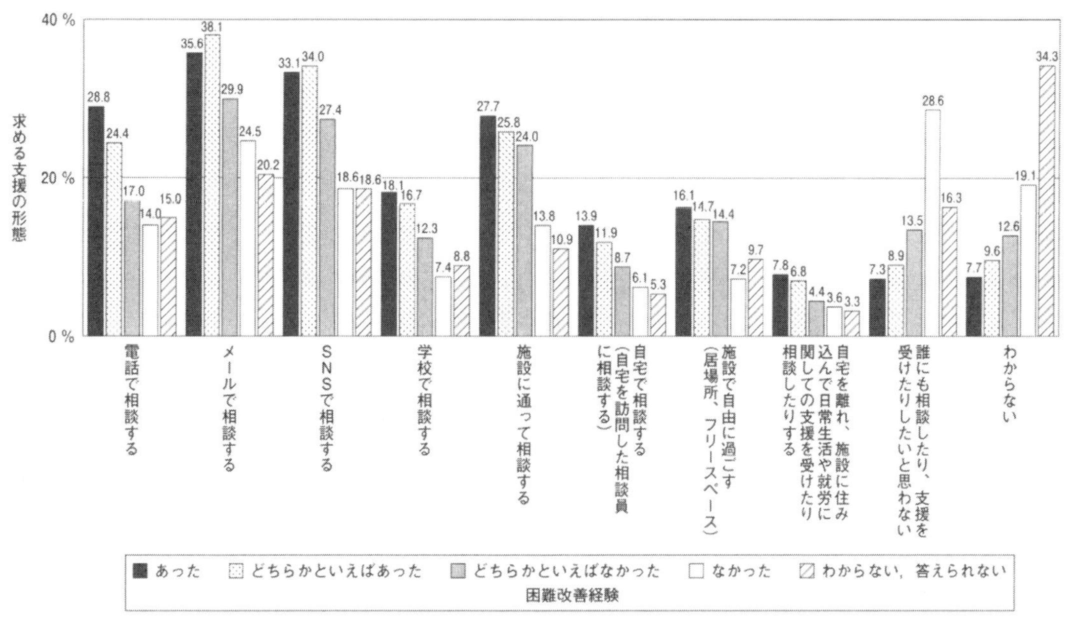

(内閣府「子供・若者の意識に関する調査(令和元年度)」により作成)

会話文

里奈：社会生活や日常生活を円滑に送ることができなかった経験のある若者が，少なからずいましたが，そのような困難を改善することはできるのでしょうか？

和真：調べたら，社会生活や日常生活を円滑に送ることができていなかった状態が改善した経験について，改善した経験が「あった」「どちらかといえばあった」という若者が，全体で約 60 % いました。

里奈：困難が改善した人の方が多いのですね。改善のきっかけについて，**表**をみると，［F］ことがわかります。また，全体で約 4 人に 1 人が，「時間の経過で状況が変化したこと」を挙げています。

和真：思いがけず，困難を乗り越えるきっかけがやってくることもあるのでしょう。**グラフ 3** をみると，様々な支援がありますが，［G］ことが読み取れます。

里奈：相談することが，とても大切なのですね。

［F］にあてはまる選択肢

ア　13〜14 歳の約 2 人に 1 人が，「家族や友人の助け」を改善のきっかけとしている

イ　25〜29 歳の約 10 % が，「就職・転職したこと」を改善のきっかけとしている

［G］にあてはまる選択肢

ウ　電話で相談する支援を受けたい人で，困難改善経験の「あった」という回答者が，「なかった」という回答者と比べて，3 倍以上いる

エ　誰にも相談したり，支援を受けたりしたいと思わない人で，困難改善経験が「あった」という回答者は，10 % 未満である

	F	G
①	ア	ウ
②	ア	エ
③	イ	ウ
④	イ	エ

3 次の生徒のメモは,「政治などの諸問題について考えてみよう」という課題を受けて発表するために,各生徒が準備しているものである。生徒のメモを読んで,**問1～問3**に答えよ。

七瀬のメモ

「地方公共団体の課題について」

日本には,都道府県,市区町村(特別区を含む)あわせて地方公共団体が約1800あります。これらの地方公共団体は,学校教育,福祉・衛生,警察・消防など国民の日々のくらしに不可欠なさまざまな行政サービスを供給しています。

しかし,多くの地方公共団体においては,1990年代後半に入り,財政状況(a)が悪化し,地方財政全体での借入金も増大するなど,地方財政は,きびしい状況にあります。財政危機の深刻な地方公共団体では,福祉分野をはじめとした市民向けサービスなども事業見直しの対象となっており,財政の健全化が課題となっています。

私は地方公共団体の財政状況を調べるとともに,諸外国の状況も調べて,どのような改善方法があるのか,考えてみたいです。

聡太のメモ

「防衛問題について」

日本国憲法の前文と第9条(b)では,徹底した平和主義に立ち,軍備をもたず,戦争をしないことをうたっています。そのような平和憲法のもとに成立した自衛隊と日米安全保障条約ですが,こんにち,自衛隊の活動は海外に拡大し,日米間の安全保障体制の役割も変化しました。海外派遣や防衛協力の拡大,また有事の際の対応など,安全保障の観点からどのような問題点があるのか,調べてみたいです。

玲奈のメモ

「世論と政治参加について」

世論とは,社会問題についての国民の意見(c)のことです。世論調査の結果が,政策決定に影響を与えたり,ときには内閣をかえたりすることもあります。世論は大きな力をもっており,世論を政治に正しく反映させるためには何が必要なのか,そのために,マスメディアや市民運動などはどのような意義をもっているのか,考えてみたいです。

Ⅲ

問 1　下線部分財政状況(a)に関して，次のグラフ1は地方公共団体の団体規模別の歳入決算の状況を示している。下のグラフ1についての説明文を参考にして，グラフ1中の A ～ C にあてはまる語句の組合せとして適切なものを，次のページの①～④のうちから一つ選べ。解答番号は 7 。

グラフ1　団体規模別歳入決算の状況(人口1人当たり額及び構成比)(%)

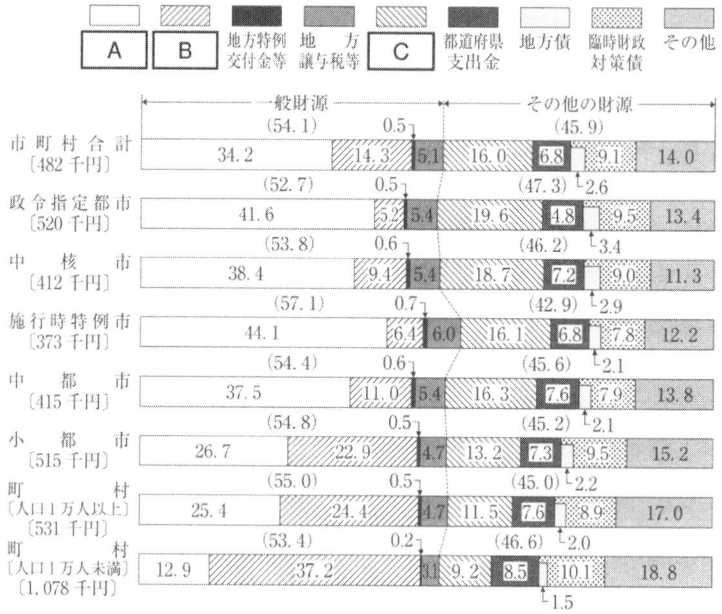

(注1)「市町村合計」は，政令指定都市，中核市，施行時特例市，中都市，小都市及び町村の合計である。
(注2)〔　〕内の数値は，人口1人当たりの歳入決算額である。
(注3) 政令指定都市：人口50万人以上の市のうちから政令で指定
中核市：人口20万人以上の市の申出に基づき政令で指定
施行時特例市：特例市制度の廃止(平成27年4月1日施行)の際，現に特例市である市
中都市：人口10万人以上の市　　小都市：人口10万人未満の市
(注4) グラフ1の数値は四捨五入しているため，合計値が100とならない場合がある。
(総務省「令和3年度版地方財政白書」により作成)

グラフ1についての説明文

地方交付税は，地方公共団体の間にある財政格差を是正するために，国税の一部を地方に交付する税であり，国から使途は指定されない。**グラフ1**から歳入総額に占める地方税が少ない団体は，地方交付税の割合が大きい傾向にある。

国庫支出金は，事業ごとに国が使途を指定して支出する補助金であり，使途が特定されていない一般財源とは異なる。**グラフ1**をみると，小都市と町村では国庫支出金の歳入総額に占める割合がいずれも15％を下回っている。

地方税は，地方自治体に納める税金である。**グラフ1**をみると，市町村合計では歳入総額に占める割合は一番大きいが，団体規模により歳入総額に占める割合は異なっている。

	A	B	C
①	地方交付税	地方税	国庫支出金
②	地方税	国庫支出金	地方交付税
③	地方税	地方交付税	国庫支出金
④	地方交付税	国庫支出金	地方税

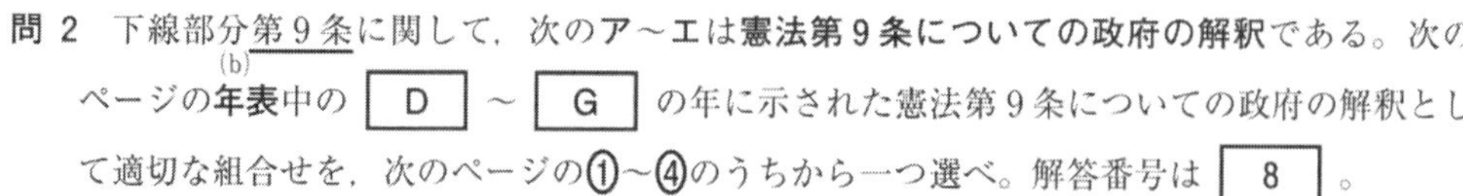

問 2　下線部分第９条(b)に関して，次のア～エは**憲法第９条についての政府の解釈**である。次のページの**年表**中の D ～ G の年に示された憲法第９条についての政府の解釈として適切な組合せを，次のページの①～④のうちから一つ選べ。解答番号は 8 。

憲法第９条についての政府の解釈

ア

憲法第９条第２項が保持を禁じている「戦力」は，…(中略)… 自衛のための必要最小限度をこえるものである。

イ

警察予備隊の目的は全く治安維持にある。…(中略)… したがってそれは軍隊ではない。

ウ

我が国と密接な関係にある他国に対する武力攻撃が発生し，これにより我が国の存立が脅かされ，国民の生命，自由及び幸福追求の権利が根底から覆される明白な危険がある場合において，…(中略)… 他に適当な手段がないときに，必要最小限度の実力を行使することは，…(中略)… 自衛のための措置として憲法上許容されると考えるべきであると判断するに至った。

エ

戦争放棄に関する本案の規定は，直接には自衛権を否定しておりませぬが，第９条第２項において一切の軍備と国の交戦権を認めない結果，自衛権の発動としての戦争も，また交戦権も放棄したものであります。

年　表

年	出来事	憲法第9条についての政府の解釈
1945	ポツダム宣言の受諾	
1946	日本国憲法公布	D
1950	朝鮮戦争	E
1951	日米安全保障条約調印	
1954	自衛隊の発足	
1960	日米安全保障条約改定	
1972	沖縄返還	F
1978	日米防衛協力のための指針(ガイドライン)策定	
1992	PKO協力法制定	
1997	ガイドライン改定	
2003	有事関連3法制定	
2009	海賊対処法制定	
2014	集団的自衛権行使容認を閣議決定	G
2015	ガイドライン再改定	
	安全保障関連法制定	

	D	E	F	G
①	ウ	ア	エ	イ
②	ウ	イ	エ	ア
③	エ	ア	イ	ウ
④	エ	イ	ア	ウ

問 3　下線部分(c)国民の意見に関して，次の**グラフ 2** は，「日本の政治が取り組まなければならないいちばん重要なこと(政治課題)は何か」を尋ねた世論調査の結果である。次のページの**グラフ 2 についての説明文**を参考にして，**グラフ 2** 中の H ～ K にあてはまる政治課題の組合せとして適切なものを，次のページの①～④のうちから一つ選べ。
解答番号は 9 。

グラフ 2　日本の政治が取り組まなければならないいちばん重要なこと(政治課題)は何か

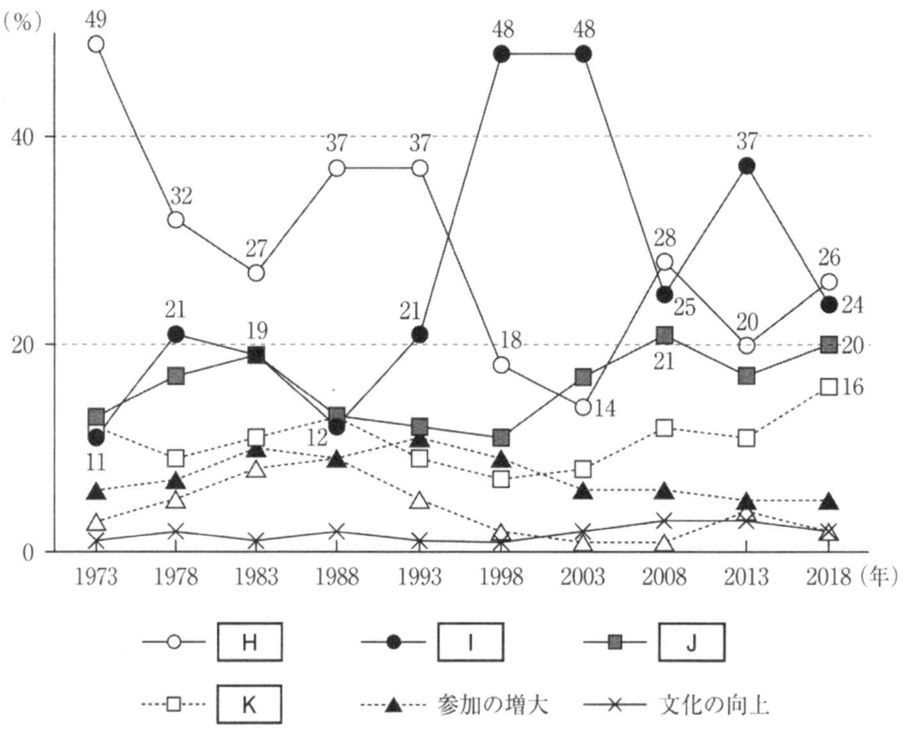

(注)　参加の増大：国民が政治に参加する機会を増やす
　　　文化の向上：学問や文化の向上をはかる
　　　友好の促進：外国との友好を深める

(NHK 放送文化研究所「日本人はどう変わったか」により作成)

グラフ2についての説明文

> 人々が考える政治の重要課題は時代によって大きく変化している。45年間を通してみると，どの時代も国民の福祉を向上させる「福祉の向上」と日本の経済を発展させる「経済の発展」のいずれかが最も多く，この2つの合計で全体のおよそ半分から3分の2を占めている。
>
> ただし2018年の調査では，2013年と比べて国内の治安や秩序を維持する「秩序の維持」と国民の権利を守る「権利の擁護（ようご）」も増加している。「権利の擁護」はこれまでの調査の中で最も高い。
>
> 景気との関係をみると，不況の時期には「経済の発展」を重視する人が増える傾向がある。1993年には1988年より「経済の発展」を挙げる人が増加し，1998年はさらに大きく増えた。

	H	I	J	K
①	福祉の向上	経済の発展	秩序の維持	権利の擁護
②	秩序の維持	権利の擁護	福祉の向上	経済の発展
③	経済の発展	福祉の向上	権利の擁護	秩序の維持
④	権利の擁護	秩序の維持	経済の発展	福祉の向上

4 次の文章を読んで，問1～問3に答えよ。

(a)憲法が保障する基本的人権は，人間らしく生き，行動する基本的なかなりの部分をカバーしている。じっと考えている人は「思想の自由」という人権を行使しているし，考えたことを他人に語っている人は(b)「表現の自由」を行使している。信ずる神や仏に祈る姿は「信教の自由」のあらわれだし，勉強に精(せい)だす姿は「教育を受ける権利」のあらわれである。人間にとって大切なことは，あらかた「基本的人権」になっているように思える。

大切なことは「人権」とは，その国のその時代に，やむにやまれず発した人々のうめき声であり，人権にしておかないと人間らしい生活が絶対にできないと考えた結果を，その時点で法的文書に書き残したものだ，ということである。だから，(c)人々の叫びやうめきが「人権」になってくるということは，その背景にかなり深刻な問題があるということになる。逆に，あることが「人権」として規定されるのは，そう保障しておかないとヤバいという判断があるからであって，決していいことずくめではない。

まことに人権は，「人類の多年にわたる自由獲得の努力の成果」(第97条)であり，「国民の不断の努力によって，これを保持しなければならない」(第12条)のである。

（森英樹『新版 主権者はきみだ』により作成）

問1 下線部(a)憲法が保障する基本的人権について述べた文として適切なものを，次の①～④のうちから一つ選べ。解答番号は 10 。

① 最高裁判所は，日本国憲法第25条の生存権の規定について，直接個々の国民に具体的権利を賦与(ふよ)したものであるとしている。

② 最高裁判所は，外国人のうち日本に永住する資格を有する者等に対して，地方選挙の選挙権を法律で付与(ふよ)することは，憲法上禁止されていないとする見解を示している。

③ 請願権は，国や地方公共団体に対して様々な要望を出すことができる権利で，受理された請願はすべて議会で審議される。

④ 国家賠償請求権は，抑留または拘禁された者が，無罪の裁判を受けたときに，国にその補償を求めることができる権利である。

問 2　下線部分(b)表現の自由に関連して，次のメモはある生徒が表現の自由について記したものである。このメモに関する生徒の発言の中で，表現の自由が制約される場合についての事例として**適切でないもの**を，下の①～④のうちから一つ選べ。解答番号は 11 。

メモ

> 表現の自由は，人が自分の考えや意見を表明する自由である。憲法第 21 条は，集会・結社や言論・出版の自由をはじめ，その他いっさいの表現の自由および通信の秘密を保障している。国民が自由に意見を述べ，議論することは民主主義の基本なので，表現の自由は，特に重要とされる。しかし，表現の自由も他者の利益と衝突する場合があり，濫用(らんよう)することは許されない。

郁美：受け手の存在が前提であるため，個人が特定されたり，名誉が傷つけられたりする文学作品は，出版が差し止められる場合があります。

智也：たとえ文学作品であっても，性的秩序を守り，最小限度の性道徳を維持するという条件を満たさなければ，表現の自由が制限されることがあります。

梨乃：たとえ選挙運動のポスターであっても，選挙の公正，候補者間の平等を確保するため，公職選挙法により，種類や枚数などに制限があります。

真宏：地方公共団体の首長が推進する政策を批判する言動は，他者を傷つける行為にあたるため，条例により制限されることがあります。

① 郁美　② 智也　③ 梨乃　④ 真宏

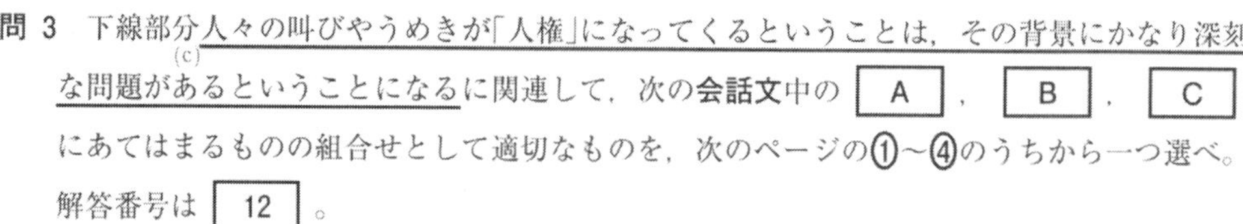

問 3　下線部分(c)人々の叫びやうめきが「人権」になってくるということは，その背景にかなり深刻な問題があるということになるに関連して，次の**会話文**中の A ， B ， C にあてはまるものの組合せとして適切なものを，次のページの①～④のうちから一つ選べ。解答番号は 12 。

会話文

先　生：前回の授業では，平等権，自由権，社会権など日本国憲法に規定されている基本的人権について学習しました。では，人権は憲法に規定されているものだけなのでしょうか。

裕　貴：プライバシーの権利は，憲法に規定されていませんが，保障されているのではないでしょうか。

みのり：嫌煙権は，健康増進法という法律で，屋内は原則禁煙になるなど，権利として守られるようになってきていると思います。

先　生：そうですね。このような憲法制定時には想定されていなかった権利を「新しい人権」と言います。本校の図書館には「迷惑行為厳禁」と書かれた貼り紙が掲示されていますが，これは私が高校生だった30年前と同じです。この「迷惑行為」には「私語」が含まれ，「私語」には「友人と会話をして他人の自習を妨害する行為」も含まれるでしょう。「貼り紙に私語禁止とは書いていないのだから，私語は禁止されていません」とは誰も言わないでしょう。また，時代によって「迷惑行為」の内容は変化します。例えば，携帯電話を使用することは，私が高校生だった30年前には想定されていなかった行為です。それでも，今では，図書館で携帯電話の着信音を鳴らしたり，通話をしたりするのは「迷惑行為」に含まれるでしょう。では，憲法制定後の社会変化に伴う問題にはどのようなものがありますか。

裕　貴：現在では，通信技術の発達で，本人が知らない間にプライベートなことについて，インターネット上で収集されたり公開されたりすることがあります。こうした情報化の進展に対応して，プライバシーの権利を守るために A などが制定されています。

みのり：高速道路を通る自動車の排気ガスのため，ぜん息などで苦しむ患者が多く出ている地域がかつてありました。健康を害するといくら賠償金をもらっても回復は難しく，失われた自然環境もなかなか元には戻らないため，事前に止めることができるといいと思います。持続可能な社会を構築していくためには，道路や空港といった大規模開発にともなう環境破壊を未然に防ぐ必要があり，1997年に B が制定されました。

先　生：みなさん，多くの事例を知っていますね。こうした社会の変化に伴い，憲法第13条の C などを根拠に，「新しい人権」がとなえられるようになったのです。こうした事例をさらに調べてみてはいかがでしょうか。

	A	B	C
①	個人情報保護法	環境影響評価法	幸福追求権
②	個人情報保護法	建築基準法	違憲審査権
③	情報公開法	環境影響評価法	幸福追求権
④	情報公開法	建築基準法	違憲審査権

5 次の会話文を読んで，問1～問5に答えよ。

美里：みなさん，**写真1**を見てください。この施設はなんだと思いますか。

写真1

信治：巨大な工場に見えます。自動車か電子機器の製造工場でしょうか。

美里：いいえ。この写真はインターネットで検索や電子メールのサービスを提供しているａ社のデータセンターです。つまり，製造業や建設業などの［A］の施設ということになります。建物の内側には**写真2**にあるように大量のコンピューターがあります。またその横の**地図**はａ社の地図サービスで調べたものですが，世界各地にこの施設が存在していることがわかります。

写真2

地図

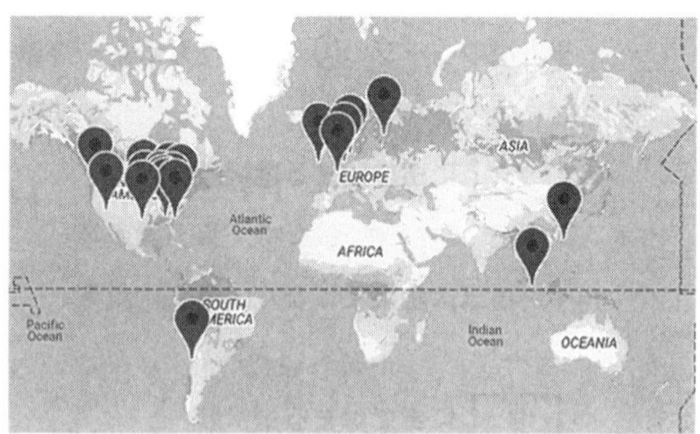

先生：おもしろい着眼点ですね。私たちが普段利用している検索やメールのサービスはこのようなデータセンターが支えているのです。

信治：先生，私たち消費者(a)は無料でａ社のサービスを利用しています。この施設の維持費はどこから出ているのでしょうか。

先生：これらの無料のサービスを提供できるのは，民間のテレビ局が視聴者には無料でテレビ番組を放送しているのと同じで［B］からです。

信治：a社がテレビ局とくらべて優れているところはどこですか。

美里：ビッグデータと呼ばれる個人に関する大量のデータを所有していることです。例えばa社のロゴマークの色は，微妙に色を変えたロゴを何種類も表示し，大量のデータから最もクリック数の多い色を選んだそうです。

信治：色を決めるだけでも気が遠くなるようなデータをもとに決めているのですね。そういえば商品をいかに消費者に売り込むかを研究するマーケティング(b)という学問分野があるそうです。大学に進学したら勉強してみたいと思います。

美里：先生，これだけ巨大な施設を世界中にもっているとすると，他の企業がa社のビジネスをまねることは難しいのではないでしょうか。つまり私たちはa社のサービスを利用するしかない。だとすると，いわゆる独占禁止法に違反しないのですか。

先生：そうですね。同一業種の企業が，株式の仕組みを利用して合併し，巨大な企業になることを［C］と呼びます。アメリカにも，日本の独占禁止法にあたる反［C］法が存在します。アメリカではa社がこの法律に違反するとして司法当局が訴訟を起こしているそうです。

信治：話は変わりますが，現代の技術にこれだけ大量のコンピューターが加われば，さらに人間の仕事を奪う(c)ことが起きるのではないでしょうか。

美里：a社の最高経営責任者(CEO)の年俸は2億円以上だそうです。さらに200億円以上の報酬をa社の株式で支給されるとのことです。一部の人だけが高い報酬を得て，他の人たちの収入が減少し，貧富の差(d)がさらに拡大するのではないかと思います。

先生：そうですね。みなさん，美里さんの発表から興味をもったことをさらに調べてみましょう。

問1 会話文中の［A］，［B］，［C］にあてはまるものの組合せとして適切なものを，次のページの①～④のうちから一つ選べ。解答番号は［13］。

［A］にあてはまる選択肢

ア　第二次産業ではなく，第三次産業

イ　第三次産業ではなく，第二次産業

［B］にあてはまる選択肢

ウ　企業の社会貢献活動であるメセナの一環として行っている

エ　広告を掲載する企業から広告料をとっている

［C］にあてはまる選択肢

オ　コンツェルン

カ　トラスト

	A	B	C
①	ア	ウ	オ
②	ア	エ	カ
③	イ	ウ	カ
④	イ	エ	オ

問 2 下線部分消費者(a)に関連して，次の**レポート 1** は生徒が「需要曲線」と呼ばれるグラフについてまとめたものである。この**レポート 1** 中の D ， E にあてはまるものの組合せとして適切なものを，次のページの①～④のうちから一つ選べ。解答番号は 14 。

レポート 1

私たち「買い手」の行動をグラフ上に表したものが需要曲線です。このグラフは，縦軸の価格（単位は円）が変化すると私たちの買う量（需要量，単位は個）がどれだけ変化するかを表しています。そこで私は考えやすくするために直線で二種類の需要曲線を考えました。

グラフ 1

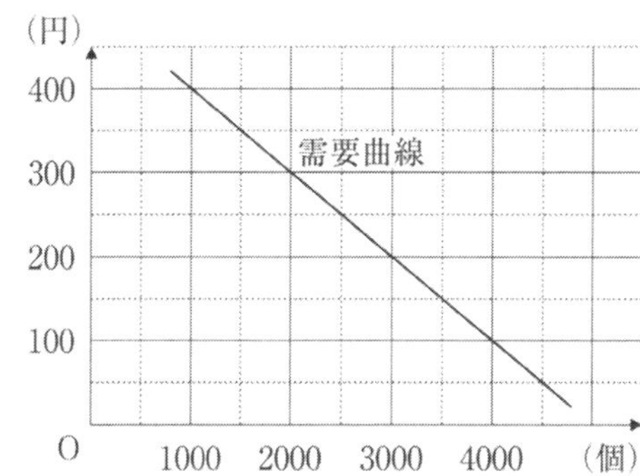

グラフ 2

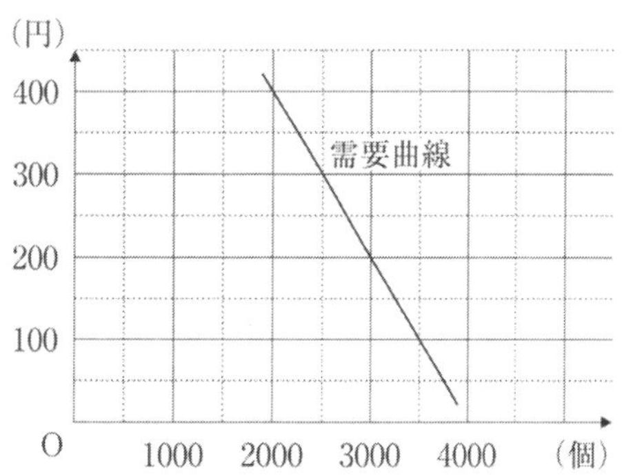

この二つの需要曲線はともに D 点では同じです。価格が 200 円から 400 円に 100 % 上昇したとき，**グラフ 1** の需要曲線では需要量が 3000 個から約 67 % 減少して 1000 個になっています。しかし**グラフ 2** の需要曲線では 3000 個から約 33 % 減少して 2000 個になっています。つまり**グラフ 1** の方が需要量の変化の割合が大きいことがわかります。

私の家は，いつも和食中心の食生活なのですが，日頃購入しているコーヒーのような嗜好（しこう）品（ひん）と米のような主食のそれぞれの価格が同率で高くなった場合， E はずです。なぜならば私の家ではコーヒーの消費量は減らせますが，三食ともごはんが食べたいという家族が多いからです。

D にあてはまる選択肢

ア　価格が高くなるにしたがって需要量が増加している

イ　価格が高くなるにしたがって需要量が減少している

E にあてはまる選択肢

ウ　需要量の減少率は，米よりもコーヒーが大きくなると思います。つまりグラフ１かグラフ２かでは，コーヒーの方がグラフ１に近い変化になる

エ　需要量の減少率は，コーヒーよりも米が大きくなると思います。つまりグラフ１かグラフ２かでは，米の方がグラフ１に近い変化になる

	D	E
①	ア	ウ
②	ア	エ
③	イ	ウ
④	イ	エ

問 3 下線部分マーケティング(b)に関して，次の**レポート 2** は生徒がペットボトルのお茶について，いくつかの企業の宣伝戦略を分析したものである。この**レポート 2** 中の F ， G ， H にあてはまるものの組合せとして適切なものを，次のページの①～④のうちから一つ選べ。解答番号は 15 。

レポート 2

右の**グラフ 3** はあるコンビニエンスストアでのお茶のペットボトルのシェア(市場占有率)をあらわしています。

ここから F と考えられます。ではそれぞれの企業の戦略をみてみましょう。

v 社は，日本で最初にお茶のペットボトルを売り出した会社です。長いこと同じ商品名を使っています。

私がおもしろいとおもったのは x 社の宣伝戦略に関してです。この会社は炭酸の清涼飲料水では国内トップの会社です。ところが，ホームページを見ると x 社だけ会社名がでていません。おそらく会社名を出すと，アメリカ文化や炭酸飲料水のブランドイメージが強いため，お茶の販売にはマイナスになると考えたのだろうと思います。

グラフ 3

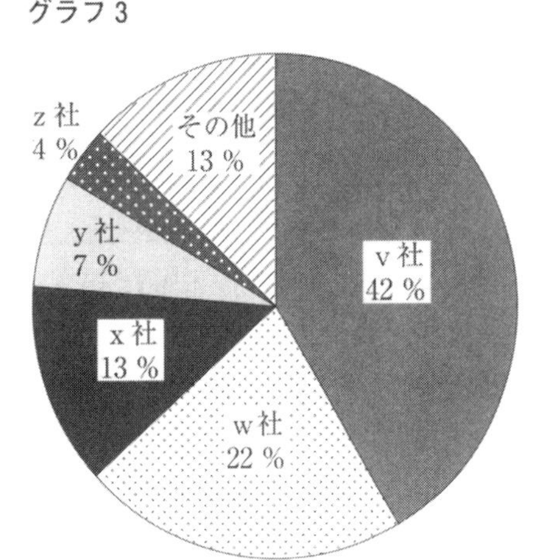

(各社ホームページにより作成)

w 社と x 社が京都のお茶の老舗(しにせ)の名称を利用することでお茶のおいしさを強調しているのに対して，y 社は別の戦略をとっていると思いました。以前，この会社はアメリカのアニメーション映画『アナと雪の女王』のキャラクターをお茶の CM に使用していました。これは G という戦略によるものではないかと考えています。

上位 4 社のペットボトルの価格は店頭では同じです。つまり H ということがいえると思います。

F にあてはまる選択肢

ア　v 社が市場の 4 割を占める独占市場であり，規模の経済性により生産コストが低い v 社に他の企業は価格競争で苦戦している

イ　v 社，w 社，x 社，y 社の 4 社で全体の 8 割以上を占める寡占市場であり，各社とも非価格競争に力を入れている

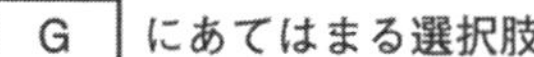

[G] にあてはまる選択肢

ウ　映画『アナと雪の女王』の宣伝を行うことで，アニメーションを作った会社から広告料を取り，利益を上げる

エ　他の会社とは異なる，映画『アナと雪の女王』を支持するような消費者層に狙いをつけて，売上げを伸ばす

[H] にあてはまる選択肢

オ　独占禁止法の認めるカルテルのもとで同一の価格になるような市場では，広告や商品のデザインもすべて似たようなものになることが多い

カ　プライスリーダーがつけた価格に他の企業が同調するような市場では，広告やブランドのイメージに差をつけることで売上げを伸ばす戦略をとることが多い

	F	G	H
①	ア	ウ	オ
②	ア	エ	カ
③	イ	ウ	オ
④	イ	エ	カ

問 4　下線部分(c)人間の仕事を奪うに関して述べた次のレポート3中の　I　，　J　，　K　にあてはまるものの組合せとして適切なものを，次のページの①～④のうちから一つ選べ。解答番号は　16　。

レポート3

19 世紀に活躍し，『資本論』を書いたマルクスの思想は，ロシア革命後のソビエト連邦（ソ連）で実現した　I　の成立に大きな影響を与えました。彼は企業が労働者でなく機械などの生産手段に資金を多く割り振るようになると，やがて失業者が増加するようになると考えました。また資本主義が恐慌を生み出す原因だと考え，自由経済と私有財産制を否定しました。

それに対して，マルクスが死んだ 1883 年に生まれたケインズは逆に楽観的な立場にたっています。彼は「孫たちの経済的可能性」という文章の中で，100 年後(2030 年)には，生活水準が現在の 4 ～ 8 倍も高くなり，一日 3 時間労働や週 15 時間労働にすれば，失業問題も解決に近づくと書いています。つまり，マルクスとは逆に　J　と考えていたのです。

ケインズと同じ年に生まれた経済学者にシュンペーターがいます。彼は　K　が新しい市場や産業を産み出し，景気を押し上げると考えていました。現在ならばインターネットの発達などがこの例としてあげられると思います。

このようにしてみると，コンピューターに仕事が奪われる産業もあると思いますが，必ずしも悲観的な未来があるわけではないと思いました。

I　にあてはまる選択肢

ア　帝国主義

イ　社会主義

J　にあてはまる選択肢

ウ　人間の仕事は機械に取って代わられ，わずかに残った仕事を奪い合うことになり，平均すれば一日 3 時間程度の仕事しかない貧しい状態になる

エ　人間の仕事が機械に取って代わられても，生産性が上がるのだから労働時間を短縮することで失業を防ぎ，豊かに暮らすことができる

K　にあてはまる選択肢

オ　イノベーション

カ　ディスクロージャー

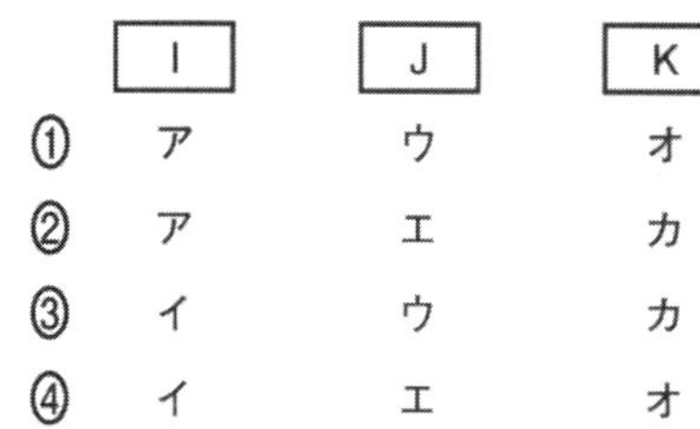

	I	J	K
①	ア	ウ	オ
②	ア	エ	カ
③	イ	ウ	カ
④	イ	エ	オ

問5　下線部分(d)貧富の差に関連して，次の図とグラフについて述べた文章として適切なものを，次のページの①～④のうちから一つ選べ。解答番号は 17 。

図

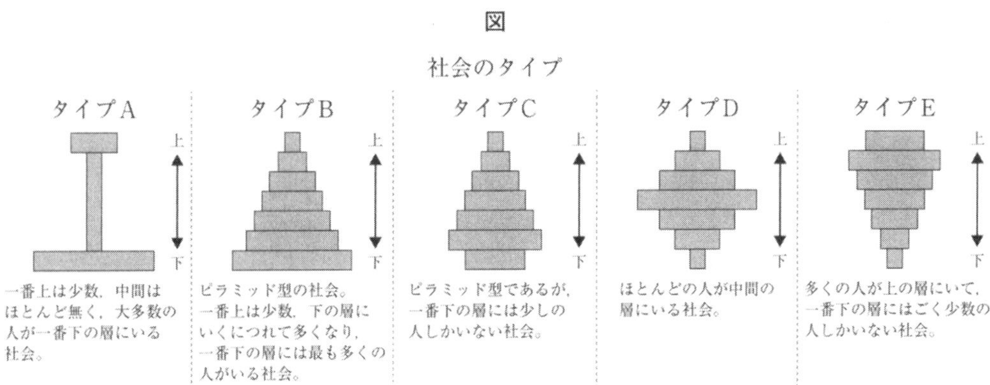

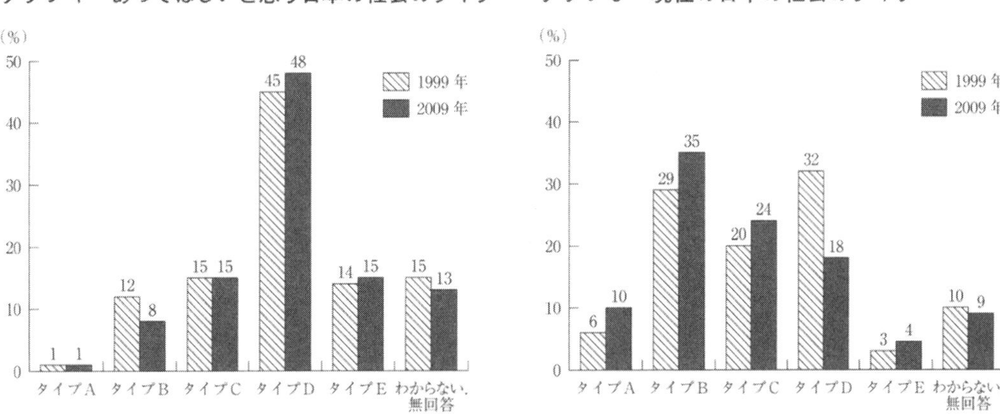

(注)　自分が図の一番下から図の一番上までのどの社会的な階層に属しているかを質問した後に，「あってほしいと思う日本の社会のタイプ」と，「現在の日本の社会のタイプ」はどれかを質問したもの。

(NHK ホームページにより作成)

① **グラフ4**によると一番上の層と一番下の層に二極分化した**図のタイプA**は，1999年でも2009年でも全体の1％である。しかし，**グラフ5**によると，**タイプA**は1999年も2009年もともに10％を超えている。

② ピラミッド型で，少数の一番上の層から下の層になるにしたがって人が多くなる**図のタイプB**は，**グラフ4**によると1999年でも2009年でも1割に満たない。しかし，**グラフ5**によると，**タイプB**は2009年には3割を超え最も高くなっている。

③ ほとんどの人が中間の層にいる**図のタイプD**は，**グラフ4**によると1999年でも2009年でも全体の4割以上の人が，あってほしいと考えている。しかし，**グラフ5**によると，**タイプD**は1999年には最も多かったものの，2009年には2割を切っている。

④ 上から二番目の層が最も多く，その層から逆ピラミッド型になる**図のタイプE**は，**グラフ4**によると1999年でも2009年でも15％に達している。しかし，**グラフ5**によると，**タイプE**は1999年も2009年もともに5％に達していない。

6 次の会話文を読んで，**問1～問5**に答えよ。

亜矢子：昨年，日本で東京オリンピックが開催されましたね。

虎太郎：はい。1964年に続いて，2回目の東京オリンピックでした。

亜矢子：本来は2020年に開催される予定だったのですが，新型コロナウイルス感染症が世界的に流行した影響で，一年遅れての開催でした。

虎太郎：オリンピックの開催については，様々な意見がありましたが，無事開催でき，テレビで選手を応援できたのは良かったと思います。

亜矢子：日本でオリンピックを開催したことに，どんな意味があったのかな。

虎太郎：前回の東京オリンピックについて，こんな新聞記事を見つけたので，読んでみてください。

> 読売新聞2011年3月21日掲載の世論調査では，「昭和の時代を象徴すると思う出来事」の1位は「東京オリンピック」だった。2位は「原爆投下」，3位は1986年頃から株価や地価の急激な上昇によって発生した好景気である「 **A** 」，4位は「石油危機(a)」，5位は「真珠湾攻撃，対米戦始まる」だ。
>
> なぜ1964年東京オリンピックは，これほど印象が大きいのか。それはこのオリンピックが，日本の国際社会復帰を象徴していたからだ。日本は戦争で世界との国交や貿易関係を失った。サンフランシスコ平和条約(b)の締結や，国際連合(c)加盟を経ても，その影響は続いていた。例えば外国為替取引は管理され，それを介して貿易や海外渡航も制限されていた。商用や留学など政府が認めた理由がなければ，外国へ行けなかったのである。この状況が解消されたのが1964年だった。この年の4月，日本は国際通貨基金(IMF)の8条国となり，為替と海外渡航が自由化された。これと同時に，資本主義諸国の協力により安定的な経済成長や発展途上国への援助の促進を目指す **B** への加盟を果たし，「先進国」と認められる形となった。つまり日本にとって1964年は，戦争で途絶したヒト・モノ・カネの国際移動がようやく修復された年だった。戦争で破壊された生活もやっと復興し，人々の気持ちも未来を向き，外に開かれようとしていた。1964年東京オリンピックの開会式で，NHKのアナウンサーが「世界中の青空を全部東京にもってきてしまったような素晴らしい秋日和でございます」と述べたのは，こうした背景があったのだ。

（「朝日新聞」2021年8月10日により作成）

亜矢子：なるほど，1964年のオリンピックは，日本が戦争から復興して国際社会に復帰し，国際社会の一員として様々な役割を果たしていこうという決意を表明した大会だったのですね。

虎太郎：よくオリンピックのレガシー(遺産)という言い方をするけれど，オリンピックが終わって1年が過ぎた今だからこそ，2021年の東京オリンピック(d)にはどんな意味があったのか，オリンピックが残したレガシーは何なのかについて，もう一度考える必要がありそうです。

問1　会話文中の A ， B にあてはまるものの組合せとして適切なものを，次の①～④のうちから一つ選べ。解答番号は 18 。

	A	B
①	神武景気	経済協力開発機構(OECD)
②	バブル景気	経済協力開発機構(OECD)
③	神武景気	世界貿易機関(WTO)
④	バブル景気	世界貿易機関(WTO)

問 2 下線部分$\underset{(a)}{\text{石油危機}}$に関連して，次の**レポート 1** 中の C ， D ， E にあてはまるものの組合せとして適切なものを，次のページの①～④のうちから一つ選べ。解答番号は 19 。

レポート 1

石油危機はオイルショックとも呼ばれ，産油国が石油の生産量の削減や，輸出規制などを行ったことにより生じた世界的な経済の混乱のことを言います。石油危機は，1973年と1979年の二度発生し，それぞれ第一次石油危機と第二次石油危機と呼ばれています。

第一次石油危機の背景となったのは，1973年10月に発生した第四次中東戦争で，エジプト・シリアとイスラエルの間で戦われました。戦争が起こると，サウジアラビアなどが加盟するアラブ石油輸出国機構(OAPEC)は，イスラエルを支援する諸国に対して原油輸出の停止や制限の処置をとりました。同時に，石油輸出国機構(OPEC)は原油価格の大幅な C を実施したため，世界経済が混乱し，先進工業国は深刻な打撃を受けました。特に石油の大半を中東地域からの輸入に頼っていた日本への影響は大きく，商品の買い占めや売り惜しみ，便乗値上げをする企業も現れました。パニックに陥った消費者は，灯油，洗剤，トイレットペーパーなどの買いだめに殺到し，けが人が出るなどの騒ぎが起こりました。これに対し，日本銀行は D をとり，政府は国民に E を呼びかけましたが，それらの効果は上がらず，1974年の日本の消費者物価指数は23％上昇し，「狂乱物価」という造語が生まれました。結局日本は，1974年に戦後初めて実質経済成長率がマイナスとなり，高度経済成長は終わりを迎えたのです。

1979年に発生した第二次石油危機はイラン革命が契機となり発生しました。革命により産油国であるイランでの石油生産が中断したため，石油の需給は逼迫(ひっぱく)しました。さらに石油輸出国機構が原油価格の C を実施したため，世界経済は大きな影響を受けました。日本でも，ガソリンスタンドが日曜や祝日に休業するなどの影響がありました。

このように二度の石油危機は，先進国の経済が中東地域の石油に依存していることを明らかにしました。しかし石油危機を契機に代替エネルギーの活用や，省エネルギー技術の研究開発などが促進されました。特に日本は省エネルギー技術で世界をリードしていく存在となったのです。

C にあてはまる選択肢

ア 引き上げ

イ 引き下げ

D にあてはまる選択肢

ウ 公定歩合の引き下げなど金融緩和策

エ 公定歩合の引き上げなど金融引き締め策

E にあてはまる選択肢

オ 消費

カ 節約

	C	D	E
①	ア	ウ	オ
②	イ	ウ	カ
③	ア	エ	カ
④	イ	エ	オ

問 3　下線部分サンフランシスコ平和条約(b)について述べた文として適切なものを，次の①～④のうちから一つ選べ。解答番号は 20 。

① 日本と，連合国48カ国(ソ連などを除く)との間で結ばれた条約で，日本が朝鮮の独立を承認し，台湾・澎湖諸島，千島列島・南樺太を放棄することなどが定められた。

② 日本とアメリカとの間で結ばれた条約で，日本の安全と極東地域の平和を維持するために，アメリカの軍隊が日本に駐留し，そのために必要な基地を日本が提供することなどが定められた。

③ 日本と中国との間で結ばれた条約で，平和五原則を基礎として両国の友好関係を発展させつつ，経済，文化，民間の交流を一層すすめていくことなどが定められた。

④ 日本と韓国との間で結ばれた条約で，日本が韓国を朝鮮半島における唯一の合法的政府と認めることを確認し，両国間の外交関係が開設されることなどが定められた。

問 4　下線部分国際連合(c)に関連して，次の**資料 1**，**資料 2** 中の F，G，H，I にあてはまる国名の組合せとして適切なものを，下の①～④のうちから一つ選べ。解答番号は 21 。

資料 1　国際連合通常予算分担率(%)

	2010～12 年	2013～15 年	2016～18 年	2019～21 年
アメリカ	22.0	22.0	22.0	22.0
F	12.5	10.8	9.7	8.6
ドイツ	8.0	7.1	6.4	6.1
G	6.6	5.2	4.5	4.6
フランス	6.1	5.6	4.9	4.4
H	5.0	4.4	3.7	3.3
I	3.2	5.1	7.9	12.0

資料 2　安全保障理事会における役割(2021 年現在)と国際連合加盟年

	安全保障理事会における役割	国際連合加盟年
アメリカ	常任理事国	1945 年
F	非常任理事国の選任あり(通算 22 年)	1956 年
ドイツ	非常任理事国の選任あり(通算 12 年)	1973 年
G	常任理事国	1945 年
フランス	常任理事国	1945 年
H	非常任理事国の選任あり(通算 13 年)	1955 年
I	常任理事国	1945 年

(注 1)　分担率は，小数第 2 位を四捨五入して表示した。
(注 2)　ドイツの非常任理事国の選任年数には，統合前のドイツ連邦共和国分を含んでいる。ドイツ連邦共和国とドイツ民主共和国は 1973 年に国連に加盟したが，1990 年にドイツ連邦共和国に統合された。
(注 3)　中国の代表権は，1971 年の国連総会で中華民国政府から中華人民共和国政府に変更された。
(国際連合広報センターホームページ，国際連合ホームページにより作成)

	F	G	H	I
①	イギリス	日本	中国	イタリア
②	日本	イギリス	中国	イタリア
③	イギリス	日本	イタリア	中国
④	日本	イギリス	イタリア	中国

問 5　下線部分 2021 年(d)に関連して，次のレポート2中の J ， K ， L にあてはまるものの組合せとして適切なものを，次のページの①～④のうちから一つ選べ。解答番号は 22 。

レポート2

右の写真を見てください。この写真は，2001 年 9 月 11 日に J で発生した同時多発テロ事件の写真です。2021 年はこの事件の発生から 20 年の節目の年で，追悼式典が実施されました。

（AP 通信ホームページより）

この事件での犠牲者は 3000 人近くに及び，日本人の死者・行方不明者も 24 人にのぼりました。その後，首謀者であるオサマ・ビンラディンがタリバン政権下の K に潜伏していることが判明しました。しかし，タリバン政権がオサマ・ビンラディンの引き渡しを拒否したことを理由に J を中心とする諸国連合による K への攻撃が始まりました。

日本政府も，海上自衛隊の護衛艦など 3 隻をインド洋に派遣し，多国籍軍の艦船に燃料補給を行うなどの協力支援活動を行いました。

その一方，医師である中村哲さんと彼が所属する NGO のペシャワール会は，基金を設立して多くの人々から支援を受け，紛争下で避難民に対し食料配給を実施しました。その後も基金を活用して，地元に伝わる昔ながらの工法を用いて井戸を設置したり，現地の人々と協力して大規模な用水路を建設したりするなど，農村の復興に力を入れた支援を続けました。

しかし，2021 年にはタリバン政権が復活するなど K では混乱が続いています。飢餓のない世界を目指して食料援助活動を実施している L によれば，食料不足の深刻化により飢餓に苦しむ人が増加し，人口の半数以上が飢餓状態に陥ると懸念されています。現地の人々に必要な支援は何かを考え，日本として，自分自身として出来ることは実行していくことが必要だと思います。

J にあてはまる選択肢

ア フランス

イ アメリカ

K にあてはまる選択肢

ウ イラク

エ アフガニスタン

L にあてはまる選択肢

オ 国連世界食糧計画

カ 国連環境計画

	J	K	L
①	ア	ウ	オ
②	ア	エ	カ
③	イ	ウ	カ
④	イ	エ	オ

7 次の文章は，「現代社会」のまとめとして課題を探究する学習に取り組んでいる生徒による，中間発表の原稿である。これを読んで，**問1**～**問2**に答えよ。

「現代社会」の課題学習で，「持続可能な公共交通」について考えています。

私はバスで通学していますが，先生から「近年はバスの運行を維持できない地域が増えている」と教わりました。その理由を調べてみたいと思い，私はこのテーマを選びました。

まず，バスの輸送人員の変化を調べました。**資料1**によると，［ A ］ことがわかりました。

次に，年齢別の人口の変化を調べました。**資料2**によると，［ B ］ことがわかりました。

これらのことから，地方部ではバスの利用者は減少しており，その背景には，働く人や若者の数が減ったことがあると考えました。

さらに，運転免許保有者数と交通死亡事故件数の推移を調べました。**資料3**によると，［ C ］ことがわかりました。私は，高齢者の交通事故が多い原因の一つに，バスなど公共交通を利用しづらいことがあると考えました。利用者が減少すればバスの運行も減り，高齢者は自分で車を運転せざるを得ないからです。

以上のことから，私は公共交通を維持することは，重要な課題だと考えました。そこで，先日，バスのこれからについて，バス会社の方にお話を伺ってきました。担当の方は，次のような話をしてくださいました。

「調べてくれたとおり，近年はバスを利用するお客様が減少しています。しかし，高校生や高齢者など，バスを必要とする人たちのために，私たちは運行を持続させたいと思っています。ぜひ高校生の視点で，バスの利用者を増やす方法を提案してくれませんか」

そこで私は，(a)私たちの地域で実施できる取組みを最終報告書にまとめ，バス会社に提案することにしました。

資料1　バスの輸送人員

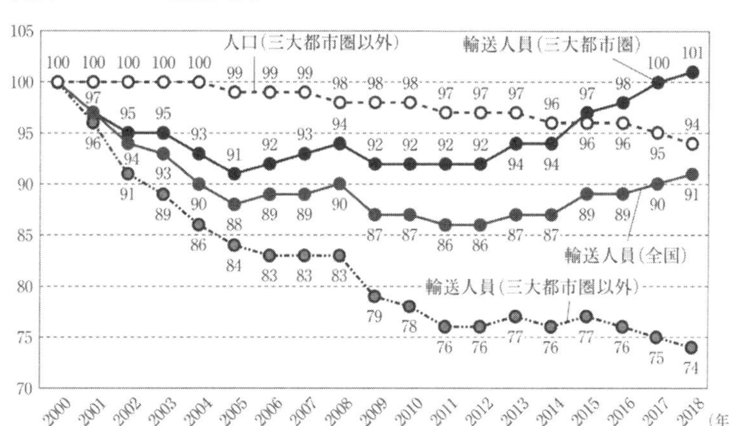

年	2000	2001	2002	2003	2004	2005	2006	2007	2008	2009	2010	2011	2012	2013	2014	2015	2016	2017	2018
人口(三大都市圏以外)	100	100	100	100	100	99	99	99	98	98	98	97	97	97	96	96	96	95	94
輸送人員(三大都市圏)	100	97	95	95	93	91	92	93	94	92	92	92	92	94	94	97	98	100	101
輸送人員(全国)	100	96	94	93	90	88	89	89	90	87	87	86	86	87	87	89	89	90	91
輸送人員(三大都市圏以外)	100	96	91	89	86	84	83	83	83	79	78	76	76	77	76	77	76	75	74

（注）2000年を100とした場合の指数で表す。

（国土交通省『令和3年版 国土交通白書』により作成）

資料2　年齢区分別の人口割合の推移と予測

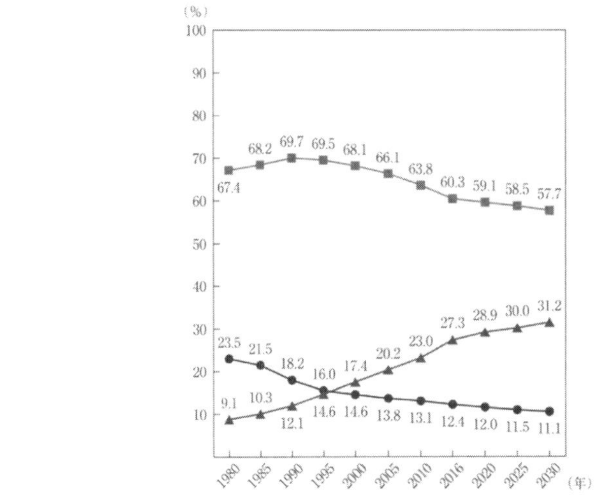

—●— 年少人口(14歳以下)割合　—■— 生産年齢人口(15～64歳)割合　—▲— 高齢化率(65歳以上人口割合)

(注1)　2020年以降は推計値。

(厚生労働省『平成29年版 厚生労働白書』により作成)

資料3　75歳以上の運転免許保有者数と免許取得者10万人当たりの死亡事故件数の推移

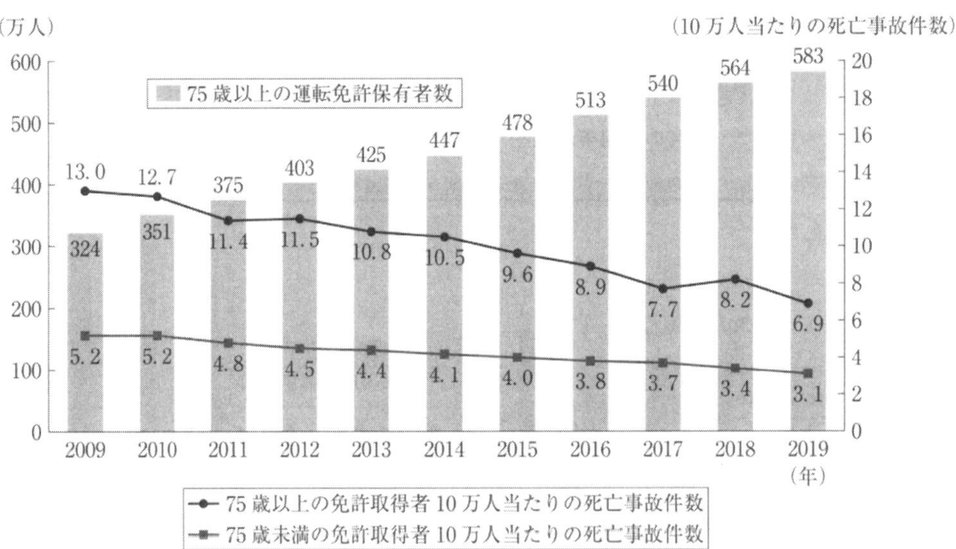

(内閣府『令和2年版 交通安全白書』により作成)

問 1　文章中の［A］，［B］，［C］にあてはまる文の組合せとして適切なものを，下の①〜④のうちから一つ選べ。解答番号は［23］。

［A］にあてはまる選択肢

ア　2000 年から 2018 年の間で，三大都市圏以外の人口が増加している年はなく，三大都市圏以外のバスの輸送人員は，一部に増加している年はあるものの，全体として減少傾向にある

イ　2000 年から 2018 年の間で，三大都市圏のバスの輸送人員が増加している年はなく，全国のバスの輸送人員は，一部に増加している年はあるものの，全体として減少傾向にある

［B］にあてはまる選択肢

ウ　2000 年から 2020 年の間で，生産年齢人口や年少人口の割合が減少する一方，65 歳以上の高齢者の割合が増加している

エ　2000 年から 2020 年の間で，生産年齢人口や年少人口の割合が増加する一方，65 歳以上の高齢者の割合が減少している

［C］にあてはまる選択肢

オ　2009 年から 2019 年の間で，75 歳以上の運転免許保有者数は 200 万人以上増加しており，免許取得者 10 万人当たりの死亡事故件数は，すべての年において，75 歳未満に比べ，75 歳以上が 2 倍以上多い

カ　2009 年から 2019 年の間で，75 歳以上の運転免許保有者数は 400 万人以上増加しているが，免許取得者 10 万人当たりの死亡事故件数は，すべての年において，75 歳未満に比べ，75 歳以上が半分以下である

	A	B	C
①	ア	ウ	オ
②	ア	エ	カ
③	イ	エ	カ
④	イ	ウ	オ

問 2　下線部分(a)私たちの地域で実施できる取組みを最終報告書にまとめ，バス会社に提案するに関連して，生徒は，実際に行われている取組みを調べ，それをもとに，バス会社への**【提案書】**を作成した。次の**【提案書】**のもととなった実際の取組みとして適切なものを，下の①～④のうちから一つ選べ。解答番号は 24 。

> **【提案書】**
>
> バスのこれからについて話し合う協議会の設置の提案
>
> 現状：利用者の多くが「バスのことはバス会社に任せればよい」と他人事として見ている。
>
> 内容：バス会社，市役所，利用者の協議会を設置し，高校生も利用者代表で参加したい。授業で学習した「社会参画」の考え方に基づき，地域の課題を積極的に解決したい。
>
> 効果：運行を会社任せにせず，行政も利用者もバスのあり方を提案でき，より便利にすることができる。

① W市は，市内の高校生やその保護者から，バスの利用方法に関する問い合わせが多く寄せられていた。そこで，中学３年生向けに，市内の高校へのバスでの通学方法を記した一覧表を作成した。

② X市は，高校と最寄りのバス停が離れており，通学の利用は少なかった。そこで，市，バス会社，生徒，教員，保護者が会議を立ち上げ，利用促進策を話し合った。その結果，朝夕の便を高校近くまで延伸した。

③ Y市は，商業施設が中心市街地に集中しており，休日は自家用車の渋滞が発生していた。そこで，市と商業施設が協力し，一定額以上の買い物をした人に対して，帰りのバス運賃が無料になるきっぷを配布した。

④ Z市では，自家用車を持たない交通弱者に対応するため，タクシーによるオンデマンド（需要に応じた）交通システムを整備した。利用者は電話で利用区間を伝え，低運賃でタクシーを利用できるようになった。

令和４年度　第２回

解答・解説

【重要度の表記】

Ａ：重要度が高く確実に正答したい設問。しっかり復習する必要のある問題です。

Ｂ：重要度はＡレベルよりすこし下で、やや難易度が高い設問または内容を読み取る設問。高得点を狙う人は復習しましょう！

Ｃ：重要度が低い、または難解な設問。軽く復習する程度でよいでしょう！

令和４年度　第２回　高卒認定試験

【　解　答　】

1	解答番号	正答	配点	2	解答番号	正答	配点	3	解答番号	正答	配点	4	解答番号	正答	配点
問１	1	④	4	問１	4	①	4	問１	7	③	4	問１	10	②	4
問２	2	②	4	問２	5	③	5	問２	8	④	5	問２	11	④	4
問３	3	③	4	問３	6	②	4	問３	9	①	4	問３	12	①	4

5	解答番号	正答	配点	6	解答番号	正答	配点	7	解答番号	正答	配点
問１	13	②	4	問１	18	②	4	問１	23	①	4
問２	14	③	4	問２	19	③	4	問２	24	②	4
問３	15	④	4	問３	20	①	4	-	-		
問４	16	④	4	問４	21	④	5	-	-		
問５	17	③	5	問５	22	④	4	-	-		

【　解　説　】

1

問１　空欄Ａには、1992 年に開催された国連環境開発会議の基本理念である「持続可能な開発（発展）」が当てはまります。これは、自然が再生できる範囲で資源を利用するという考え方です。空欄Ｂには、2015 年に採択された「パリ協定」が当てはまります。「パリ協定」は、産業革命以前と比べて世界の平均気温の上昇を「２℃」未満に抑える目標が定められ、先進国に限らず批准したすべての国が参加することが特徴です。したがって、正解は④となります。なお、「かけがえのない地球」は、1972 年に開催された国連人間環境会議のスローガンです。「京都議定書」は、1997 年に採択され、先進国の温室効果ガス排出量の削減目標が定められました。

解答番号【１】：④　　⇒ **重要度Ａ**

問２　①について、日本の CO_2 排出量は 1990 年から 2016 年にかけて「11％減った」とありますが、グラフ１の表組みを見ると、11％増えていますので誤りです。③について、カナダの CO_2 排出量は 1990 年から 2016 年にかけて「29％減った」とありますが、グラフ１の表組みを見ると、29％増えていますので誤りです。④について、ロシアの CO_2 排出量は 1990 年から 2016 年にかけて「34％増えた」とありますが、グラフ１の表組みを見ると、34％減っていますので誤りです。したがって、正解は②となります。

解答番号【２】：②　　⇒ **重要度Ｂ**

問３　①について、中国の国民一人あたりの一次エネルギー消費量が「世界で最も多くなっている」とありますが、グラフ５を見ると、最も多いのはカナダですので誤りです。②について、アメリカの国別の一次エネルギー消費量は「世界全体の４％を占めている」とありますが、グラフ４を見ると、アメリカは世界全体の17％を占めていますので誤りです。④について、日本の国別の一次エネルギー消費量は「世界３位」とありますが、グラフ４を見ると、日本は世界５位ですので誤りです。したがって、正解は③となります。

解答番号【3】：③　　⇒重要度B

2

問１　空欄Aについて、リースマンは現代の大衆社会に生きる人々の心理や性格を、他人に同調し、承認を求める「他人指向型」だとしました。空欄Bについて、グラフ１を見ると、15～19歳の「あてはまる」は31.3％で、それ以前の13～14歳の9.5％と比べて「高くなる」ことがわかります。空欄Cについて、グラフ２の「全体」を見ると、「あった」が20.3％、「どちらかといえばあった」が29.1％で、合計49.4％です。よって、空欄Cには「２人に１人」が当てはまります。したがって、正解は①となります。なお、「伝統指向型」とは、伝統的権威や慣習に従うことを行動原理とする心理や性格のことです。

解答番号【4】：①　　⇒重要度B

問２　空欄Dについて、レポートの３行目から４行目にかけて「世の人々も、またその住まいも、川面のよどみに浮かぶ泡のように滅びゆくものだ」とあります。これは、すべてのものは移ろいゆき、変化していくことを指す「諸行無常」の考え方と一致します。よって、空欄Dには「イ」が当てはまります。空欄Eには、レポートの６行目の「仏教の真理に苦は執着から生じる」に関することばが当てはまります。「エ」について、「都で返り咲く」という欲求は執着を生み、新たな苦を生みだす源となる可能性があるため、不適切と判断できます。よって、空欄Eには「ウ」が当てはまります。したがって、正解は③となります。なお、「八正道」とは仏教の悟りに至るために必要な８つの真理のことで、たとえば正見（物事を正しい見方で見ること）や正語（正しい言葉を使うこと）などがあります。

解答番号【5】：③　　⇒重要度B

問３　空欄Fについて、表を見ると、25～29歳の「就職・転職したこと」の割合は21.3％です。この項目について、「イ」には「約10％」とありますので誤りです。空欄Gについて、グラフ３を見ると、「電話で相談する」支援を受けたい人で、困難改善経験の「あった」という回答者は28.8％であり、「なかった」という回答者14.0％と比較して約２倍となっています。この項目について、「ウ」は「あった」という回答者は「なかった」という回答者の「３倍以上いる」とありますので誤りです。したがって、正解は②となります。

解答番号【6】：②　　⇒重要度B

3

問１　グラフ１とその説明文を照らし合わせて正答を考えます。空欄Aについて、説明文の７行目から８行目にかけて、地方税は「市町村合計では歳入総額に占める割合は一番大きい」とあります。グラフ１を見ると、市町村合計において歳入総額に対して占める割合が最も大きいのは34.2％の部分ですので、空欄Aの凡例には「地方税」が当てはまります。空欄Bについて、説明文の２行目から３行目にかけて、「地方税が少ない団体は、地方交付税の割合が大きい傾向にある」とあります。よって、地方税が少ない団体には多く、多い団体には少なく交付されている空欄Bの凡例が「地方交付税」となります。空欄Cについて、説明文の５行目から６行目にかけて、「小都市と町村では国庫支出金の歳入総額に占める割合がいずれも15％を下回っている」とあります。グラフ１の小都市と町村の数値のうち、15％を下回っている箇所と空欄A～Cの凡例を照らし合わせると、空欄Cに「国庫支出金」が当てはまることがわかります。したがって、正解は③となります。

解答番号【7】：③　　⇒ **重要度B**

問２　「エ」は1946年の吉田首相のとき、「イ」は1950年の吉田首相のとき、「ア」は1972年の田中首相のとき、「ウ」は2014年の安倍首相のときの憲法第９条に関する政府の解釈です。「ア」～「エ」の解釈を参考に、正答を導き出すことができます。「エ」は、文章の内容から戦後のまだ自衛隊がない頃と推測できますので、空欄Dに当てはまります。「イ」は、警察予備隊は朝鮮戦争を機に創設されましたので、空欄Eに当てはまります。「ア」は、自衛のための必要最小限度以下の実力の保持は禁止されていないという憲法解釈で、沖縄返還後に表明されました。よって、「ア」は空欄Fに当てはまります。「ウ」は集団的自衛権に関する内容ですので、空欄Gに当てはまります。したがって、正解は④となります。

解答番号【8】：④　　⇒ **重要度C**

問３　グラフ２とその説明文を照らし合わせて正答を考えます。説明文の２行目から３行目にかけて、「どの時代も国民の福祉を向上させる『福祉の向上』と日本の経済を発展させる『経済の発展』のいずれかが最も多く」とあります。よって、空欄HかＩいずれかに「福祉の向上」または「経済の発展」が当てはまります。さらに、説明文の９行目から10行目にかけて、「1993年には1988年より『経済の発展』を挙げる人が増加し、1998年にはさらに大きく増えた」とあります。グラフ２の1988年と1993年を比較すると、数値が上昇しているのは空欄Ｉの凡例ですので、空欄Ｉには「経済の発展」が当てはまります。したがって、正解は①となります。

解答番号【9】：①　　⇒ **重要度B**

4

問１　①について、1957～67年の朝日訴訟時に、最高裁は生存権について「国の責務として宣言したにとどまり、直接個々の国民に対して具体的権利を賦与したものではない」としました。よって、①は誤りです。③について、受理された請願はすべて議会で審議されるわけではありません。よって、③は誤りです。④については、国家賠償請求権で

はなく刑事補償請求権の内容であるため誤りです。したがって、正解は②となります。なお、国家賠償請求権は、国や地方公共団体の損害賠償に関する法律です。

解答番号【10】:②　　⇒**重要度C**

問2　適切でないものを選びます。表現の自由とは、自らの見解を表明する権利であり、民主主義社会にとって重要な権利となります。真宏さんの発言について、政治家の「政策」を批判することを制限されることになれば、健全な民主主義社会の維持は難しくなります。したがって、正解は④となります。

解答番号【11】:④　　⇒**重要度C**

問3　空欄Aについて、プライバシーの権利を守るために「個人情報保護法」では、行政機関や企業などに個人情報の適切な取り扱いを義務付けています。空欄Bには、環境破壊を及ぼす事業について、事前に調査や予測を求める「環境影響評価法」が当てはまります。空欄Cについて、「新しい人権」は憲法第13条の「幸福追求権」や第15条の生存権を根拠としています。したがって、正解は①となります。なお、「情報公開法」とは、国や地方公共団などの情報公開に関する法律です。「建築基準法」とは、建築について構造や設備などの最低条件を定めた法律です。「違憲審査権」とは、法律が憲法に反しないか審査する権限のことで、この権限は裁判所に与えられています。

解答番号【12】:①　　⇒**重要度A**

5

問1　空欄Aについて、第一次産業は農林水産業、第二次産業は建設・製造業、第三次産業は情報通信・金融・サービス業などです。会話文の3行目を見ると「この写真はインターネットで検索や電子メールのサービスを提供しているａ社」とありますので、空欄Aには「ア」が当てはまります。空欄Bについて、会話文の12行目から13行目にかけて、「民間のテレビ局が視聴者には無料でテレビ番組を放送しているのと同じで」とあります。民間のテレビ局はCM広告を流して企業から広告料を受け取ることで、視聴者は無料でテレビを閲覧することができます。よって、空欄Bには「エ」が当てはまります。空欄Cには、合併を意味する「カ」の「トラスト」が当てはまります。したがって、正解は②となります。なお、「コンツェルン」(企業連携)とは、複数の企業がさまざまな産業を持ち株によって支配することです。

解答番号【13】:②　　⇒**重要度A**

問2　空欄Dについて、グラフ1とグラフ2を見ると、ともに「価格が高くなるにしたがって需要量が減少」しています（たとえば、グラフ1で価格が100円のときの需要量は4000個、400円のときの需要量は1000個となっています）。よって、空欄Dには「イ」が当てはまります。空欄Eについて、コーヒー（嗜好品）と米（必需品）の価格が同率で高くなった場合、コーヒーは嗜好品であるため、価格が上がるほど買い控える（買い控えてもよいという）人が多くなることから、需要量の減少率は大きくなります。一方、米は必需品であるため価格が上がっても買い求める人が多いことから、需要量の減少率は小さくなります。よって、空欄Eには「ウ」が当てはまります。したがって、正解は③となります。

解答番号【14】：③　⇒**重要度Ａ**

問３　空欄Ｆについて、レポート２の15～17行目を見ると、ｗ社とｘ社はお茶の老舗の名称を利用、ｙ社は『アナと雪の女王』のキャラクターをCMに使用するなど、価格以外の競争（非価格競争）に力を入れていることが読み取れます。よって、空欄Ｆには「イ」が当てはまります。空欄Ｇについてはｙ社の宣伝戦略が当てはまります。ｙ社は他社のターゲット層とは異なる層に響くCMを使用し、売上を伸ばそうとしていると考えられます。よって、空欄Ｇには「エ」が当てはまります。空欄Ｈについて、ｖ～ｙ社のペットボトルの価格は同じですが、広告戦略を工夫するなど適切に競争している状態であるため、「オ」のカルテルによる価格協定の内容は不適切です。よって、空欄Ｈには「カ」が当てはまります。したがって、正解は④となります。

解答番号【15】：④　⇒**重要度Ｂ**

問４　空欄Ｉについて、1917年のロシア革命後に成立したソビエト連邦は、世界初の「社会主義」政権を樹立しました。空欄Ｊについて、レポート３の８行目から９行目にかけて、生活水準が高まり、労働時間を短くすれば失業問題も解決するとありますので、「エ」の内容と合致します。空欄Ｋについて、シュンペーターは「イノベーション」（技術革新）が経済の発展をもたらすと説きました。したがって、正解は④となります。なお、「帝国主義」とは、自国の領土拡大をめざし、他国の植民地支配を政策とした侵略的国家です。「ディスクロージャー」とは、企業の情報開示のことです。

解答番号【16】：④　⇒**重要度Ａ**

問５　①について、グラフ５のタイプＡは「1999年も2009年もともに10％を超えている」とありますが、その箇所を見ると、1999年は６％、2009年は10％となっていますので誤りです。②について、グラフ４のタイプＢは「1999年でも2009年でも１割に満たない」とありますが、その箇所を見ると、1999年は12％、2009年は８％となっていますので誤りです。④について、グラフ４のタイプＥは「1999年でも2009年でも15％に達している」とありますが、その箇所を見ると、1999年は14％、2009年は15％となっていますので誤りです。したがって、正解は③となります。

解答番号【17】：③　⇒**重要度Ｂ**

6

問１　空欄Ａには、株価や地価の上昇によって発生した「バブル景気」が当てはまります。空欄Ｂには、先進国クラブとも呼ばれる「経済協力開発機構（OECD）」が当てはまります。したがって、正解は②となります。なお、「神武景気」とは、投資需要の拡大により1954～57年まで続いた好景気です。「世界貿易機関（WTO）」とは、貿易に関するさまざまなルールを定め、貿易課題に取り組む国連機関です。

解答番号【18】：②　⇒**重要度Ａ**

問２　空欄Ｃについて、石油輸出国機構は、中東戦争の際に原油価格の大幅な「引き上げ」を行いました。空欄Ｄと空欄Ｅについて、石油価格上昇によるインフレを抑えるために、日

本銀行は消費を抑制する効果が見込まれる「公定歩合の引き上げなど金融引き締め策」をとり、「節約」を呼びかけました。したがって、正解は③となります。

解答番号【19】：③　⇒**重要度A**

問3　②は日米安全保障条約、③は日中平和友好条約、④は日韓基本条約の内容です。したがって、正解は①となります。

解答番号【20】：①　⇒**重要度A**

問4　選択肢に挙げられている国のなかで、安全保障理事会の常任理事国であるのはイギリスと中国です。資料2を見ると、空欄Gと空欄Ｉの横に「常任理事国」とありますので、空欄Gと空欄Ｉに「イギリス」と「中国」が入る選択肢を選ぶことになります。したがって、正解は④となります。

解答番号【21】：④　⇒**重要度A**

問5　空欄Ｊについて、同時多発テロは「アメリカ」で発生しました。空欄Kについて、同時多発テロの首謀者オサマ・ビンラディンは「アフガニスタン」に潜伏していることが判明しましたが、タリバン政権が引き渡しを拒否したことからアフガニスタン戦争がおこっています。空欄Lには、世界から飢餓をなくすために、食料援助活動を実施している「国連世界食糧計画」が当てはまります。したがって、正解は④となります。なお、「国連環境計画」は、環境保護を目的とする国連機関です。

解答番号【22】：④　⇒**重要度A**

7

問1　空欄Aについて、資料1を見ると、三大都市圏のバスの輸送人員は、2005～2008年のように前年より数値が上昇している年があります。「イ」は、「2000年から2018年の間で、三大都市圏のバスの輸送人員が増加している年はなく」とありますので誤りです。空欄Bについて、資料2を見ると、2000～2020年の間で生産年齢人口と年少人口の割合は減少していますが、「エ」には「増加」とあるため誤りです。空欄Cについて、資料3を見ると、75歳以上の運転免許保有者数は2009年は324万人、2019年は583万人ですが、「カ」にはこの間で「400万人以上増加している」とありますので誤りです。したがって、正解は①となります。

解答番号【23】：①　⇒**重要度B**

問2　提案書の「内容」を見ると、「バス会社、市役所、利用者の協議会を設置し、高校生も利用者代表で参加したい」とあります。①と③と④については、バス会社、市役所、利用者、高校生による協議会に関する記述が見られないため誤りです。したがって、正解は②となります。

解答番号【24】：②　⇒**重要度B**

令和４年度 第１回
高卒認定試験

現代社会

解答時間　50分

注　意　事　項（抜粋）

＊　試験開始の合図前に，監督者の指示に従って，解答用紙の該当欄に以下の内容をそれぞれ正しく記入し，マークすること。

①**氏名欄**

氏名を記入すること。

②**受験番号**，③**生年月日**，④**受験地欄**

受験番号，**生年月日を記入**し，さらにマーク欄に**受験番号**（数字），**生年月日**（年号・数字），**受験地をマーク**すること。

＊　**受験番号，生年月日，受験地が正しくマークされていない場合は，採点できないことがある。**

＊　解答は，解答用紙の解答欄にマークすること。例えば，［10］と表示のある解答番号に対して②と解答する場合は，次の（例）のように**解答番号10の解答欄**の②に**マーク**すること。

（例）

解答番号	解　答　欄
10	① ●（②） ③ ④ ⑤ ⑥ ⑦ ⑧ ⑨ ⓪

現　代　社　会

(解答番号 1 ～ 24)

1 次の会話文を読んで，**問1～問3**に答えよ。

壮介：私たちの班では，「情報化社会を考える」というテーマで発表をすることになりました。まず，このテーマに関する課題を，みんなで出し合ってみましょう。

唯花：情報化社会という言葉から思いつくのは，世の中のあらゆる場面で(a)インターネットが利用されていて，インターネットなしの生活を考えることができなくなっていることです。

哲郎：確かにそうですね。自分自身，学校の友だちと連絡を取り合う時はほとんどSNSを使っているし，買い物をする時もインターネットを利用することが多い気がします。また，音楽やドラマなどもインターネットの動画サイトで見ることが少なくないと思います。

七海：音楽や映像作品を楽しむ時に気を付けなければならないことは，それらの作品を無断でアップロード等することが A の侵害にあたるということです。視聴する立場としては，無料でいろいろなコンテンツを楽しめることはいいことだけど，制作する立場からすると本来得られるはずの利益が得られなくなってしまうからです。

壮介：情報化社会の進展によって恩恵を受ける人がいる一方で，それによって不利益を受ける人がいるということですね。音楽や映像作品については，制作する人にとっても，それを楽しむ人にとっても望ましい利益の調整が必要だと思います。ほかにも何か課題になることはありますか。

唯花：インターネットが普及しているといっても，すべての人が利用しているわけではありません。公共施設を利用する際にもインターネットで予約しなければならない場合があることを考えると，インターネットを利用していない人に不利益が発生していないかが心配です。

哲郎：それは，情報技術を使いこなせる人と使いこなせない人との間にうまれる格差である，B のことですね。

七海：また，誰もが情報の発信を簡単にできるようになった一方で，根拠のない不確かな情報が社会に拡がっていく危険性がインターネットにはあると思います。

壮介：情報化社会についての課題，問題点がいくつか出されましたね。では，それぞれについて分担を決めて(b)資料を集めていきましょう。

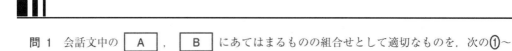

問 1　会話文中の [A]，[B] にあてはまるものの組合せとして適切なものを，次の①～④のうちから一つ選べ。解答番号は [1] 。

	A	B
①	知る権利	デジタル・デバイド
②	知る権利	メディア・リテラシー
③	知的財産権	デジタル・デバイド
④	知的財産権	メディア・リテラシー

問 2　下線部分(a)インターネットに関連して，次の**グラフ 1**，**グラフ 2**を見て，下の**会話文**中の［C］，［D］にあてはまるものの組合せとして適切なものを，次のページの①～④のうちから一つ選べ。解答番号は［2］。

グラフ 1　情報通信機器の世帯保有率

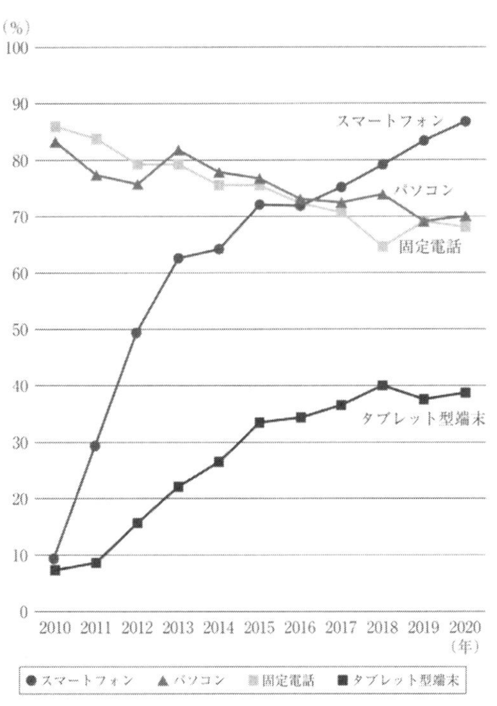

グラフ 2　普段利用しているインターネットサービス

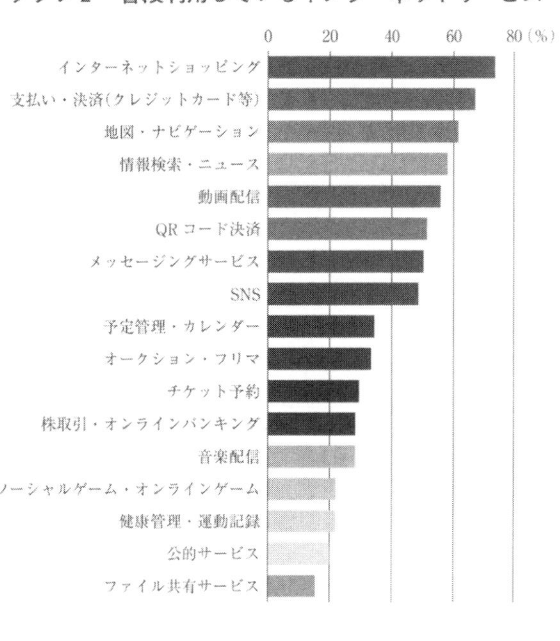

（総務省『令和 3 年版情報通信白書』により作成）

会話文

壮介：**グラフ 1** を見ると，情報通信機器の世帯保有率が 2010 年から 2020 年の間に大きく変化していることを読み取ることができます。その内訳を見ると，［C］ということが分かります。

七海：ここまでスマートフォンの世帯保有率が上昇したのは，スマートフォンの性能が向上したことが原因なのではないでしょうか。また，私たちがインターネットを利用する多くの場合，スマートフォンで充分にその役目を果たすということではないでしょうか。

哲郎：それは**グラフ 2** の「普段利用しているインターネットサービス」を見ると何かヒントが見つかるかもしれません。ここから分かることは，［D］ということです。

唯花：いつも持ち歩いているスマートフォンであれば，外出している時でも必要な情報を手に入れたり買い物をすることができて便利ですよね。ただ，インターネットサービスを利用できない環境にある人が不利益にならないようにする配慮が必要だと思います。

C にあてはまる選択肢

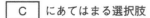

ア　スマートフォンは，2010 年には約 10 % でしたが，2020 年には 80 % 以上に上昇しています。その一方で，パソコンは，2010 年には 80 % を上回っていましたが，2020 年には約 70 % に低下している

イ　スマートフォンは，2010 年には約 10 % でしたが，2013 年には 60 % を上回っています。その一方で，タブレット型端末は，2010 年には 10 % を下回っていましたが，2013 年には 40 % を上回っている

D にあてはまる選択肢

ウ　「地図・ナビゲーション」が 60 % を上回っている一方で，「音楽配信」は 20 % を下回っている

エ　「インターネットショッピング」が 60 % を上回っている一方で，「公的サービス」は約 20 % である

	C	D
①	ア	ウ
②	ア	エ
③	イ	ウ
④	イ	エ

問 3　下線部分(b)資料に関連して，次の**会話文**中の４人の生徒と，その生徒がこの先調査を進める際に利用すると考えられる資料の組合せとして適切なものを，次のページの①～④のうちから一つ選べ。解答番号は［ 3 ］。

会話文

壮介：インターネットを使ったサービスを受けることで私たちの生活は便利になりましたが，その利用に際して個人情報の提供を求められることが多いように感じます。そのことに不安をもつ人がどれぐらいいるのか，できれば他の国と比較しながら調べようと思います。

唯花：私はインターネットを利用していない人が不利益を受けていないかが気になります。若い人に比べて高齢者の利用率が低いように感じるので，世代別に情報通信機器の利用者の割合を調べようと思います。

哲郎：これまで無料のサイトで音楽や映像作品を楽しんでいたのですが，中には違法なものもあることに気付きました。違法なものも含めて，無料のインターネットサービスの利用をやめた人が，なぜ利用をやめたのかを調べようと思います。

七海：インターネットの普及により，誰もが簡単に情報の発信ができるようになったことで，間違った情報が拡がっていく危険があると思います。私は，人々がインターネットからの情報を，他のメディアから得られる情報に比べて，どの程度信用しているのかを調べようと思います。

資料１　スマートフォンやタブレットの利用状況

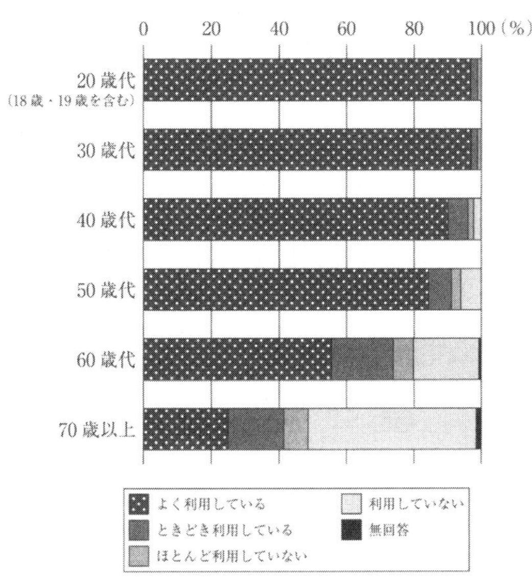

資料２　サービス・アプリケーションの利用にあたってパーソナルデータを提供することへの不安がある

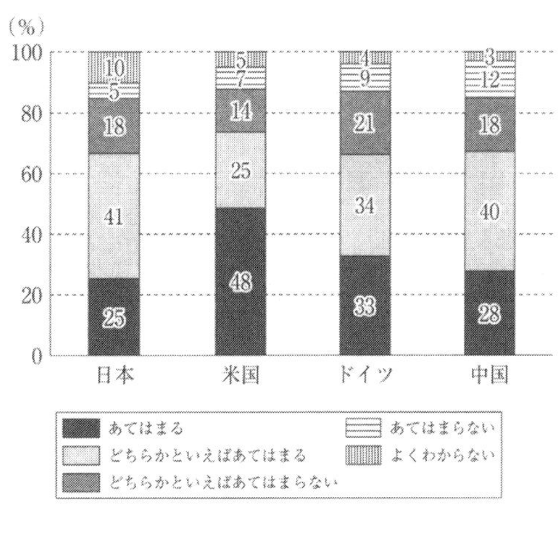

（注）　数値は四捨五入しているため，合計が100とならない場合がある。

（総務省『令和３年版情報通信白書』により作成）

令和４年度第１回試験

資料3　無料音楽アプリを利用しなくなった理由(複数回答・%)

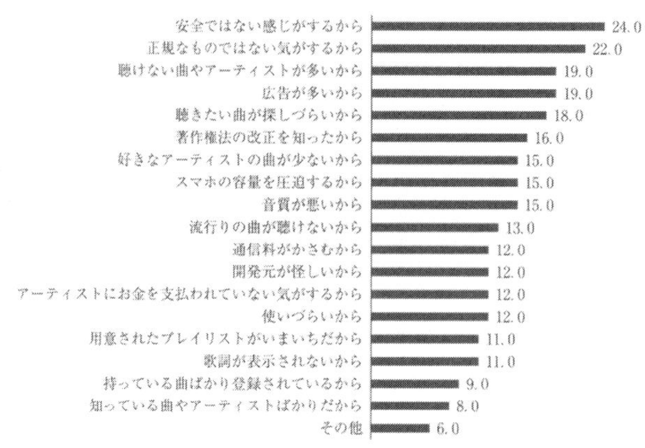

(一般社団法人 日本レコード協会『違法音楽アプリに関する利用実態調査』により作成)

資料4　テレビ，新聞，ラジオ，インターネット，雑誌の信頼度

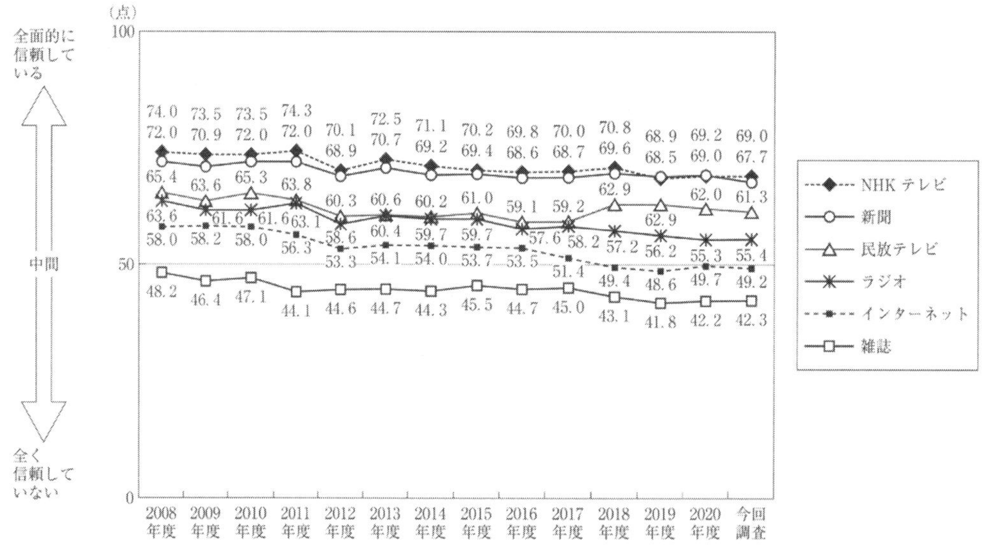

(注)「全面的に信頼している」は100点，「全く信頼していない」は0点，「普通」は50点として点数をつけたときの平均点。

(公益財団法人新聞通信調査会『第14回メディアに関する全国世論調査(2021年)』により作成)

	壮介	唯花	哲郎	七海
①	資料1	資料2	資料3	資料4
②	資料1	資料2	資料4	資料3
③	資料2	資料1	資料4	資料3
④	資料2	資料1	資料3	資料4

2 次の会話文を読んで，**問1～問3**に答えよ。

カヨ：世界で活躍する国際人になるってどういうことなんだろう。

修裕：**資料1**のお札に印刷されている人物の名前を知っているかな。この人物の生き方は，世界で活躍する国際人について考える上で，参考になると思うよ。

カヨ：新渡戸稲造(にとべいなぞう)さんだよね。確か国際連盟の事務局次長となって，世界平和のために尽くした方だと理解しているよ。

修裕：じゃあ，**資料2**のような言葉を聞いたことはあるかな。その新渡戸稲造さんの有名な言葉なんだけど。

資料1

（日本銀行ホームページより）

資料2

> 人間は，それぞれ考え方や，ものの見方が違うのが当然である。その違いを認め合い，受け入れられる広い心を持つことが大切である。（武士道）

（北海道大学ホームページ「新渡戸稲造−人材育成の規範−」により作成）

カヨ：新渡戸稲造さんがこういうことを言っていたなんて知らなかったよ。「われ太平洋の架け橋とならん」という有名な言葉は知っていたけれど。

修裕：これは私の生き方の指針になっている言葉なんだ。将来的に世界で活躍する国際人になるためにも，この言葉にあるような，他国の文化を尊重する姿勢を私も持ちたいって思っているんだ。この前の「現代社会」の授業で学習した「(a)多文化主義」の考え方にも通じるよね。

カヨ：素敵なことだね。でも私は，新渡戸稲造さんの功績，具体的には「武士道」という精神性を世界に発信したことに注目したいな。私も将来，日本の精神性を大切にして，(b)海外に日本文化を紹介する仕事に関わりたいって思うんだ。

修裕：それは素敵だね。自国の文化を大切にすることは，他国の文化を尊重することにもつながる気がする。私も日本文化について深く学ばないといけないと思ったよ。ところで，日本人としての精神性や文化的な特徴って，他に例えばどういうものがあるんだろう。

カヨ：例えば，(c)「恥の文化」という文化的特徴や「もののあはれ」という感性が挙げられるよ。今，そのことについて学習しているんだ。よかったら私のレポートを見てもらえないかな。

修裕：うん，もちろん。ぜひ勉強させてもらうよ。

問１　下線部分(a)多文化主義に関連して，現在の日本における多文化主義の発想に基づく事例として**適切でないもの**を，次の①～④のうちから一つ選べ。解答番号は［ 4 ］。

① 図書館などの公的施設で，多言語による情報提供がなされる。
② 引っ越ししてきた外国籍の住民に，引っ越し先特有の全ての生活様式を義務付ける。
③ 職場で，ターバンやスカーフなどの民族独自の服飾が認められる。
④ 学校の給食で，選択肢として信仰に配慮した食材も用意される。

問 2　下線部分(b)海外に日本文化を紹介するに関連して，日本と諸外国との文化交流に関する次の**資料3**，**資料4**を説明する文章として最も適切なものを，次のページの①～④のうちから一つ選べ。解答番号は **5** 。

資料3　あなたは，日本と諸外国との文化交流を進めることは，どのような意義があると思いますか。（複数回答・%）

項目	全体	年齢 18～19歳	20～29歳	30～39歳	40～49歳	50～59歳	60～69歳	70歳以上
日本と諸外国との間の相互理解や信頼関係が深まり，国際関係の安定につながる	45.7	38.5	37.0	36.8	43.9	45.3	49.2	56.2
異なる文化がお互いに刺激し合うことにより，世界の文化の発展につながる	42.3	38.5	42.0	41.7	40.2	41.1	42.4	45.8
日本の国際化が進み，日本が国際的に開かれた豊かな文化を持つ国に発展できる	37.6	38.5	43.7	34.5	31.6	35.0	35.1	44.4
日本への関心が高まり，訪日外国人旅行客の増加や日本産品の海外展開につながる	33.0	36.9	32.7	31.7	28.8	30.8	31.3	39.1

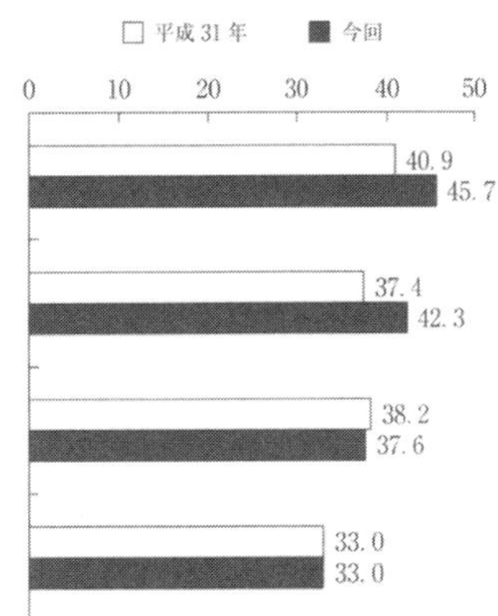

資料4　あなたは，どのようなジャンルを日本の文化芸術の魅力として諸外国に発信すべきだと思いますか。（複数回答・%）

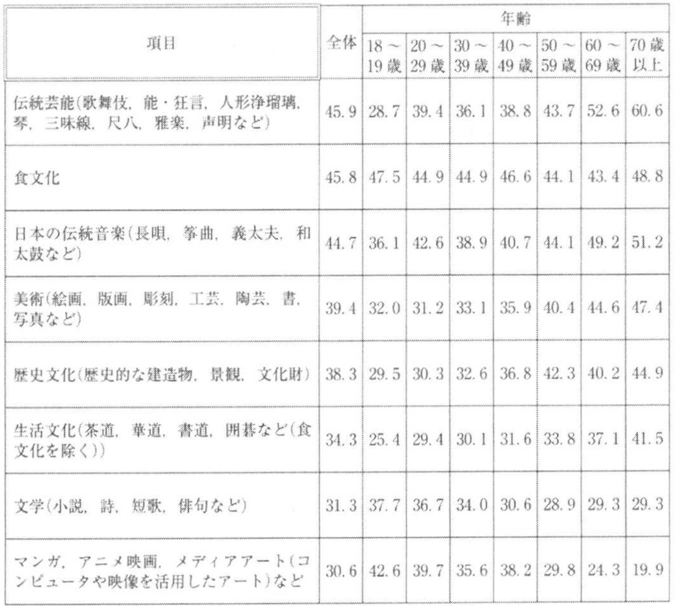

項目	全体	年齢 18～19歳	20～29歳	30～39歳	40～49歳	50～59歳	60～69歳	70歳以上
伝統芸能（歌舞伎，能・狂言，人形浄瑠璃，琴，三味線，尺八，雅楽，声明など）	45.9	28.7	39.4	36.1	38.8	43.7	52.6	60.6
食文化	45.8	47.5	44.9	44.9	46.6	44.1	43.4	48.8
日本の伝統音楽（長唄，箏曲，義太夫，和太鼓など）	44.7	36.1	42.6	38.9	40.7	44.1	49.2	51.2
美術（絵画，版画，彫刻，工芸，陶芸，書，写真など）	39.4	32.0	31.2	33.1	35.9	40.4	44.6	47.4
歴史文化（歴史的な建造物，景観，文化財）	38.3	29.5	30.3	32.6	36.8	42.3	40.2	44.9
生活文化（茶道，華道，書道，囲碁など（食文化を除く））	34.3	25.4	29.4	30.1	31.6	33.8	37.1	41.5
文学（小説，詩，短歌，俳句など）	31.3	37.7	36.7	34.0	30.6	28.9	29.3	29.3
マンガ，アニメ映画，メディアアート（コンピュータや映像を活用したアート）など	30.6	42.6	39.7	35.6	38.2	29.8	24.3	19.9

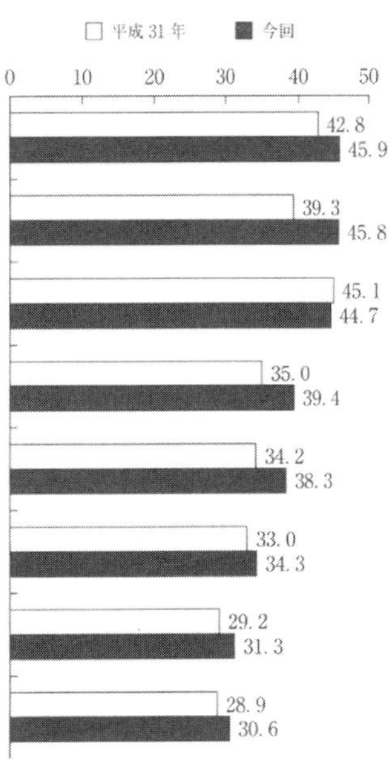

（注）　表中の年齢の内訳は，「今回」のものである。

（文化庁「文化に関する世論調査（令和2年3月）」により作成）

令和4年度第1回試験

① **資料3**で「今回」と「平成31年」との間での各項目の変化を比較すると，「今回」は「日本の国際化が進み，日本が国際的に開かれた豊かな文化を持つ国に発展できる」の項目で増加している。**資料4**でも同様に比較すると，「今回」は「日本の伝統音楽」の項目で増加している。

② **資料3**で「今回」と「平成31年」との間での各項目の変化を比較すると，「今回」は「異なる文化がお互いに刺激し合うことにより，世界の文化の発展につながる」の項目で低下している。**資料4**でも同様に比較すると，「今回」は「食文化」の項目で低下している。

③ **資料3**で世代別に比較すると，「今回」の全ての項目で，「70歳以上」は「全体」より低くなっている。**資料4**でも同様に比較すると，「今回」の全ての項目で，「70歳以上」は「全体」より低くなっている。

④ **資料3**で「全体」を項目別に比較すると，「今回」は，「日本と諸外国との間の相互理解や信頼関係が深まり，国際関係の安定につながる」が最も高い割合になっている。**資料4**でも同様に比較すると，「今回」は，「伝統芸能」，「食文化」，「日本の伝統音楽」が高い割合を占めており，いずれも40％を超えている。

問 3 下線部分(c)「恥の文化」という文化的特徴や「もののあはれ」という感性に関連して，次の**カヨのレポート**中の [A]，[B] にあてはまるものの組合せとして最も適切なものを，下の①～④のうちから一つ選べ。解答番号は [6] 。

カヨのレポート

> 私は，日本の文化を，諸外国の文化と比較しながら調べました。日本文化についてより一層深く知ることができると考えたからです。
>
> まず，西欧文化との比較をしました。具体的には，アメリカの文化人類学者ルース・ベネディクトが，西欧型の「罪の文化」に対して，日本人の行動規範を「恥の文化」と呼んだことに注目しました。古来の日本人は，「 [A] 」という言葉に代表されるように，信仰対象として唯一絶対の神を持ちません。それゆえ，善悪を相対的に規定し周囲の評価で行動を決めてしまう傾向があるのだと理解しました。
>
> 次に，中国の儒教文化との比較をしました。具体的には，本居宣長が，漢意(からごころ)として儒教や仏教を批判し，真心を求めたことに注目しました。彼によると， [B] こそが大切だということになります。
>
> 他の文化と比較することで，日本文化についての理解をより深めることができました。

[A] にあてはまる選択肢

ア 八百万(やおよろず)の神

イ 隣人愛

[B] にあてはまる選択肢

ウ 仁や礼といった徳に基づいた謙譲の心

エ 自然に触れるにつけ素直に感動する心

	A	B
①	ア	ウ
②	イ	ウ
③	ア	エ
④	イ	エ

3 次の文章を読んで，**問1**～**問3**に答えよ。

日本国憲法は，1946年11月3日に公布され，翌1947年5月3日から施行された。日本国憲法では，基本的人権の尊重と(a)国民主権の原則のもとに，三権分立制度が確立されている。三権分立制度とは，国の立法権，(b)行政権，司法権をそれぞれ独立した機関に分け与えることによって，一つの機関に権力が集中して，濫用（らんよう）されるおそれをなくすための仕組みである。

立法権は国会が，行政権は内閣が，司法権は裁判所がそれぞれ担っている。このうち裁判所は，(c)国会や内閣から独立した司法権の主体となり，さらに，法律等が憲法に違反しているかどうかを判断する違憲法令審査権が与えられている。

問1 下線部分(a)国民主権に関連して，次の**グラフ1**，**表1**から読み取れる内容として適切なものを，次のページの①～④のうちから一つ選べ。解答番号は 7 。

グラフ1　衆議院議員総選挙年代別投票率の推移

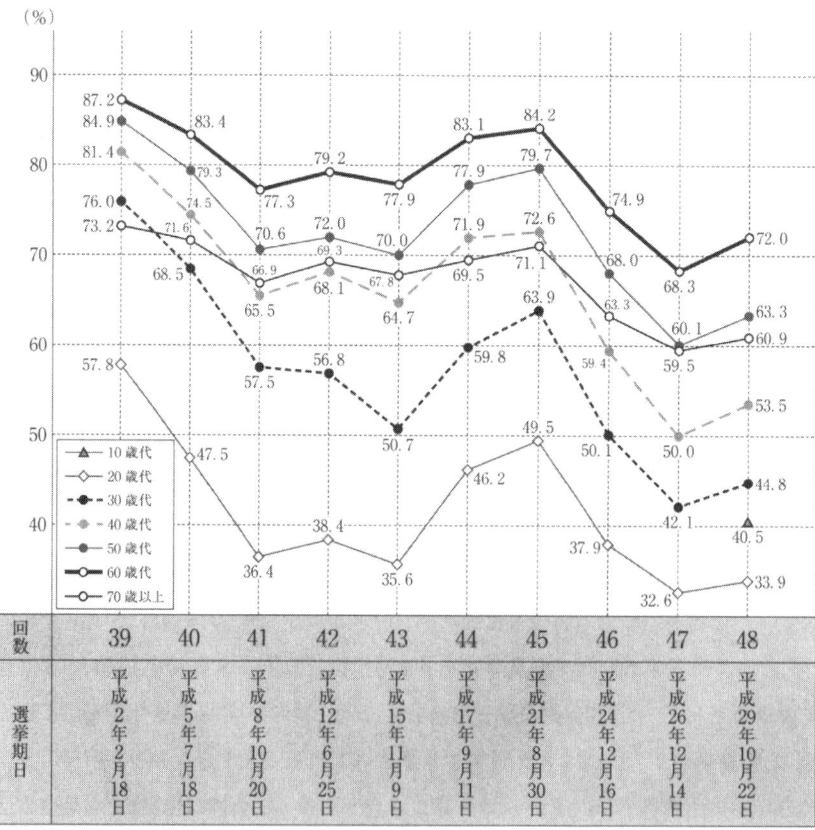

表1　第48回衆議院議員総選挙(平成29年10月22日)における年代別の棄権理由(複数回答・%)

	18-20歳代	30-40歳代	50-60歳代	70歳以上
仕事があったから	33.3	33.7	19.1	1.4
重要な用事(仕事を除く)があったから	8.0	14.0	13.0	7.2
体調がすぐれなかったから	4.0	7.3	15.7	52.2
選挙にあまり関心がなかったから	32.0	33.7	23.5	8.7
解散の理由に納得がいかなかったから	1.3	11.9	21.7	11.6
政党の政策や候補者の人物像など違いがよくわからなかったから	20.0	17.6	20.9	5.8
適当な候補者も政党もなかったから	18.7	33.2	29.6	13.0
支持する政党の候補者がいなかったから	5.3	13.0	12.2	8.7
私一人が投票してもしなくても同じだから	10.7	15.0	10.4	5.8
自分のように政治のことがわからない者は投票しない方がいいと思ったから	20.0	8.3	5.2	5.8
選挙によって政治はよくならないと思ったから	17.3	19.7	14.8	8.7

(公益財団法人　明るい選挙推進協会ホームページにより作成)

① **グラフ1**を見ると，20歳代の投票率は，平成5年以降50％を下回っている。**表1**を見ると，18-20歳代の棄権理由は，「自分のように政治のことがわからない者は投票しない方がいいと思ったから」の割合が，他の年代と比較して10ポイント以上高くなっている。

② **グラフ1**を見ると，30歳代と40歳代の投票率は，平成21年以降一貫して低下している。**表1**を見ると，30-40歳代の棄権理由は，「仕事があったから」と「選挙にあまり関心がなかったから」の割合がともに40％を超えている。

③ **グラフ1**を見ると，50歳代と60歳代の投票率は，平成29年においては20歳代の2倍以上となっている。**表1**を見ると，50-60歳代の棄権理由は，「適当な候補者も政党もなかったから」が最も高く，次いで「私一人が投票してもしなくても同じだから」となっている。

④ **グラフ1**を見ると，平成29年の10歳代，20歳代，30歳代の投票率は，50％を下回っている。**表1**を見ると，いずれの年代でも「選挙によって政治はよくならないと思ったから」の割合は20％を超えている。

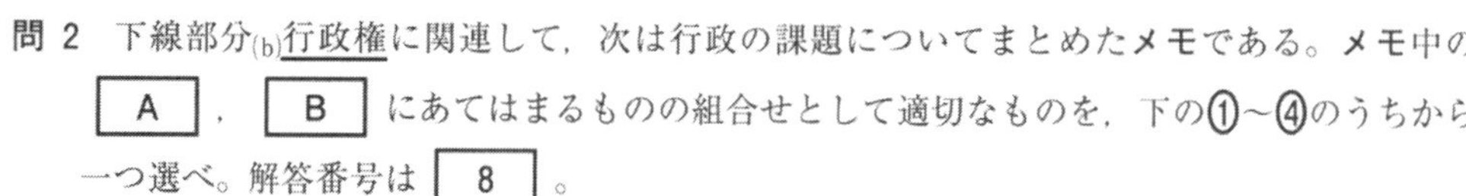

問 2　下線部分(b)行政権に関連して，次は行政の課題についてまとめたメモである。メモ中の A ， B にあてはまるものの組合せとして適切なものを，下の①～④のうちから一つ選べ。解答番号は 8 。

メモ

国民主権の成立によって公務員は「全体の奉仕者」とされたが，戦後日本経済の繁栄のなかで官僚制が次第に強化され，行政国家化が進んだ。行政機関が官庁組織のまわりに設置した特殊法人や関係の深い民間企業に，退職後の公務員が再就職するという「 A 」が常態化したとの指摘もある。さらに，官庁と業界団体と政治家の三者が一体となって，お互いの利益を確保しようとする傾向が強まり，さまざまな腐敗や不透明な関係が生じることもあった。

これに対して，行政改革の必要性が叫ばれ，1993 年に許認可行政や行政指導の透明性を確保する目的で B が制定された。1999 年には中央省庁のすべての行政文書を対象とした情報公開法や公務員の規律を正すために国家公務員倫理法が制定された。

行政国家化に歯止めをかけるべきだとの主張が強まり，独立行政法人が設けられた。これは，行政の簡素化や効率化のために，各省庁から事業部門や研究部門を分離したものなどである。また，いっそうの地方分権化や，省庁間のセクショナリズム（なわばり主義）の見直しなども進められている。

A にあてはまる選択肢

ア　天下り

イ　委任立法

B にあてはまる選択肢

ウ　国会審議活性化法

エ　行政手続法

	A	B
①	ア	ウ
②	ア	エ
③	イ	ウ
④	イ	エ

問 3　下線部分(c)国会や内閣から独立した司法権の主体に関連して，最高裁判所及び下級裁判所の裁判官の身分について説明する文として**適切でないもの**を，次の①～④のうちから一つ選べ。解答番号は 9 。

① 報酬は，在任中，減額することができない。

② 懲戒処分は，行政機関が行うことはできない。

③ 裁判により心身の故障のために職務を執ることができないと決定された場合は，罷免される。

④ 参議院議員通常選挙の際の国民審査で，罷免されることがある。

4 次の会話文を読んで，問1～問3に答えよ。

まこと：先生，私は勉強が苦手なのですが，私たちはなぜ教育を受けなくてはならないのでしょうか。

先　生：では，まことさんはなぜ教育を受けなくてはならないのだと思いますか。

まこと：えっと，教育を受けることは国民の義務だからですか。

先　生：なるほど。では，憲法にはどのように書いてあるか一緒に確認してみましょう。日本国憲法第26条第1項には「すべて国民は，法律の定めるところにより，その能力に応じて，ひとしく教育を受ける権利を有する」と定められていますね。また，第2項にはこの権利を実質的なものにするために，「すべて国民は，法律の定めるところにより，その保護する子女に [A] を受けさせる義務を負ふ。 [B] は，これを無償とする」と書いてありますよ。

まこと：私にとって，教育を受けることは義務ではなく権利なのですね。

先　生：そうですね。教育を受ける権利があることでどのようなメリットがあると思いますか。具体的に何か思いつきますか。

まこと：学ぶことで，まず文字の読み書きができるようになると思います。あとは，しっかりと学んでいくと必要な技術や能力を身に付けることができ，将来希望する仕事に就きやすくなると思います。また，今まで知らなかったことが理解できたときにはうれしい気持ちになります。あっ，そうか。教育を受けるといいことがいっぱいありますね。

先　生：そうですね。教育を受けることは権利だということを分かってくれましたね。

まこと：私もこれからは，教育は権利なのだと自覚してしっかり学んでいこうと思います。また，日本国憲法第26条第1項の中に，ひとしく教育を受ける権利という部分があると先生がおっしゃっていましたが，(a)<u>ひとしく教育を受ける権利についてもっと調べてみたくなりました</u>。他にも，日本国憲法第14条の平等権について勉強したとき，差別によって不利益を受ける人々に対する優遇措置をとり，実質的な平等を保障するという，(b)<u>アファーマティブ・アクション（ポジティブ・アクション）</u>についても習いました。このこともひとしく教育を受ける権利と関係がありそうですね。今日だけでもいろいろ理解できました。

先　生：そうですね。学んだことがまことさんの中でつながってきましたね。

問1　会話文中の [A] ， [B] にあてはまるものの組合せとして適切なものを，次の①～④のうちから一つ選べ。解答番号は [10] 。

	A	B
①	普通教育	義務教育
②	高等教育	普通教育
③	生涯教育	高等教育
④	義務教育	生涯教育

問 2　下線部分(a)ひとしく教育を受ける権利についてもっと調べてみたくなりましたに関連して，まことが中学校夜間学級(いわゆる夜間中学)について調べた次の**レポート**中の，[C]，[D] にあてはまるものの組合せとして適切なものを，次のページの①～④のうちから一つ選べ。解答番号は [11] 。

レポート

私は，教育を受けたい人が本当に教育を受けることができているのかが気になったので，中学校夜間学級(いわゆる夜間中学)について調べました。**資料 1** のように中学校夜間学級(いわゆる夜間中学)が設置されているのは [C] であり，10 代から 90 代までの人々が通っています。通っている生徒は義務教育の機会を十分に得られなかった人たちです。夜間中学では週 5 日毎日授業が行われており，昼間の中学校と同じ教科を勉強しています。すべての課程を修了すれば中学校卒業となります。

入学の動機は**グラフ 1** のように，[D] ということが分かりました。

資料 1　中学校夜間学級(いわゆる夜間中学)設置状況(2021 年 4 月)

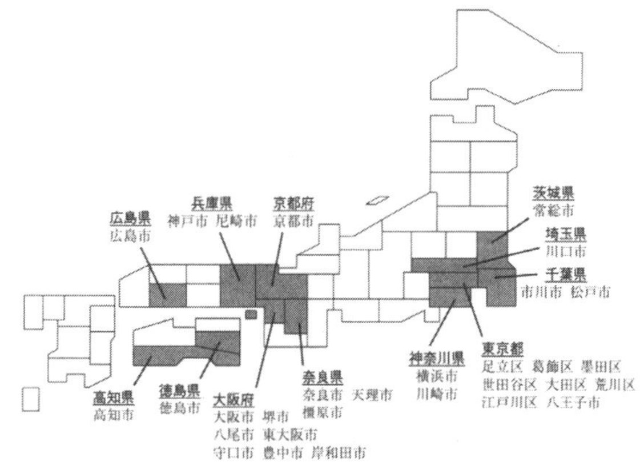

(文部科学省「夜間中学の設置促進・充実について」により作成)

グラフ 1　中学校夜間学級(いわゆる夜間中学)入学の動機(%)

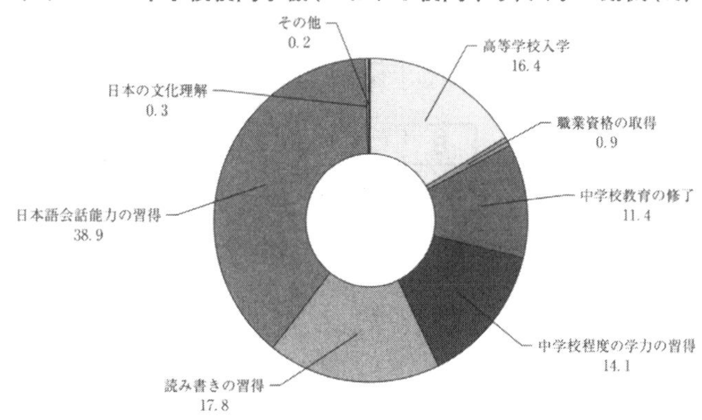

(文部科学省「令和元年度夜間中学等に関する実態調査」により作成)

C にあてはまる選択肢

ア　全都道府県の半数以上

イ　全都道府県の半数以下

D にあてはまる選択肢

ウ　「中学校教育の修了」と「中学校程度の学力の習得」と答えた人の割合の合計が，「読み書きの習得」と「日本の文化理解」と答えた人の割合の合計よりも多い

エ　「高等学校入学」と「職業資格の取得」と答えた人の割合の合計が，「中学校程度の学力の習得」と「読み書きの習得」と答えた人の割合の合計よりも多い

	C	D
①	ア	ウ
②	ア	エ
③	イ	ウ
④	イ	エ

問 3　下線部分(b)アファーマティブ・アクション（ポジティブ・アクション）について，アファーマティブ・アクション（ポジティブ・アクション）の取組みの例として**適切でないもの**を，次の①～④のうちから一つ選べ。解答番号は 12 。

① 障害者の採用が少ない職場で，障害者の就労機会を広げるために，障害者の従業員を一定割合以上雇用する。

② 男性管理職の多い職場で，女性管理職を増やすために，積極的に一定数の女性管理職を置く。

③ 女性議員の少ない国で，議会における男女間格差を是正するために，一定数の議席を女性に割り当てる。

④ 大学入試において少数民族の合格者の少ない大学で，合格者を全受験者の学力試験の得点のみを基準として選考する。

5 次の生徒が書いたレポートを読んで，**問1～問5**に答えよ。

私は，「現代社会」の授業で学んだことをふまえて，平成時代の日本経済について調べてみました。

日本は，第二次世界大戦後の高度経済成長期，安定成長期を経て，世界でも有数の(a)経済的に豊かな国になりました。平成時代は，安定成長期の末期に発生したバブル経済が絶頂を迎えた1989年から始まりました。1989(平成元)年の12月に3万9000円近くまで上昇した日経平均株価は，翌1990(平成2)年初頭から下落を始めました。その後地価も下がり始め，バブル経済は崩壊しました。バブル経済のもとで，土地を担保にして融資を拡大していた銀行は，多くの不良債権を抱えることになり，以降，日本経済は「失われた10年」ともいわれる低成長の時代に入りました。

当初は，政府による［A］などの財政政策によって，景気は回復する傾向も見られました。しかし，1997(平成9)年には消費税増税やアジア通貨危機もあり，金融機関などの倒産が相次ぎ，その後の日本経済は長期に及ぶデフレーションに陥りました。

2001(平成13)年に成立した小泉純一郎政権は「改革なくして成長なし」と掲げ，構造改革を行いました。具体的には，規制緩和や民営化など，市場原理を重視して［B］をめざす経済政策を進めました。2000年代半ばには，「いざなみ景気」とも呼ばれる景気拡大も見られましたが，2008(平成20)年にアメリカで起こったリーマン・ショックをきっかけに再び景気が低迷しました。2012(平成24)年に成立した安倍晋三政権は，デフレ経済からの脱却と実質経済成長率2％の実現をめざして「アベノミクス」と呼ばれる経済政策を実施しました。アベノミクスのもとで，日本銀行は，これまでに類を見ない(b)金融緩和政策を続けてきましたが，その効果をめぐってはさまざまな見方があります。

このような日本経済の低迷の中で，これまで行われてきた制度にも変化が生じてきました。日本では，終身雇用制と年功序列型(c)賃金が定着していました。しかし，経済が低迷する中で従来の日本型雇用慣行は崩れはじめ，リストラによる人員整理や，能力給などの成果主義的な賃金制度の導入が進められるようになりました。法改正による派遣労働の拡大などもあり，アルバイトや派遣労働者・契約社員などの非正規労働者が増加し，労働者の労働環境の悪化や格差の拡大などの問題が指摘されています。

平成時代を通じて，日本はさまざまな課題を抱えることになりました。長引く不況の影響で税収が減少した一方で，社会保障関係費の増加などによって歳出総額は増え続け，財政赤字が拡大しています。少子高齢化が急激に進む中で，公的年金などの社会保障制度のあり方も考えていく必要があります。また，平成時代は，1995(平成7)年に起こった阪神・淡路大震災や2011(平成23)年に起こった東日本大震災などの大地震をはじめ，火山の噴火や豪雨災害などがたびたび発生し，災害の多い日本において(d)防災や減災の重要性についての議論が盛んに行われています。

2019年5月，元号は「平成」から「令和」へと変わり，新しい時代が幕を開けました。平成時代の初めにバブル経済の崩壊という混乱があったように，令和の始まりには「コロナ禍」という危機が起こりました。この危機を乗り越え，今後，日本経済が抱えるさまざまな課題を解決するためにはどのようなことが必要か，これからさらに深く学習していきたいです。

問 1　レポート中の [A]，[B] にあてはまる語句の組合せとして適切なものを，次の①～④のうちから一つ選べ。解答番号は [13] 。

	A	B
①	増税や公共投資の削減	小さな政府
②	増税や公共投資の削減	大きな政府
③	減税や公共投資の拡大	小さな政府
④	減税や公共投資の拡大	大きな政府

問 2　下線部分(a)経済的に豊かな国に関連して，次の**生徒のメモ**中の [C]，[D]，[E]，[F] にあてはまる語句の組合せとして適切なものを，下の①～④のうちから一つ選べ。解答番号は [14] 。

生徒のメモ

> 一国の経済的な豊かさを示すものとしては二つの概念がある。一つは，ある時点でそれまでに蓄積されてきた価値を示す概念であり，[C] という。もう一つは，ある一定期間で新たに生み出された価値を示す概念であり，[D] という。前者の代表的な指標としては [E] があり，後者の代表的な指標としては [F] がある。

	C	D	E	F
①	ストック	フロー	国富	国内総生産
②	ストック	フロー	国内総生産	国富
③	フロー	ストック	国富	国内総生産
④	フロー	ストック	国内総生産	国富

問 3　下線部分(b)金融緩和に関連して，これまでに日本で行われた，マネーストックを増やすための金融政策として**適切でないもの**を，次の①～④のうちから一つ選べ。
解答番号は [15] 。

① コール市場における無担保コールレートが低くなるように誘導する。
② 日銀当座預金の一部にマイナスの金利をかける。
③ 公開市場において国債などの有価証券を買う。
④ 市中銀行の貸出額を調節する預金準備率(支払準備率)を引き上げる。

問 4 下線部分(c)賃金に関連して，次の**会話文**中の G ， H にあてはまるものの組合せとして適切なものを，次のページの①～④のうちから一つ選べ。解答番号は 16 。

会話文

真希：賃金には名目賃金とか実質賃金とかあるけど，これってどういうことなの。

雅士：名目賃金とは，そのままの額面上の賃金のことだよ。それに対して実質賃金とは，物価の変動を考慮した賃金で，実際の社会でどれだけの財やサービスを購入できるかを示すものだよ。例えば，賃金が 10 万円から 10 % 増加して 11 万円になった場合，名目賃金は 11 万円ということになるよね。でも，同時に物価が 10 % 上昇していたとすると，実質賃金はどうなるかな。

真希：実質的には賃金は増加したとはいえないね。

雅士：そういうことになるね。**グラフ 1** は賃金の推移を前年比増減率で示したものだよ。**グラフ 1** 中の 2016 年以外の年では，名目賃金のほうが実質賃金を上回っているということはどういうことかな。

グラフ 1　賃金の推移(前年比増減率)

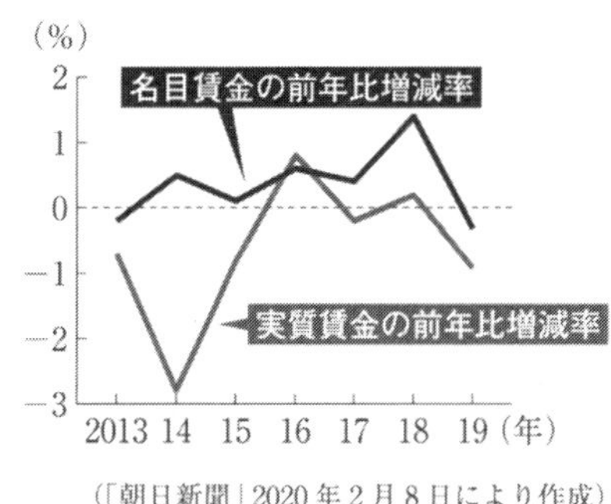

(「朝日新聞」2020 年 2 月 8 日により作成)

真希：それは G ということを意味しているのね。

雅士：その通りだよ。この**グラフ 1** を見ると， H ということが分かるね。

真希：なるほど。教えてくれてありがとう。

G にあてはまる選択肢

ア　2016 年を除いて物価が上がっている

イ　2016 年を除いて物価が下がっている

H にあてはまる選択肢

ウ　名目賃金は 2014 年から 2015 年にかけて下落している一方で，実質賃金は 2014 年から 2016 年まで 2 年連続で上昇した

エ　名目賃金は 2014 年から 2018 年までは上昇し続けている一方で，実質賃金が上昇したのは 2016 年と 2018 年だけである

	G	H
①	ア	ウ
②	ア	エ
③	イ	ウ
④	イ	エ

問 5　下線部分(d)防災に関連して，次のグラフ2，グラフ3から読み取れる内容として適切なものを，次のページの①～④のうちから一つ選べ。解答番号は［17］。

グラフ 2　災害の危険性や災害対策について普段から充実してほしい情報（複数回答・%）

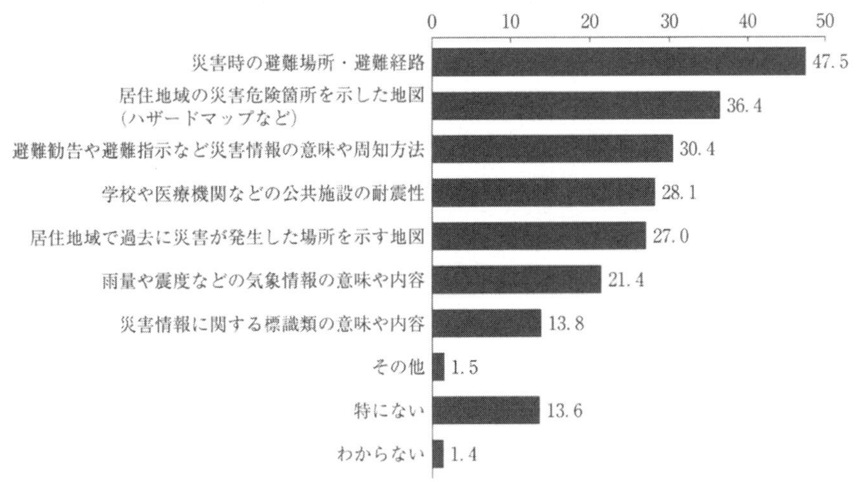

グラフ 3　災害の際の『自助』・『共助』・『公助』の対策に関する意識（%）

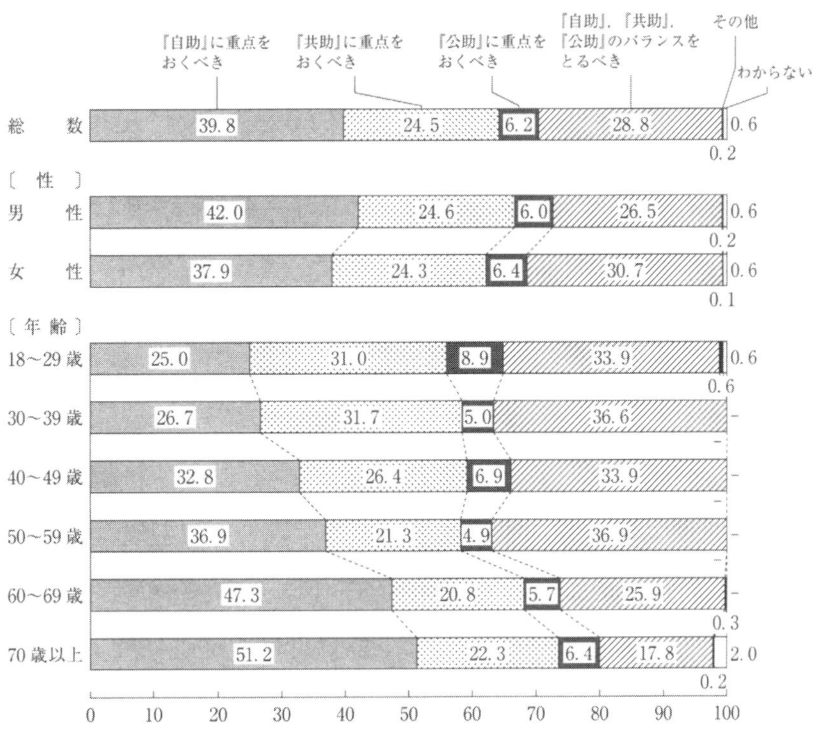

（注 1）『自助』とは自分の身は自分で守ること，『共助』とは地域や身近にいる人どうしが助け合うこと，『公助』とは国や地方公共団体が行う救助・援助・支援のことである。
（注 2）四捨五入しているため，合計が 100 % にならない場合がある。

（内閣府「防災に関する世論調査」（平成 29 年）により作成）

① **グラフ2**を見ると，「災害時の避難場所・避難経路」と答えた人の割合が最も高く，50％を超えている。**グラフ3**について総数で見ると，「『自助』に重点をおくべき」と答えた人の割合が最も高く，50％を超えている。

② **グラフ2**を見ると，「居住地域の災害危険箇所を示した地図」と答えた人の割合よりも，「居住地域で過去に災害が発生した場所を示す地図」と答えた人の割合のほうが10ポイント以上高い。**グラフ3**について男女別に見ると，「『自助』に重点をおくべき」と答えた人の割合と「『共助』に重点をおくべき」と答えた人の割合は，いずれも男性よりも女性のほうが高い。

③ **グラフ2**を見ると，「避難勧告や避難指示など災害情報の意味や周知方法」や「学校や医療機関などの公共施設の耐震性」と答えた人の割合は，ともに25％を超えている。**グラフ3**について年齢別に見ると，「『公助』に重点をおくべき」と答えた人の割合は，70歳以上の年齢層よりも18～29歳の年齢層のほうが高い。

④ **グラフ2**を見ると，「雨量や震度などの気象情報の意味や内容」や「災害情報に関する標識類の意味や内容」と答えた人の割合は，ともに20％を超えている。**グラフ3**について年齢別に見ると，「『自助』に重点をおくべき」と答えた人の割合は，年齢層が高くなるほど低くなっている。

6 次の会話文を読んで，**問１～問５**に答えよ。

あおい：「現代社会」の課題レポートを，「核兵器のない世界」をテーマにしようと思って調べていたら，とても心に残る文章を見つけたので，**メモ**しておいたの。見てくれる？

メモ

今年，一人のカトリック修道士が亡くなりました。「(a)アウシュヴィッツの聖者」と呼ばれたコルベ神父を生涯慕い続けた小崎登明（おざきとうめい）さん。93歳でその生涯を閉じる直前まで被爆体験を語り続けた彼は，手記にこう書き残しました。

「世界の各国が，こぞって，核兵器を完全に『廃絶』しなければ，地球に平和は来ない」

「原爆の地獄を生き延びた私たちは，核兵器の無い平和を確認してから，死にたい」

小崎さんが求め続けた「核兵器の無い平和」は，今なお実現してはいません。でも，その願いは一つの条約となって実を結びました。今年１月，人類史上初めて「全面的に核兵器は違法」と明記した国際法，(b)核兵器禁止条約が発効したのです。

一方で，核兵器による危険性はますます高まっています。［ A ］で(c)核軍縮の義務を負っているはずの核保有国は，イギリスが核弾頭数の増加を公然と発表するなど，核兵器への依存を強めています。また，核兵器を高性能のものに置き換えたり，新しいタイプの核兵器を開発したりする競争も進めています。この相反する二つの動きを，核兵器のない世界に続く一つの道にするためには，各国の指導者たちの核軍縮への意志と，対話による信頼醸成，そしてそれを後押しする市民社会の声が必要です。

（令和３年８月９日「長崎平和宣言」により作成）

あおい：この**メモ**に書いたように，唯一の被爆国の国民として，私たちは核廃絶を訴えていく必要があると思う。でも，日本は核兵器禁止条約を批准していないよね。どうしてなのかな。

たろう：核兵器を保有することが，他の核保有国からの核攻撃を思いとどまらせる効果があるとする，「［ B ］」という考え方があるんだ。

あおい：でも日本は非核三原則を掲げているから，自ら核兵器を保有するという選択肢はないよね。

たろう：だから日本については，日米同盟の下でアメリカの「(d)核の傘」に守ってもらう必要があるという意見なんだよ。

あおい：アメリカの「核の傘」に頼っているという現実があるから，日本が核兵器禁止条約を批准するのは難しいんだね。理想と現実のギャップを見せつけられた気がするな。

たろう：でも，日本が令和３年に国連に提出した「核兵器廃絶決議案」は，アメリカやフランスなどの核保有国を含む158か国の支持を受けて採択されたんだ。この決議案は「核兵器のない世界」の実現に向けて，各国が直ちに取り組むべき共同行動の指針を示したものなんだよ。

あおい：それを聞いて少し安心したわ。日本は，核保有国も巻き込む形で，核兵器廃絶に向けて，粘り強い取り組みを続けているんだね。

問 1　会話文中の A ，B にあてはまる語句の組合せとして適切なものを，次の①～④のうちから一つ選べ。解答番号は 18 。

	A	B
①	核拡散防止条約(NPT)	核抑止論
②	核拡散防止条約(NPT)	集団安全保障
③	中距離核戦力(INF)全廃条約	集団安全保障
④	中距離核戦力(INF)全廃条約	核抑止論

問 2　下線部分(a)アウシュヴィッツに関連して，次の文章中の C ，D ，E にあてはまる語句の組合せとして適切なものを，下の①～④のうちから一つ選べ。解答番号は 19 。

アウシュヴィッツ強制収容所(正式名称「アウシュヴィッツ＝ビルケナウ強制収容所」，C の強制絶滅収容所)はポーランド南部に位置し，第二次世界大戦中に C のユダヤ人絶滅政策(ホロコースト)で100万人以上の犠牲者を出した場所である。現在は博物館として公開されており，世界中から多くの人々が訪れている。人類が二度とこのような過ちを起こすことがないよう，1979年に世界遺産に登録された。

世界遺産は，D が世界遺産条約(1972年採択)で定めた世界遺産委員会によって「顕著な普遍的価値」を有すると認定されたものが登録されている。

世界遺産条約は2021年7月現在194か国が批准しており，日本も1992年にこの条約を批准し，国際的な協力・援助体制の構築に貢献してきた。日本からは文化遺産20件，自然遺産5件の計25件が登録されており，「長崎と天草地方の潜伏キリシタン関連遺産」は，2018年6月に E として登録されている。

	C	D	E
①	ナチスドイツ	UNESCO(国連教育科学文化機関)	文化遺産
②	ナチスドイツ	UNICEF(国連児童基金)	自然遺産
③	ファシスト党	UNICEF(国連児童基金)	文化遺産
④	ファシスト党	UNESCO(国連教育科学文化機関)	自然遺産

問 3 下線部分(b)核兵器禁止条約に関連して，次の**図 1** と**表 1** から読み取れる内容として適切なものを，下の①～④のうちから一つ選べ。解答番号は 20 。

図 1　核兵器禁止条約加盟状況(2021 年 4 月時点)

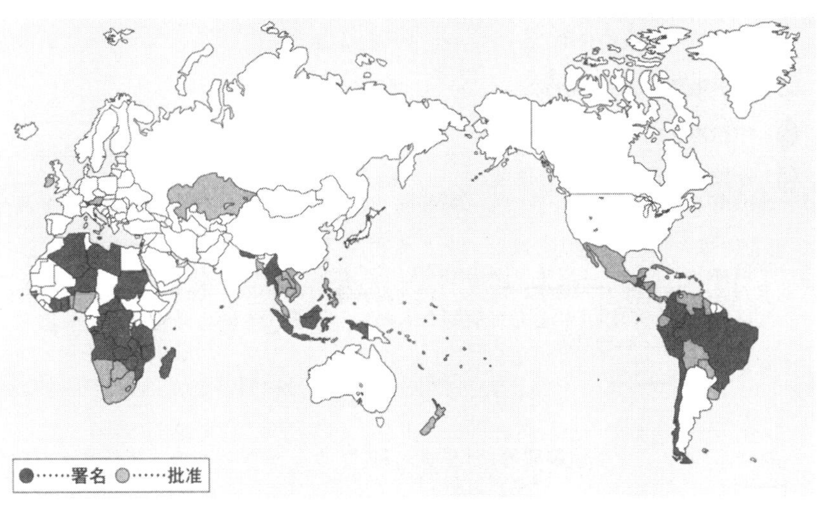

表 1　世界の核兵器保有数

国名	核兵器保有数(2019 年 1 月時点)	核兵器保有数(2020 年 1 月時点)
アメリカ	6, 185	5, 800
ロシア	6, 500	6, 375
イギリス	200	215
フランス	300	290
中国	290	320
インド	130-140	150
パキスタン	150-160	160

(「国際平和拠点ひろしま～核兵器のない世界平和に向けて～」により作成)

① 国連安全保障理事会の常任理事国 5 か国はいずれも核兵器禁止条約を批准しており，2020 年の核兵器保有数も，5 か国すべてが 2019 年より減少している。

② 国連安全保障理事会の常任理事国 5 か国はいずれも核兵器禁止条約を批准しているが，イギリス，中国の 2020 年の核兵器保有数は，2019 年より増加している。

③ 国連安全保障理事会の常任理事国 5 か国はいずれも核兵器禁止条約を批准しておらず，2020 年の核兵器保有数も，5 か国すべてが 2019 年より増加している。

④ 国連安全保障理事会の常任理事国 5 か国はいずれも核兵器禁止条約を批准していないが，アメリカ，ロシア，フランスの 2020 年の核兵器保有数は，2019 年より減少している。

問 4　下線部分(c)核軍縮に関連して，次の**資料 1** は，核軍縮交渉の難しさを「囚人のジレンマ」と呼ばれるゲーム理論のモデルで表したものである。下の**会話文**は，この**資料 1** を見た高校生の会話である。**会話文**中の [F]，[G]，[H] にあてはまるものの組合せとして適切なものを，次のページの①～④のうちから一つ選べ。解答番号は [21]。

資料 1　**核軍縮をめぐる「囚人のジレンマ」**

「囚人のジレンマ」は，お互いに協力することがベストな選択で，最善の結果になることがわかっていても，相手が裏切る可能性があり，合理的な選択ができないというジレンマ(板ばさみの状態)のことです。

この図は，核軍備を競い合っているX国とY国の二つの国があり，「軍拡」か「軍縮」かの選択を迫られている場合を表しています。

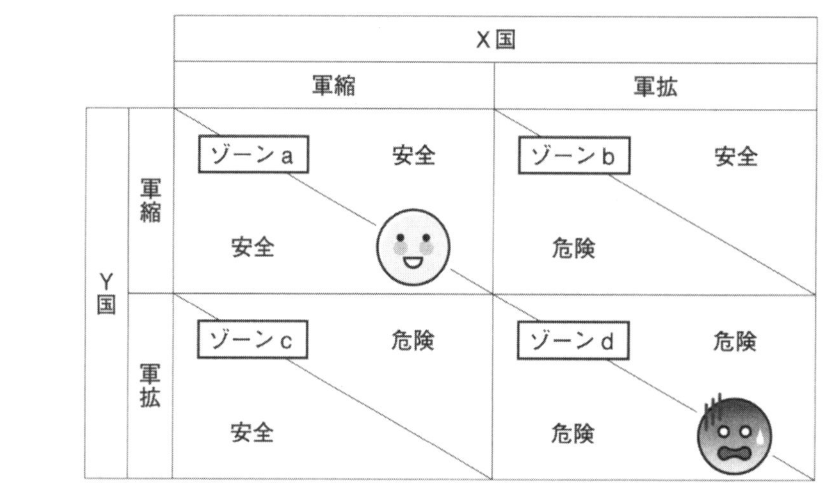

会話文

なつき：両国とも「軍縮」を選んだ結果の**ゾーン a** の状態になれば両国とも安全になるのに，現実ではなかなかそうはいかないね。

あかり：そうだね。たとえばX国が「軍縮」を選んでも，Y国が「軍拡」を選ぶと [F] の状態になるから，X国は危険になってしまうよね。

なつき：うん。逆にY国が「軍縮」を選んでも，X国が「軍拡」を選ぶと [G] の状態になるから，今度はY国が危険になってしまう。

あかり：だからお互いに疑心暗鬼になって，最悪の [H] の状態になる選択をする可能性が生まれてしまうんだね。正しい選択をするには，どうしたらいいのかな。

なつき：やっぱり「相手も正しい選択をしてくれるだろう」と思える信頼関係が必要なんじゃないかな。

あかり：そうだね。国際関係も身近な人間関係と同じで，各国が普段から対話や情報共有を通して，地道に信頼関係を築いていくことが大切だよね。

	F	G	H
①	ゾーンc	ゾーンb	ゾーンd
②	ゾーンc	ゾーンd	ゾーンb
③	ゾーンd	ゾーンc	ゾーンb
④	ゾーンd	ゾーンb	ゾーンc

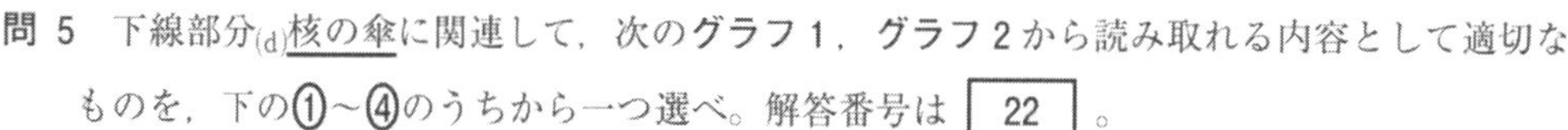

問 5　下線部分(d)核の傘に関連して，次のグラフ 1，グラフ 2 から読み取れる内容として適切なものを，下の①～④のうちから一つ選べ。解答番号は [22] 。

グラフ 1　日本がアメリカの「核の傘」に入っていることをどう思うか（%）

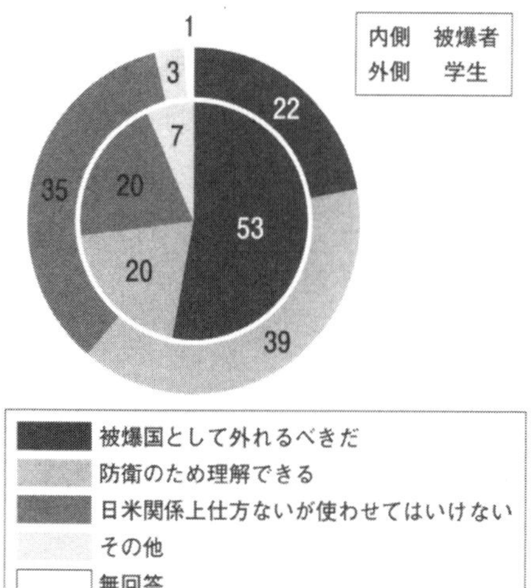

グラフ 2　核廃絶の可能性をどう考えるか（%）

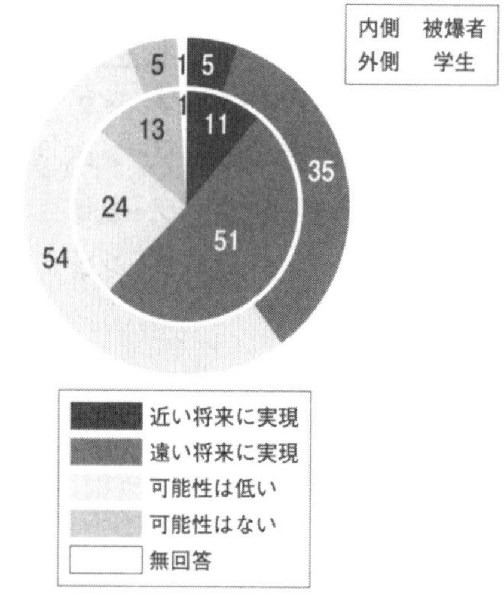

<回答者の内訳>

・被爆者 100 人：広島被爆 69 人，長崎被爆 31 人。

・学生 968 人：広島大学，長崎大学他，6 つの大学の 1 年生を中心に実施。

（読売新聞　令和 3 年「語り部 100 人アンケート」により作成）

① グラフ 1 を見ると，日本がアメリカの「核の傘」に入っていることについて「防衛のため理解できる」という回答は，被爆者は 20 %，学生は 39 % である。グラフ 2 を見ると，核廃絶の可能性について「可能性は低い」「可能性はない」と回答した割合の合計は，被爆者は 59 %，学生は 37 % である。

② グラフ 1 を見ると，日本がアメリカの「核の傘」に入っていることについて「日米関係上仕方ないが使わせてはいけない」という回答は，被爆者は 20 %，学生は 35 % である。グラフ 2 を見ると，核廃絶の可能性について「近い将来に実現」「遠い将来に実現」と回答した割合の合計は，被爆者は 40 %，学生は 62 % である。

③ グラフ 1 を見ると，日本がアメリカの「核の傘」に入っていることについて「被爆国として外れるべきだ」という回答は，被爆者は 53 %，学生は 22 % である。グラフ 2 を見ると，核廃絶の可能性について「近い将来に実現」「遠い将来に実現」と回答した割合の合計は，被爆者は 62 %，学生は 40 % である。

④ グラフ 1 を見ると，日本がアメリカの「核の傘」に入っていることについて「被爆国として外れるべきだ」という回答は，被爆者が 53 %，学生は 22 % である。グラフ 2 を見ると，核廃絶の可能性について「可能性は低い」「可能性はない」と回答した割合の合計は，被爆者は 59 %，学生は 37 % である。

7 次の会話文を読んで，**問1～問2**に答えよ。

先生：「現代社会」の授業で持続可能な社会というテーマでポスターを描くという課題を出していました。今日は皆さんの作品の中から三つ選んで紹介します。

ポスター1

ポスター2

ポスター3

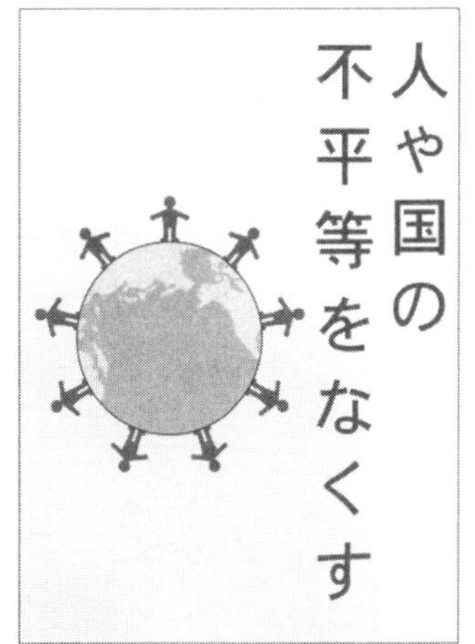

若葉：どれもメッセージを分かりやすく表現していますね。

先生：そうですね。どのポスターもいろいろな工夫が見られますね。

修造：あっ，私のポスターがあります。

早苗：私のもあります。

賢人：私のポスターもあります。

先生：はい。このポスターを描いてくれた３人の方が誰だか分かりました。それでは一人一人になぜこのようなポスターを描いたのかを説明してもらいましょう。

修造：はい。私は，資源は有限だということをはじめに考えました。もしも石油や石炭，天然ガスを使い続けていったらどのような未来になってしまうのかがとても心配になったのです。そこで無限に続くエネルギーをポスターに表現してみたくなったのです。

早苗：私は，毎日の自分の生活を振り返ると，時々節度がない時もあるのかなと感じることがあります。もしかしたらそのような生活が温室効果ガス排出量の増加につながり，社会に迷惑をかけてしまっているのではないかと反省してポスターを描きました。授業では，電気がない社会で生活をしている人がいることを知りました。私も含めて，人間は社会とどのようにつながりを持つべきなのかを問いかけるポスターをめざしました。

賢人：私は，富の分配を意識したポスターを描こうと思いました。富が世界中に適切に分配される社会というのはどのような社会なのかを考えたかったのです。

先生：ポスターを描いてみて，どのようなことを学習してみようと考えるようになりましたか。

修造：はい。私は，人々が選ぶ政策により，未来がどのようにかわってしまうのかを学習してみたいと考えるようになりました。具体的に，このことを表した資料を探してみました。

早苗：私は，世界の人々がどのような暮らしをしているのかを調べたくなりました。いったい世界の人々はどのような暮らしをしているのでしょうか。私が毎日使っている電子レンジや洗濯機などを動かすことができない国もあるのではないかという疑問に答える資料を探してみました。

賢人：私は，現在の社会における貧富の差がどうなっているのかということについて考えてみたくなりました。世界の人々が生み出した富は世界の人々にどのように分配されているのかを読み取れそうな資料を探しました。

先生：みなさん，ポスターを描いたことをきっかけにいろいろなことを調べはじめているのですね。３人の方が探してきた資料は次の**資料１**，**資料２**，**資料３**です。

資料１　世界の人口と国民総所得

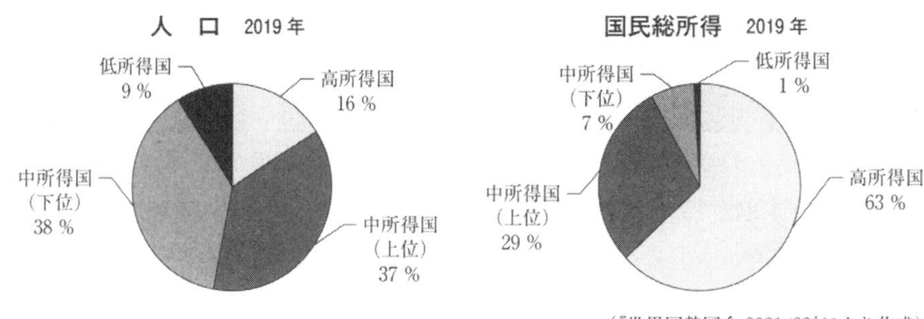

（『世界国勢図会 2021/22』により作成）

資料２　気候変動対策の違いによる気温上昇の差

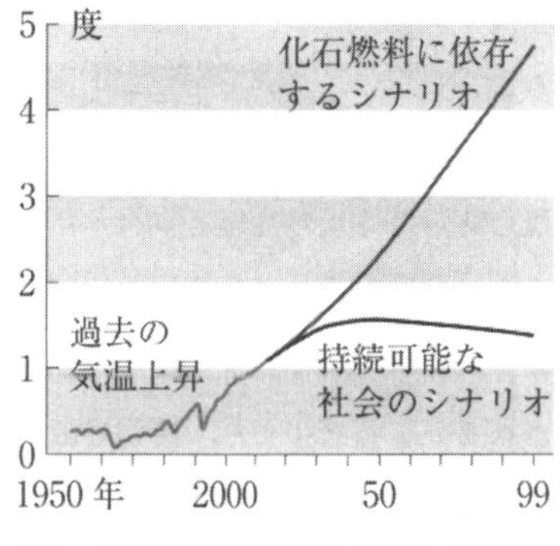

（注）温度上昇は工業化前が基準。IPCC報告書のデータをもとに作成
（「日本経済新聞」2021年8月10日より）

資料３　エネルギー利用で困っている地域とその電化率

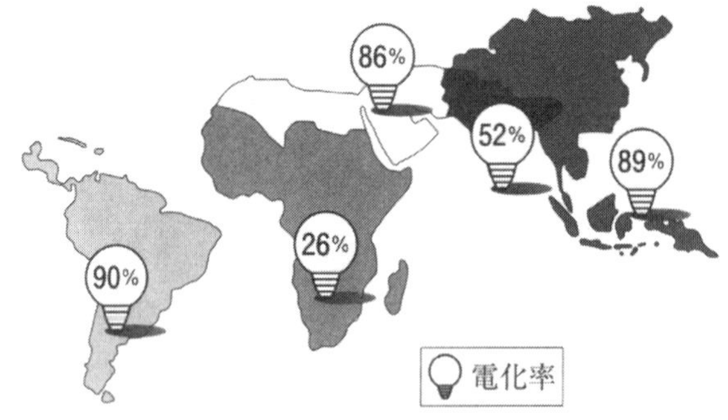

（北海道エナジートーク21資料により作成）

若葉：(a)みんながどのような問題意識を持っているのかということと，どのような学習を進めているのかが分かりました。修造さんは，私たちが現役世代として働く中で，よりよい社会が未来に向けて創られているかどうかに，早苗さんは一人一人の人間が社会とどう関わっていくのかという問題に，賢人さんは公正な分配について関心があるのですね。

先生：皆さんが描いたポスターには，いろいろな意味が込められているのですね。これらのポスターをもとにして(b)今日の日本及び世界の様子を見ていきましょう。

問 1 下線部分(a)みんながどのような問題意識を持っているのかということと，どのような学習を進めているのかに関連して，修造，早苗，賢人が作成した**ポスター 1**，**ポスター 2**，**ポスター 3** と探し出した**資料 1**，**資料 2**，**資料 3** の組合せとして適切なものを，次の①～④のうちから一つ選べ。解答番号は 23 。

	修造	早苗	賢人
①	ポスター 1 と資料 3	ポスター 2 と資料 1	ポスター 3 と資料 2
②	ポスター 1 と資料 2	ポスター 2 と資料 3	ポスター 3 と資料 1
③	ポスター 2 と資料 1	ポスター 3 と資料 2	ポスター 1 と資料 3
④	ポスター 2 と資料 3	ポスター 3 と資料 1	ポスター 1 と資料 2

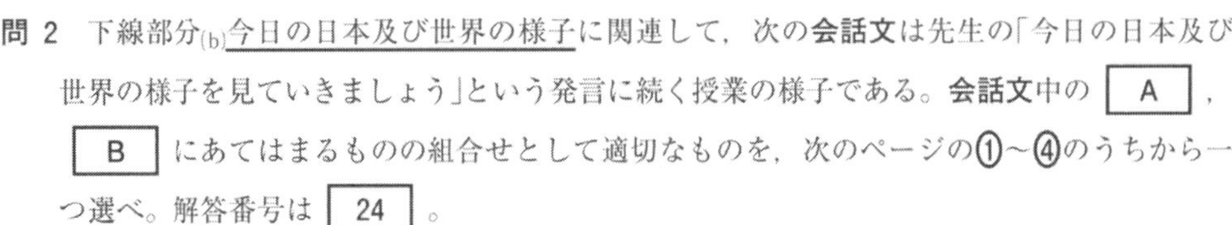

問 2　下線部分(b)今日の日本及び世界の様子に関連して，次の**会話文**は先生の「今日の日本及び世界の様子を見ていきましょう」という発言に続く授業の様子である。**会話文**中の［A］，［B］にあてはまるものの組合せとして適切なものを，次のページの①～④のうちから一つ選べ。解答番号は［24］。

会話文

先生：皆さんは自分のことと社会を関連させたり，社会と社会を関連させたり，現役世代と未来世代を関連させたりして考えてくれました。そのような中，今の日本はどのような状況にあるのかを読み取ってみましょう。次の**資料 4** を見てください。

資料 4　1 人あたり 1 次エネルギー消費量と 1 人あたり名目 GDP の関係

(2018 年)

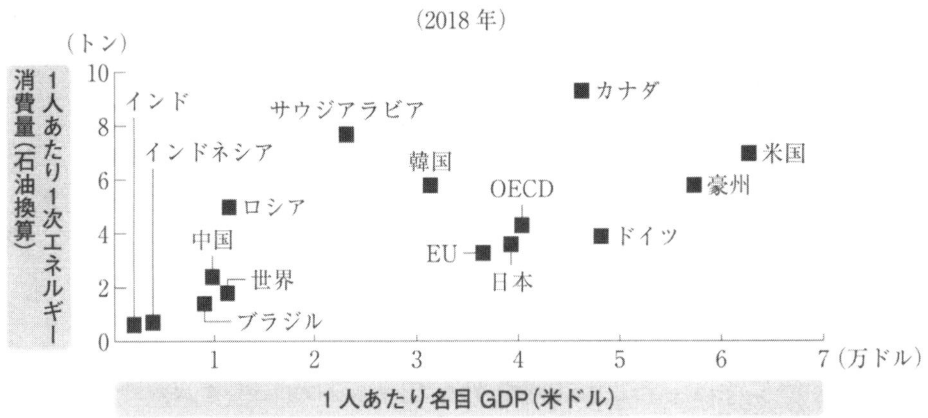

(「日本経済新聞」2021 年 8 月 21 日により作成)

若葉：**資料 4** においては，［A］ということが読み取れますね。新たに生み出されたモノやサービスの付加価値とエネルギー消費の様々な関係が見えてきます。「現代社会」で学習した SDGs(持続可能な開発目標)は，［B］までに達成すべき 17 の目標のことです。私たち一人一人が具体的に考えてみることで目標達成が実現するのですね。

先生：若葉さんは，みんなが出した問題意識を適切に解釈したようですね。

A にあてはまる選択肢

ア 「日本」は「世界」と比較すると「1人あたり名目 GDP」が多く，同様に「1人あたり1次エネルギー消費量」も多い

イ 「サウジアラビア」，「中国」，「ブラジル」は，「日本」より「1人あたり名目 GDP」が少ないのに，「1人あたり1次エネルギー消費量」が多い

B にあてはまる選択肢

ウ 2030 年

エ 2100 年

	A	B
①	ア	エ
②	イ	ウ
③	ア	ウ
④	イ	エ

令和４年度　第１回

解答・解説

【重要度の表記】

Ａ：重要度が高く確実に正答したい設問。しっかり復習する必要のある問題です。

Ｂ：重要度はＡレベルよりすこし下で、やや難易度が高い設問または内容を読み取る設問。高得点を狙う人は復習しましょう！

Ｃ：重要度が低い、または難解な設問。軽く復習する程度でよいでしょう！

令和４年度 第１回 高卒認定試験

【解答】

1	解答番号	正答	配点	2	解答番号	正答	配点	3	解答番号	正答	配点	4	解答番号	正答	配点
問１	1	③	4	問１	4	②	4	問１	7	①	4	問１	10	①	4
問２	2	②	4	問２	5	④	5	問２	8	②	4	問２	11	③	5
問３	3	④	4	問３	6	③	4	問３	9	④	4	問３	12	④	4

5	解答番号	正答	配点	6	解答番号	正答	配点	7	解答番号	正答	配点
問１	13	③	4	問１	18	①	4	問１	23	②	4
問２	14	①	4	問２	19	①	4	問２	24	③	4
問３	15	④	4	問３	20	④	4	-	-		
問４	16	②	4	問４	21	①	4	-	-		
問５	17	③	5	問５	22	③	5	-	-		

【解説】

1

問１　空欄Ａについて、音楽や映像作品のような著作物を無断でアップロードすることは、著作者の利益を損なう行為であり、「知的財産権」の侵害にあたります。空欄Ｂには、「情報技術を使いこなせる人と使いこなせない人との間にうまれる格差」である「デジタル・デバイド」が当てはまります。したがって、正解は③となります。なお、「知る権利」とは、主に国家や地方公共団体に対して情報の提供を求める権利です。「メディア・リテラシー」とは、情報を正しく読み取り、主体的に活用できる能力のことです。

解答番号【１】：③　　⇒**重要度Ａ**

問２　空欄Ｃについて、グラフ１を見ると、タブレット型端末の 2013 年の数値は約 20％です。この項目について、「イ」は「2013 年には 40％を上回っている」とありますので誤りです。空欄Ｄについて、グラフ２を見ると、「音楽配信」の数値は約 30％です。この項目について、「ウ」は「20％を下回っている」とありますので誤りです。したがって、正解は②となります。

解答番号【２】：②　　⇒**重要度Ｂ**

問３　会話文に見られる４人のそれぞれの発言内容から、各自が利用すると考えられる資料に見当をつけることができます。会話文では、４人の生徒がインターネットに関する会話を

しています。壮介さんは、個人情報の提供について、会話文の３行目から４行目にかけて「他の国と比較しながら調べようと思います」と発言しています。よって、パーソナルデータを提供することへの不安について国別に表した「資料２」を利用すると考えられます。唯花さんは、会話文の６行目から７行目にかけて「世代別に情報通信機器の利用者の割合を調べようと思います」と発言しています。よって、スマートフォンやタブレットの利用状況を世代別に表した「資料１」を利用すると考えられます。哲郎さんは、会話文の９行目から 10 行目にかけて「無料のインターネットサービスの利用をやめた人が、なぜ利用をやめたのかを調べようと思います」と発言しています。よって、無料音楽アプリを利用しなくなった理由を表した「資料３」を利用すると考えられます。七海さんは、会話文の 13 行目から 14 行目にかけて「他のメディアから得られる情報に比べて、どの程度信用しているのかを調べようと思います」と発言しています。よって、さまざまなメディアの信頼度を表した「資料４」を利用すると考えられます。したがって、正解は④となります。

解答番号【3】：④　⇒重要度B

2

問１　適切でないものを選びます。多文化主義とは、さまざまな文化を独自の文化として尊重していく考え方です。②については、文化が異なると思われる外国籍の住民に、引っ越し先に特有の文化を押し付けているため、異文化を尊重しているとはいえません。したがって、正解は②となります。

解答番号【4】：②　⇒重要度A

問２　①について、資料３の「日本の国際化が進み、日本が国際的に開かれた豊かな文化を持つ国に発展できる」の項目において、「今回」と「平成 31 年」を比較すると「増加している」とあります。しかし、その箇所のグラフを見ると、「今回」は 37.6％、「平成 31 年」は 38.2％で、「今回」は「平成 31 年」と比較して減少していますので誤りです。②について、資料３の「異なる文化がお互いに刺激し合うことにより、世界の文化の発展につながる」の項目において、「今回」と「平成 31 年」を比較すると「低下している」とあります。しかし、その箇所のグラフを見ると、「今回」は 42.3％、「平成 31 年」は 37.4％で、「今回」は「平成 31 年」と比較して増加していますので誤りです。③について、資料３の「今回」のすべての項目において「70 歳以上」は「全体」より「低くなっている」とありますが、「70 歳以上」と「全体」の数値を比較すると、すべての項目において「70 歳以上」は「全体」より高くなっていますので誤りです。したがって、正解は④となります。

解答番号【5】：④　⇒重要度B

問３　空欄Ａについて、古来の日本人は、あらゆるものに神が宿るとして無数の神々「八百万の神」を信仰していました。空欄Ｂについて、日本は中国の文化や思想の影響を受けてきましたが、本居宣長は物事を率直に感じ受け入れていく心（真心）こそが大切と説きました。したがって、正解は③となります。なお、「隣人愛」とは、キリスト教の教えであり、隣人を自分のように愛することです。「エ」は、儒教の始祖である孔子が重視した徳目です。

解答番号【6】：③　⇒重要度C

3

問１　②について、グラフ１の30歳代と40歳代の投票率は「平成21年以降一貫して低下している」とありますが、グラフ１を見ると、どちらも平成21～26年までは数値の低下が続いたものの、平成29年では増加に転じていますので誤りです。③について、グラフ１の50歳代と60歳代の投票率は平成29年において「20歳代の２倍以上となっている」とありますが、グラフ１を見ると、平成29年の20歳代の数値は33.9%、50歳代は63.3%、60歳代は72.0%で、50歳代は20歳代と比較して２倍にも満たないので誤りです。④について、表１の「選挙によって政治はよくならないと思ったから」の割合はいずれの年代でも「20%を超えている」とありますが、表１を見ると、いずれの年代も20%を下回っていますので誤りです。したがって、正解は①となります。

解答番号【7】：①　⇒**重要度B**

問２　空欄Ａには、公務員が退職後に行政機関と関係の深い民間企業に再就職する「天下り」が当てはまります。空欄Ｂには、行政指導の透明性を確保する目的で制定された「行政手続法」が当てはまります。したがって、正解は②となります。なお、「委任立法」とは、法律の手続きに基づいて国会以外の機関（内閣など）が法律を制定することです。「国会審議活性化法」とは、政府委員制度の廃止や党首討論の導入を行った法律で、1999年に制定されました。

解答番号【8】：②　⇒**重要度A**

問３　適切でないものを選びます。最高裁判所の裁判官は、衆議院議員選挙の際の国民審査で罷免されることがあります。参議院選挙の際に国民審査はありません。したがって、正解は④となります。

解答番号【9】：④　⇒**重要度A**

4

問１　日本国憲法第26条第２項には、「すべて国民は、法律の定めるところにより、その保護する子女に普通教育を受けさせる義務を負ふ。義務教育は、これを無償とする」と規定されています。したがって、正解は①となります。

解答番号【10】：①　⇒**重要度A**

問２　空欄Ｃについて、資料１を見ると、夜間中学が設置されているのは12都府県であり、47ある都道府県のうち半数以下となっています。よって、空欄Ｃには「イ」が当てはまります。空欄Ｄについて、グラフ１を見ると、「中学校教育の修了」（11.4%）と「中学校程度の学力の習得」（14.1%）の割合の合計は25.5%で、「読み書きの習得」（17.8%）と「日本の文化理解」（0.3%）の割合の合計である18.1%より多くなっています。よって、空欄Ｄには「ウ」が当てはまります。したがって、正解は③となります。

解答番号【11】：③　⇒**重要度B**

問３　適切でないものを選びます。ポジティブ・アクション（積極的差別是正措置）とは、積極的に差別を解消するための政策や措置のことです。たとえば、差別されていた人々を一定以上雇用したり、学校で受け入れたりする優遇策などがあります。④については、少数民族の合格者の少ない大学で、合格者を学力試験のみで選考しているため、少数民族に対して積極的な差別の是正に取り組んでいる例とはいえません。したがって、正解は④となります。

解答番号【12】：④　　⇒**重要度B**

5

問１　空欄Ａについて、バブル崩壊後は景気の低迷が続き、政府は「減税や公共投資の拡大」をすることによって国民の負担軽減や雇用の創出を行いました。空欄Ｂについて、小泉政権の構造改革では、これまで政府が行ってきたことを民間経営にすることで、政府の役割を小さくする「小さな政府」をめざしました。したがって、正解は③となります。

解答番号【13】：③　　⇒**重要度A**

問２　「ストック」とは、一国におけるある時点での蓄積された価値を示す概念であり、主な指標は「国富」となります。「国富」の代表例として、土地や建物などがあります。「フロー」とは、ある一定期間に経済主体間を流れる財貨の量を示す概念であり、主な指標は「国内総生産」です。「国内総生産」とは、ある一定期間で新たに生み出された財やサービスの付加価値の合計金額のことです。したがって、正解は①となります。

解答番号【14】：①　　⇒**重要度A**

問３　適切でないものを選びます。まず、マネーストックとは、金融機関から経済全体に供給される通貨供給量のことです。また、市中銀行は中央銀行に預金の一部を預け入れなければなりませんが、その割合は預金準備率によって変化します。④について、預金準備率が引き上がると、市中銀行は多くの金額を日本銀行に預けるため、市中銀行の手元に残るお金は少なくなります。その場合、市中銀行は企業や個人に貸し出せるお金も少なくなりますので、経済全体に供給される通貨量つまりマネーストックは減ることになります。したがって、正解は④となります。

解答番号【15】：④　　⇒**重要度C**

問４　会話文の雅士さんの発言を参考にします。名目賃金とは、そのままの額面上の賃金です。実質賃金とは、物価の変動を考慮した賃金です。名目賃金より実質賃金が下がっているということは、仮に同じ賃金をもらっていたとしても実際の社会で購入できる財やサービスの量が減っている状態となりますので、物価が上がっていることになります。以上のことをふまえてグラフ１を見ると、2016 年を除き、名目賃金と比べて実質賃金が下回っていますので、2016 年を除き、物価は上がっていることになります。よって、空欄Ｇには「ア」が当てはまります。空欄Ｈについて、賃金の上がり下がりはグラフ１の縦軸を見て判断します。賃金は０％よりプラスであれば前年より上がり、マイナスであれば下がっていることになります。グラフ１を見ると、名目賃金は 2014 年から 2018 年までプラスで推移しているため、前年と比較して上昇していることがわかります。また、実質賃金がプラスな

のは2016年と2018年だけであるため、実質賃金が上昇したのは2016年と2018年だけであることがわかります。よって、空欄Hには「エ」が当てはまります。したがって、正解は②となります。

解答番号【16】：②　⇒**重要度B**

問５　①について、グラフ２の「災害時の避難場所・避難経路」と答えた人の割合は「50％を超えている」とありますが、グラフ２を見ると、この項目の数値は47.5％で50％以下ですので誤りです。②について、グラフ２の「居住地域で過去に災害が発生した場所を示す地図」と答えた人の割合は、「居住地域の災害危険箇所を示した地図」と答えた人の割合よりも「10ポイント以上高い」とありますが、グラフ２を見ると、前者は27.0％、後者は36.4％で「居住地域で過去に災害が発生した場所を示す地図」と答えた人の割合のほうが低いので誤りです。④について、グラフ２の「雨量や震度などの気象情報の意味や内容」と「災害情報に関する標識類の意味や内容」と答えた人の割合は「ともに20％を超えている」とありますが、グラフ２を見ると、前者は21.4％、後者は13.8％で「災害情報に関する標識類の意味や内容」と答えた人の割合は20％以下ですので誤りです。したがって、正解は③となります。

解答番号【17】：③　⇒**重要度B**

6

問１　空欄Aには、核保有国の核技術移転を禁止し、核保有国の増加阻止を目的とした「核拡散防止条約（NPT）」が当てはまります。空欄Bには、核兵器を保有することにより、他国からの攻撃を思いとどまらせる効果があるとする「核抑止論」が当てはまります。したがって、正解は①となります。なお、「中距離核戦力（INF）全廃条約」は、中距離核戦力の全面的廃棄についての条約で、1987年にアメリカとソ連間で調印されました。「集団安全保障」とは、現在の国連の安全保障に関するしくみであり、ある国が他国を侵略した際には侵略国を集団制裁する体制をとることによって、平和を維持しようとするものです。

解答番号【18】：①　⇒**重要度A**

問２　空欄Cについて、アウシュヴィッツ強制収容所は「ナチスドイツ」の収容所です。空欄Dについて、世界遺産は「UNESCO（国連教育科学文化機関）」が定めた世界遺産委員会によって登録されています。空欄Eについて、「長崎と天草地方の潜伏キリシタン関連遺産」は「文化遺産」として登録されています。したがって、正解は①となります。なお、「ファシスト党」とは、ムッソリーニを党首としたイタリアのファシズム政党です。「UNICEF（国連児童基金）」とは、世界の児童支援を目的とした国連機関です。

解答番号【19】：①　⇒**重要度A**

問３　本問を解くには、国連安全保障理事会の常任理事国であるアメリカ・ロシア・イギリス・フランス・中国の地図上における位置をあらかじめ把握しておく必要があります。①と②について、５つの常任理事国はいずれも核兵器禁止条約を批准しているとありますが、図１の地図からいずれの国も批准していないことがわかりますので誤りです。③について、

5つの常任理事国の核兵器保有数はすべての国において2019年よりも2020年は「増加している」とありますが、表1のアメリカ・ロシア・フランスの核兵器保有数を見ると、2019年と比較して2020年は減少していますので誤りです。したがって、正解は④となります。

解答番号【20】：④　　⇒**重要度B**

問4　空欄Fについて、X国が「軍縮」を選んだ場合、「ゾーンａ」または「ゾーンｃ」が該当し、Y国が「軍拡」を選んだ場合、「ゾーンｃ」または「ゾーンｄ」が該当します。よって、空欄Fには、X・Y両国に該当する「ゾーンｃ」が当てはまります。同様に見ていくと、空欄Gには「ゾーンｂ」が当てはまることがわかります。空欄Hには、最悪の状態である、X・Y国ともに危険な「ゾーンｄ」が当てはまります。したがって、正解は①となります。

解答番号【21】：①　　⇒**重要度B**

問5　①と④について、グラフ2の核廃絶の可能性について「可能性は低い」「可能性はない」と回答した割合の合計は、「被爆者は59%、学生は37%である」とありますが、グラフ2を見ると、被爆者の割合の合計は37%、学生の割合の合計は59%ですので誤りです。②について、グラフ2の核廃絶の可能性について「近い将来に実現」「遠い将来に実現」と回答した割合の合計は、「被爆者は40%、学生は62%である」とありますが、グラフ2を見ると、被爆者の割合の合計は62%、学生の割合の合計は40%ですので誤りです。したがって、正解は③となります。

解答番号【22】：③　　⇒**重要度B**

7

問1　会話文に見られる3人の生徒それぞれの発言内容から、作成したポスターと探し出した資料の組み合わせを考えます。修造さんは、会話文の12行目で「無限に続くエネルギーをポスターに表現してみたくなった」と発言しています。よって、枯渇しない再生エネルギーを描いた「ポスター1」を作成したと考えられます。さらに、会話文の21行目から22行目にかけて「人々が選ぶ政策により、未来がどのようにかわってしまうのかを学習してみたいと考えるようになりました」と発言していますので、「資料2」を探し出したと考えられます。したがって、正解は②となります。なお、早苗さんは、会話文の13～15行目で節度のない生活にふれて、「温室効果ガス排出量の増加につながり、社会に迷惑をかけてしまっているのではないかと反省してポスターを描きました」と発言しています。よって、地球温暖化に関する「ポスター2」を作成したと考えられます。さらに、会話文の24行目から25行目にかけて「電子レンジや洗濯機などを動かすことができない国もあるのではないか」と発言していますので、「資料3」を探し出したと考えられます。賢人さんは、会話文の18行目で「富の分配を意識したポスターを描こうと思いました」と発言していますので、人々の平等を表現した「ポスター3」を作成したと考えられます。さらに、会話文の28行目から29行目にかけて「世界の人々が生み出した富は世界の人々にどのように配分されているのかを読み取れそうな資料を探しました」と発言していますので、「資料1」を探し出したと考えられます。

解答番号【23】：②　　⇒**重要度B**

問２　空欄Ａについて、「イ」にはサウジアラビア・中国・ブラジルは「１人あたり１次エネルギー消費量」は日本よりも多いとありますが、資料４を見ると、日本は約４トンであるのに対して、中国とブラジルは約２トンと日本より少なくなっていますので誤りです。空欄Ｂには、SDGsの目標達成年である「2030年」の「ウ」が当てはまります。したがって、正解は③となります。

解答番号【24】：③　　⇒ **重要度Ｂ**

令和３年度 第２回
高卒認定試験

現代社会

解答時間　50 分

注　意　事　項（抜粋）

＊　試験開始の合図前に，監督者の指示に従って，解答用紙の該当欄に以下の内容をそれぞれ正しく記入し，マークすること。

①**氏名欄**

氏名を記入すること。

②**受験番号**，③**生年月日**，④**受験地欄**

受験番号，生年月日を記入し，さらにマーク欄に**受験番号**（数字），**生年月日**（年号・数字），**受験地をマーク**すること。

＊　**受験番号，生年月日，受験地が正しくマークされていない場合は，採点できないことがある。**

＊　解答は，解答用紙の解答欄にマークすること。例えば，［10］と表示のある解答番号に対して②と解答する場合は，次の(例)のように**解答番号 10 の解答欄**の②に**マーク**すること。

（例）

解答番号	解　答　欄
10	① ● ③ ④ ⑤ ⑥ ⑦ ⑧ ⑨ ⓪

現　代　社　会

（解答番号 1 ～ 24 ）

1 次の会話文を読んで，問1～問3に答えよ。

写真

さ　ら：昨日，新聞を読んでいたら，こんな写真を見つけたのですが，何か感じることはありませんか。

ゆかり：同じ魚のようですが，下のほうが大きく見えます。何か理由があるのですか。

さ　ら：はい。下の魚は，ゲノム編集技術で，筋肉の発達を抑える遺伝子を壊したことで，筋肉の成長が促され，通常の個体よりも多くの筋肉量を持っています。

ゆいと：(a)遺伝子組換え農作物は聞いたことがありますが，ゲノム編集技術という言葉は初めて聞きました。どういう技術でしょうか。

さ　ら：遺伝子組換え技術もゲノム編集技術も，新しい品種改良技術の一つです。ゲノム編集技術のうち，実用化に近づいているのは，品種改良したい生物のゲノムの狙った場所を切断し，遺伝子に変異を生じさせるものです。これにより，10年以上かかった品種改良が数年で実現してしまいます。現在，国内外では，こうした研究は急速に進んでいるのですが，この技術についてどう考えますか。

り　く：すごい技術だと思います。この技術を活用すれば，食糧不足が解決するかもしれませんね。私は，どういう作物が研究されているのか調べてみたくなりました。

つばき：私もすごい技術だと思うのですが，どのように遺伝子を切断するのかなどゲノム編集の仕組みを知りたくなりました。

さくら：私は少し不安です。人為的に遺伝子情報を操作した肉や魚などを食べても，人体に影響はないのでしょうか。日本や諸外国では，実用化に近づいている技術について，(b)安全性の審査や表示義務をどのようにしているのか調べてみようと思います。

あかり：私もどちらかというと不安です。ゲノム編集食品に対する消費者の理解は進んでいるのでしょうか。私は，ゲノム編集食品についての人々の考えについて調べてみたいです。

さ　ら：いろいろと調べて，それをもとにまた明日，話をしましょう。

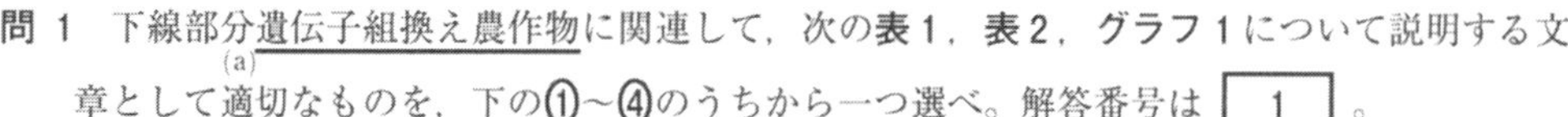

問 1　下線部分遺伝子組換え農作物(a)に関連して，次の**表 1**，**表 2**，**グラフ 1**について説明する文章として適切なものを，下の①～④のうちから一つ選べ。解答番号は［ 1 ］。

表 1　主要国の遺伝子組換え農作物の栽培面積比較　（100 万 ha）

国名	栽培面積	
	2013 年	2018 年
アメリカ	70.1	75.0
カナダ	10.8	12.7
ブラジル	40.3	51.3
アルゼンチン	24.4	23.9
パラグアイ	3.6	3.8
ウルグアイ	1.5	1.3
ボリビア	1.0	1.3
インド	11.0	11.6
中国	4.2	2.8
パキスタン	2.8	2.9
南アフリカ	2.9	2.7
オーストラリア	0.6	0.8

表 2　主要作物別遺伝子組換え農作物の栽培面積の推移　（100 万 ha）

年	ダイズ	トウモロコシ	ナタネ
1996	0.5	0.3	0.1
1998	14.5	8.3	2.4
2003	41.4	15.5	3.6
2008	65.8	37.3	5.9
2013	84.5	57.4	8.2
2018	95.9	58.9	10.1

グラフ 1　世界における主要作物の総栽培面積に対する遺伝子組換え農作物の占める割合（2018 年）

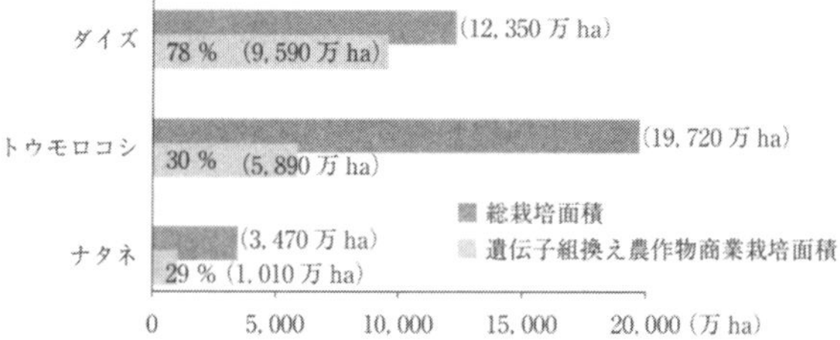

（農林水産省「遺伝子組換え農作物について　平成 26 年 5 月改定」，「遺伝子組換え農作物について　令和 2 年 6 月改定」により作成）

① **表 1** をみると，2018 年のインド，中国，パキスタンの遺伝子組換え農作物の栽培面積は，2013 年と比べて，拡大している。**表 2** をみると，2018 年のダイズの栽培面積は，1996 年と比べて，100 倍以上増加している。

② **表 1** をみると，2018 年のアメリカの遺伝子組換え農作物の栽培面積は 7,500 万 ha であり，**表 1** 中の国のなかでは最大となっている。**グラフ 1** をみると，トウモロコシの総栽培面積に対する遺伝子組換え農作物の占める割合は 58.9 % となっている。

③ **表 1** をみると，2018 年のブラジルの遺伝子組換え農作物の栽培面積は 5,130 万 ha であり，2013 年と比べて 1,000 万 ha 以上拡大している。**表 2** をみると，ダイズ，トウモロコシ，ナタネの栽培面積は，いずれも 1996 年から増加傾向である。

④ **表 1** をみると，2018 年のアルゼンチン，パラグアイ，ウルグアイの遺伝子組換え農作物の栽培面積は，2013 年と比べて，縮小している。**グラフ 1** をみると，ダイズの総栽培面積に対する遺伝子組換え農作物の占める割合は 78 % となっている。

問 2　下線部分安全性の審査や表示義務(b)に関連して，次は日本や諸外国のゲノム編集食品をめぐる規制についてまとめたさくらのメモである。メモ中の A ， B ， C ， D にあてはまるものの組合せとして適切なものを，下の①～④のうちから一つ選べ。解答番号は 2 。

さくらのメモ

日本では，ゲノム編集食品について，厚生労働省の専門家会議が2019年3月に，ゲノム編集による遺伝子の変化が，自然界で起きる突然変異や品種改良によるものと区別できないことを理由に，安全性の審査は不要と結論づけた。これにより，10月以降開発者は，厚生労働省に届け出て，一定のチェックを受ければ，お店で販売できるようになった。

また，食品の表示制度を所管する消費者庁も，2019年9月に品種改良された食品と区別が難しいことを理由に，ゲノム編集食品には表示義務を課さないことを決めた。事業者が自主的に表示をしない場合，私たちは，ゲノム編集食品なのか，そうでないかが分からずに購入することになる。

ゲノム編集食品の安全性や表示義務をめぐる考え方は，海外の国々でも割れている。欧州連合(EU)では2018年7月，裁判所がゲノム編集食品には安全性審査も表示義務も課すべきだという判断を出した。アメリカでは原則，植物に由来する食品では安全性審査も表示も不要だが，動物に由来する食品については必要だとされている。なお，対応を検討中の国も多くあるようである。下の表は，ここまでの内容を整理したものである。

国・地域		安全性の審査	販売する際の表示
日本		A	A
欧州連合(EU)		B	B
アメリカ	植物由来の食品	C	C
	動物由来の食品	D	D

（読売中高生新聞2019年(令和元年)11月1日により作成）

	A	B	C	D
①	必要	不要	不要	必要
②	不要	必要	不要	必要
③	必要	必要	不要	必要
④	不要	必要	必要	不要

問 3　会話文に関連して，りく，つばき，あかりが，この先，調査を進める際に利用すると考えられる資料の組合せとして最も適切なものを，下の①～④のうちから一つ選べ。

解答番号は [3] 。

資料 1　ゲノム編集食品を食べたいか

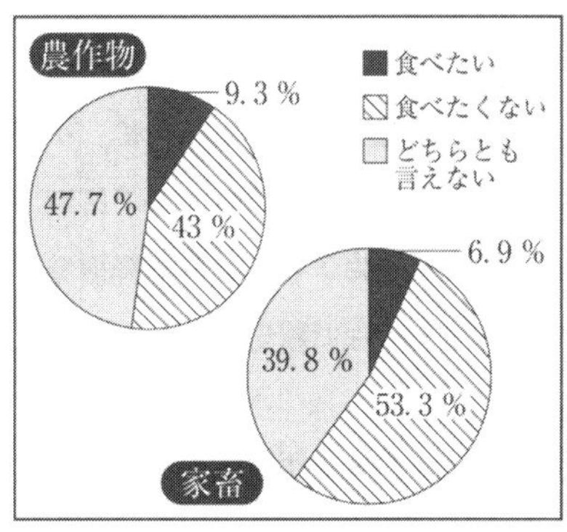

資料 2　クリスパー・キャス 9 によるゲノム編集の仕組み

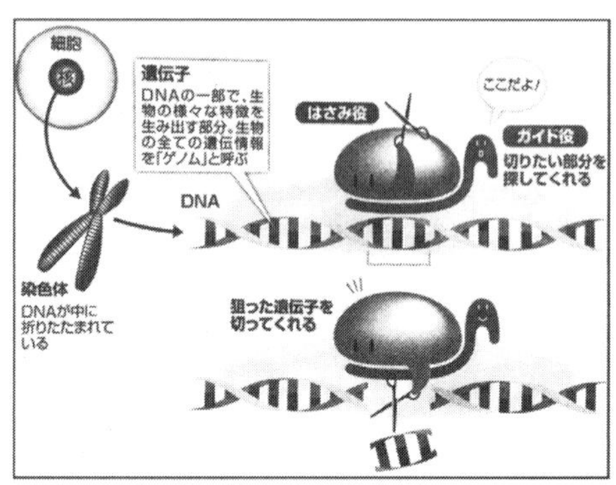

資料 3　研究が進む食品

資料 4　ゲノム編集の問題点

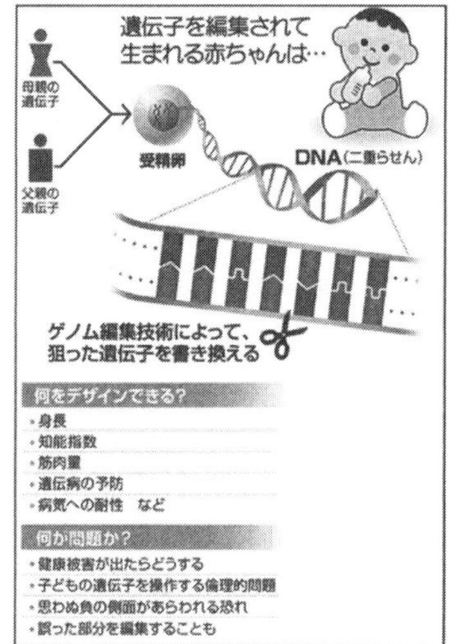

（読売中高生新聞 2019 年（令和元年）11 月 1 日，「朝日新聞 DIGITAL」ホームページにより作成）

	りく	つばき	あかり
①	資料 3	資料 1	資料 4
②	資料 4	資料 1	資料 2
③	資料 4	資料 2	資料 3
④	資料 3	資料 2	資料 1

2 次の会話文を読んで，**問1～問3**に答えよ。

美優：おじいちゃん，何を見ているの？

友三：「現代学生百人一首」のホームページだよ。毎年，小学生から大学生までが応募して，入選作品が決まるんだ。入選作品を見ると，若い世代の人への理解が深まるような気がしてね。

美優：へえ。どんな歌があるの？

友三：先ほど，気になった歌をいくつかプリントアウトしてみたのだけど，見てみるかい？

「今の君なんにもないね目的が」鏡の前でつぶやく私

あーそれな！うすっぺらいとは思いつつ今日も駆使してみんなに合わせる

「いい人」と思われたくて見栄を張る鏡にうつる「ワタシ」は誰だ

（「現代学生百人一首ホームページ」により作成）

美優：ありがとう。なるほど，例えば，「今の君なんにもないね目的が」鏡の前でつぶやく私は共感できるなあ。親からは自由(a)にしていいと言われているけれど，自分の将来の夢もまだ決まってないし。

友三：実は，この歌，今から30年以上前の入選作品なんだよ。

美優：えっ，最近の作品かと思ったよ。でも，昔も今も，そんなに若者の悩みは変わらないのかもね。おじいちゃん，最近の入選作品も教えてよ。

友三：では，最近のこの歌はどうかな。あーそれな！うすっぺらいとは思いつつ今日も駆使してみんなに合わせる。若者が使う「それな」というのは，同意や共感を示すときに使う言葉かな？

美優：そうだね。「それな」は，自分でも他人に共感するときに使う言葉だよ。この歌では，周囲に合わせようとして「それな」を使ってしまう自分自身(b)に対して，「うすっぺらい」と思ってしまっているようだね。

友三：周囲にどう思われているか気になってしまって，本来の自分らしさ(c)を見失っているのかもしれないね。最近の歌からもう1つ紹介すると，「いい人」と思われたくて見栄を張る鏡にうつる「ワタシ」は誰だという歌にも，それが表れているような気がするよ。

美優：将来について悩んだり，自分らしさについて悩んだり，そうやって若者は成長していくのかもね。学校の授業で青年期について勉強したし，ちょっと調べてみようかな。

問 1　下線部分自由(a)に関連して，各哲学者の思想の説明として適切なものを，次の①～④のうちから一つ選べ。解答番号は［ 4 ］。

① カントは，真の自由は，個人だけで実現されるものではなく，共同体においてはじめて実現すると主張した。

② ヘーゲルは，自由を個人の道徳的な生き方としてとらえ，自らの理性がたてた道徳法則に自らを従わせることこそが真の自由だと主張した。

③ フロムは，近代人は自由を手に入れた反面，孤独や無力感にさらされるようになり，権威に服従するようになったと主張した。

④ デカルトは，人間は自由であるがゆえに，なすこと一切に責任があり，その意味で自由は人間にとってかえって重荷になると主張した。

問２　下線部分自分自身(b)に関連して，若者の意識に関する次のグラフ１，グラフ２，グラフ３から読み取れる内容として適切なものを，次のページの①～④のうちから一つ選べ。
解答番号は 5 。

グラフ１　自分には自分らしさというものがあると思う

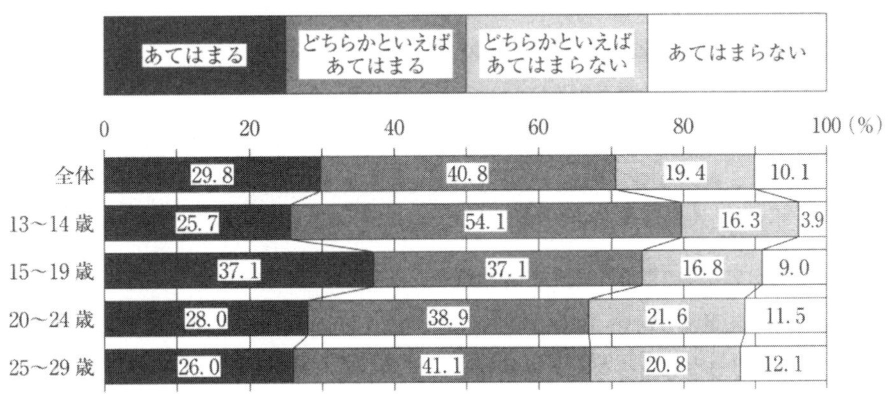

グラフ２　今の自分を変えたいと思う

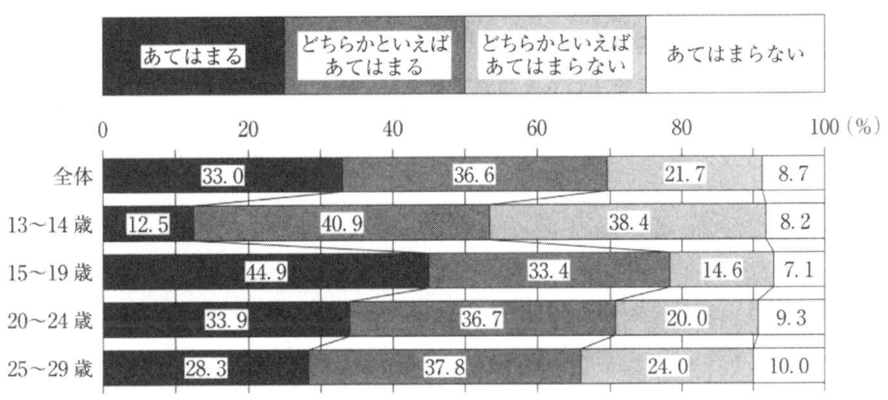

グラフ３　自分らしさを強調するより，他人と同じことをしていると安心だ

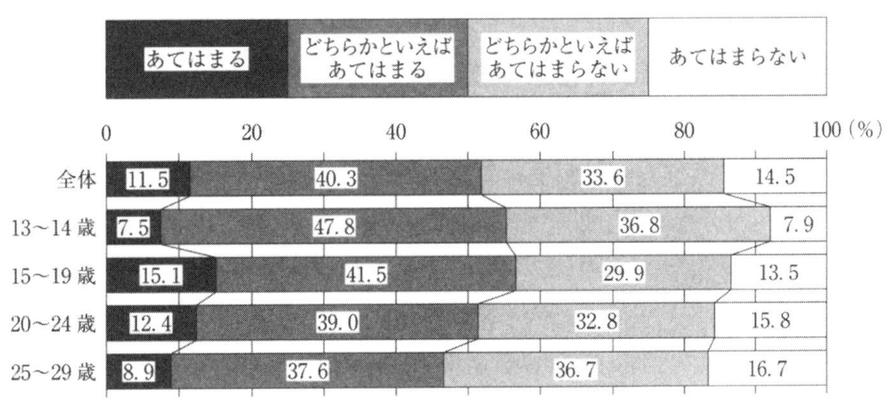

（注）　グラフの数値は四捨五入しているため，合計値が100にならない場合がある。

（内閣府「子供・若者の意識に関する調査（令和２年７月）」により作成）

① **グラフ1自分には自分らしさというものがあると思う**をみると，「あてはまる」と答えた割合は「15～19歳」が最も高いが，「あてはまる」と「どちらかといえばあてはまる」と答えた割合の合計は，「13～14歳」のほうが高い。また，**グラフ2今の自分を変えたいと思う**をみると，「あてはまらない」と「どちらかといえばあてはまらない」と答えた割合の合計が3割を超えているのは，「15～19歳」以上の年代すべてである。

② **グラフ1自分には自分らしさというものがあると思う**をみると，「あてはまらない」と答えた割合は，年代が上がるにつれて高くなっている。また，**グラフ3自分らしさを強調するより，他人と同じことをしていると安心だ**をみると，「全体」では「どちらかといえばあてはまる」が最も高くなっているが，「25～29歳」では「どちらかといえばあてはまらない」が最も高い。

③ **グラフ2今の自分を変えたいと思う**をみると，「あてはまる」と「どちらかといえばあてはまる」と答えた「15～19歳」の割合の合計は，「全体」の割合の合計よりも高くなっている。また，**グラフ3自分らしさを強調するより，他人と同じことをしていると安心だ**をみると，「あてはまらない」と答えた割合は，年代が下がるにつれて低くなっている。

④ **グラフ2今の自分を変えたいと思う**をみると，「全体」では「どちらかといえばあてはまる」と答えた割合が最も高いが，「15～19歳」では「あてはまる」と答えた割合が最も高い。また，**グラフ3自分らしさを強調するより，他人と同じことをしていると安心だ**をみると，「あてはまらない」と答えた割合は「13～14歳」が最も低く，「20～24歳」が最も高い。

問 3 下線部分自分らしさ(c)に関連して，次は，青年期についてまとめた**美優のメモ**である。メモ中の A ，B にあてはまる語句の組合せとして適切なものを，下の①～④のうちから一つ選べ。解答番号は 6 。

美優のメモ

人間は一人ひとり異なる A を持ち，その人の能力や気質，性格がその3要素として挙げられている。 A の形成には B が影響すると考えられているが，青年期を迎えると，他者との比較を通して自分の A を見つめなおし，自分を個性的に確立しようとする傾向が見受けられる。

	A	B
①	コンフリクト	遺伝と環境のどちらか
②	コンフリクト	遺伝と環境の両方
③	パーソナリティ	遺伝と環境のどちらか
④	パーソナリティ	遺伝と環境の両方

3 次の会話文を読んで，問1～問3に答えよ。

涼太：今日の授業では，国民主権について学んだけど，僕たちに主権があると言われても，今一つピンとこないよなぁ。

風夏：そうなの？　私はよく分かったけどなぁ。私たちが選挙で選んだ代表者で組織される国会が「国権の最高機関」として国の政治で重要な役割を果たしているじゃない。

優輝：いわゆる議会制民主主義というものだね。一口に国民主権と言っても，政策決定の方法についてはいろいろなタイプがあるということだよね。

沙織：さらに，国会の種類としては，毎年1月に召集される常会（通常国会）とか，内閣の決定や議員の要求により必要に応じて開かれる［A］などがあることも習ったね。

涼太：それは僕も覚えているよ。でも，現実には，国民の代表者である国会よりも，行政が中心的役割を果たすような状況があると先生が言っていたよね。国民主権の観点から問題はないのかな。

風夏：確かに，行政の役割が拡大することに伴って，中央省庁の官僚機構が大きな力を持っていることも問題になっていることは確かね。

優輝：その点については，国会の信任に基づいて存立する内閣が，行政機構をしっかりと指揮監督していくことが大切で，それを受けて内閣機能の強化が進められてきたよね。

沙織：ただ，それですべての問題が解決したわけではないから，行政機構の民主化(a)は今後も大きな課題になると思うよ。私たちも情報公開制度などを活用して，積極的に政治参加していかなくてはね。

涼太：政治にも国の政治と地方の政治があるよね。地方の政治においても，主権者としての意識を持つことが大切なんだよね？

風夏：もちろんだよ。さらに言うと，生活に身近な地域の問題を扱う地方の政治においては，住民がより積極的に政治に参加していくことが求められているよ。

優輝：近年，［B］に基づく住民投票の制度を活用して，産業廃棄物処理施設の建設の是非などについて住民の意思を直接問うこともあるよね。

沙織：また，地方の政治では，リコールなどの直接請求権が住民に認められているよ。政治に直接参加する機会が多い地方の政治では，主権者の意識をより実感できるはずだよ。私たちが住んでいる地方自治体で住民参加がどのように進められているか調べてみよう(b)よ。

問1　会話文中の［A］，［B］にあてはまるものの組合せとして適切なものを，次の①～④のうちから一つ選べ。解答番号は［7］。

	A	B
①	臨時会（臨時国会）	法律
②	臨時会（臨時国会）	条例
③	特別会（特別国会）	法律
④	特別会（特別国会）	条例

問 2　下線部分(a)行政機構の民主化に関連して，行政権を民主的にコントロールするしくみとして適切なものを，次の①～④のうちから一つ選べ。解答番号は 8 。

① 立法について法律で大枠のみを定め，細部は政令や省令にゆだねる。
② 行政機構のなかに行政監察の制度(オンブズマン制度)を設ける。
③ 国民の生活や権利を守るために各省庁の許認可権を拡大する。
④ 法律の適用や執行について行政府の裁量の幅を広くする。

問 3　下線部分(b)私たちが住んでいる地方自治体で住民参加がどのように進められているか調べてみように関連して，次のグラフ1，グラフ2を見て，次のページの会話文中の C ， D にあてはまるものの組合せとして適切なものを，次のページの①～④のうちから一つ選べ。解答番号は 9 。

グラフ 1　市が進める施策に対して，いつでも提案，参画する機会があると感じていますか

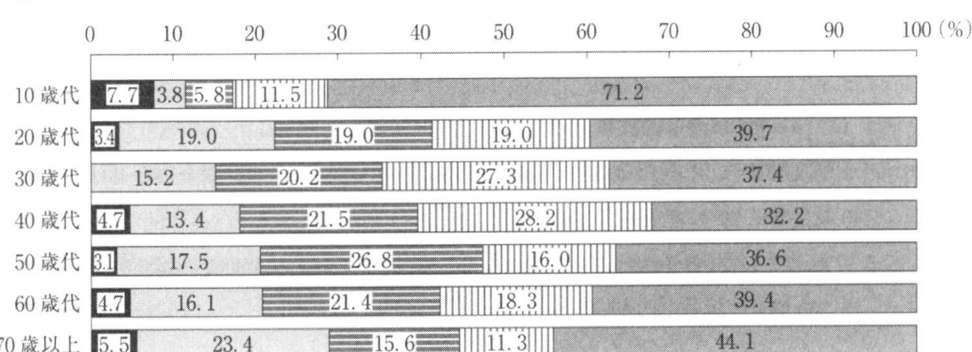

グラフ 2　市民と行政の協働によるまちづくりが進んでいると感じていますか

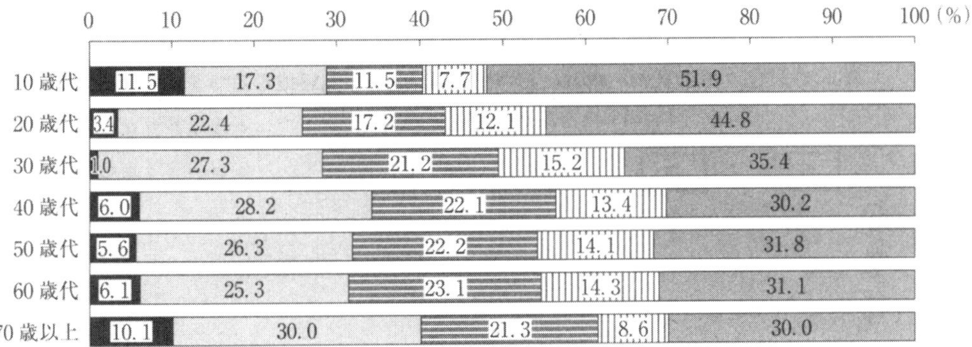

(注)　グラフの数値は四捨五入しているため，合計値が100にならない場合がある。

(天草市「令和元年度市政に関するアンケート集計結果」(令和2年3月)」により作成)

会話文

涼太：地方の政治においては直接参加の機会が多いという話だったので，こんな資料を探したよ。例えば，天草市では，年齢層によって違いがあり，「市が進める施策に対して，いつでも提案，参画する機会があると感じていますか」という質問に対して，［ C ］ということが**グラフ１**をみると分かるよ。

風夏：地方の政治に住民が参加できる制度が存在することと，その制度を地域の住民が理解しているかどうかは別の問題ということなのじゃないのかな。いずれにしても，この市では，住民参加の機会があると感じている人の割合は，どの年齢層においても低い傾向にあるね。

優輝：ただ，その一方で，**グラフ２**をみると，「市民と行政の協働によるまちづくりが進んでいると感じていますか」という質問に対しては，［ D ］ということが分かるね。これらのことを総合して考えると，どのようなことが考えられるのかな。

沙織：いろいろな解釈ができると思うよ。例えば，この市では，特定の分野においては市民と行政との協働がうまく機能しているとか，年齢層の高い人たちは自治体の活動に実際に参加していることが多いのかもしれないね。ほかの市についても調べてみようよ。

［ C ］にあてはまる選択肢

ア 「感じている」と「どちらかといえば感じている」と答えた人の割合の合計は，30 歳代，40 歳代では 20 % を下回っている

イ 「感じていない」と「どちらかといえば感じていない」と答えた人の割合の合計は，50 歳代，60 歳代では 50 % を上回っている

［ D ］にあてはまる選択肢

ウ 「感じている」と「どちらかといえば感じている」と答えた人の割合の合計は，40 歳代，50 歳代，60 歳代，70 歳以上のいずれにおいても 30 % を上回っている

エ 「感じていない」と「どちらかといえば感じていない」と答えた人の割合の合計は，20 歳代，30 歳代，40 歳代のいずれにおいても 20 % を下回っている

	C	D
①	ア	ウ
②	ア	エ
③	イ	ウ
④	イ	エ

4 次の「基本的人権について，調べて発表しよう」という課題についての生徒の発表原稿を読んで，**問1**～**問3**に答えよ。

華子の発表原稿

先日，私はお昼を食べるためにラーメン屋に入ろうとしたら，店の入り口に**資料1**が掲示されていました。

資料1

なぜ**資料1**を最近目にするようになったのか，調べてみることにしました。

タバコの煙による被害(受動喫煙)から，非喫煙者の健康を守る権利として嫌煙権が構成されていることを知りました。近年，嫌煙権は新しい人権のひとつとして主張されています。日本国憲法(a)が公布されて2021年で［A］年になります。

新しい人権とは，日本国憲法が公布・施行された時代には想定されていなかった人権です。近年では，新しい人権として，マスメディアの報道によって名誉を傷つけられた者などが反論する機会を求める［B］権なども主張されています。

学校で習った基本的人権の保障とは，私の生活とはほど遠く他人事のように感じていました。しかし，今回の調べ学習で，基本的人権を保障している法律が私の日常生活に影響を及ぼしていることが，私が思っている以上に多いのだということを実感しました。

健太の発表原稿

私は，基本的人権はどのように保障され始めたのか，基本的人権の保障の歴史について調べて，考えてみることにしました。

基本的人権の保障の歴史は，自然法思想から始まると思います。自然法とは，人間の理性に基づく普遍的な法のことをいいます。

一方，「法の支配」(b)という原則が生まれ，さまざまな基本的人権が保障されるようになりました。

「法の支配」が実現する以前，国によっては「人の支配」という考え方のもとで絶対王政などの政治体制が成立していました。それを打破していったのが市民革命でした。そして，イギリスの権利章典をはじめ，アメリカ独立宣言やフランス人権宣言が発表されました。

これらのような人権宣言が，アメリカやイギリスなどの政治体制に影響を及ぼし，日本だけでなく，現在の世界各国の憲法にも反映されているということが分かりました。

問 1　発表原稿の中の A ， B にあてはまる語句の組合せとして適切なものを，次の①～④のうちから一つ選べ。解答番号は 10 。

	A	B
①	50	自己決定
②	50	アクセス
③	75	自己決定
④	75	アクセス

問 2　下線部分日本国憲法(a)に関連して，日本における憲法改正に関する記述として適切なものを，次の①～④のうちから一つ選べ。解答番号は 11 。

① 日本国憲法は，国民投票の結果によっては改正できる可能性があるため，その性質上，軟性憲法と呼ぶことができる。

② 憲法改正の原案について，参議院か衆議院のいずれかで，総議員の3分の2以上の賛成があれば，国会は憲法改正の発議をし，国民投票を実施する。

③ 憲法改正の承認には，特別の国民投票又は国会の定める選挙の際行われる投票において，その過半数の賛成を必要とする。

④ 国民投票をおこなう有権者は全国民であるため，小学生以下の国民の代わりに保護者が投票する権利を代行することも可能である。

問 3 下線部分法の支配(b)について，**資料 2** と **資料 3** はそれぞれ「法の支配」と「人の支配」のどちらかを示す模式図である。このことについての下の生徒の発言として適切なものを，下の①～④のうちから一つ選べ。解答番号は 12 。

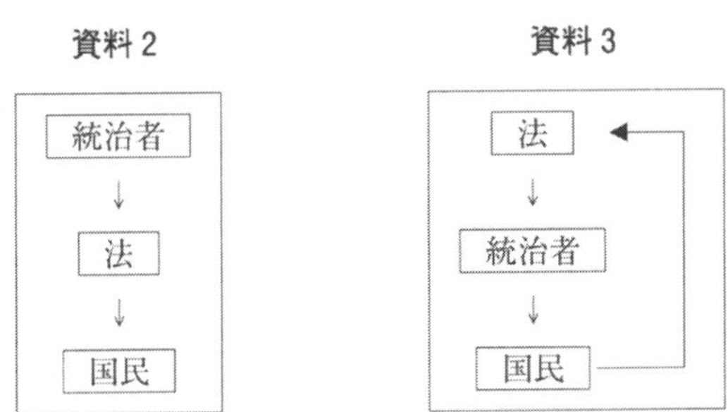

慎司：統治者が作った法であれば，どのような法であったとしても，その法を国民が必ず守らなければいけないという原理を表しているから**資料 2** が「法の支配」を示しているね。

彩子：権力者の支配のために必要なことが記された法が作られ，その法を国民が守るべきであるという国民の心理的支配を原理として表しているから**資料 2** が「法の支配」を示しているね。

保仁：法の内容よりも形式を重視して，法の形式さえ整っていれば，どのような法でも統治者と国民は守るべきであるという原理を表しているから**資料 3** が「法の支配」を示しているね。

紗季：国民の自由と権利を擁護する法を民主的手続で作り，統治者はその法を遵守しながら国民を統治するという原理を表しているから**資料 3** が「法の支配」を示しているね。

① 慎司　② 彩子　③ 保仁　④ 紗季

5 次の「日本経済の諸問題について考えてみよう」という課題についての生徒の構想メモを読んで，**問1**～**問5**に答えよ。

隆のメモ

日本の企業(a)の99％以上が中小企業であり，日本経済の活力源としての役割を持ち，国民経済の中で重要な役割を果たしています。中小企業の未来は，生産性向上のための人材活用，ITの活用，事業再編などの経営課題をどのように解決していくのかにかかっています。課題への取組みを積極的に行うことができれば，中小企業でも大企業との競争(b)にも負けない強みを持つことができると思います。私は中小企業のかかえる課題について調べてみるつもりです。

玲子のメモ

格差を測る指標として「ローレンツ曲線」と「ジニ係数」(c)について授業で学びました。これらの指標は，所得の分布について，完全に平等に分配されている場合と比べて，どれだけ偏っているかを測るものです。私は，高齢化の問題(d)や若年層の貧困などの日本における格差の問題について，ローレンツ曲線やジニ係数のデータをもとに調べてみたいです。

将也のメモ

スマートフォンを始めとする情報通信端末・インターネットの普及を背景に，消費者(e)の行動も，店頭での購入からインターネットを通じての購入へと変化し，個人向けインターネット市場は拡大傾向にあります。私は拡大を続けるインターネットショッピングについて調べてみようと思います。

問 1 下線部分企業(a)に関連して，株式や社債についての記述として適切なものを，次の①～④のうちから一つ選べ。解答番号は 13 。

① ある企業の株式を購入した者は，その企業が倒産したとき，その債務について，自らが出資した金額を超えて返済の義務を負う。

② 資金を集めるために社債を発行した企業は，業績とは無関係に期限までに利息をつけて返済する義務を負う。

③ 資金を集めるために株式を発行した企業は，その経営状態にかかわりなく，発行時に決めた金利を株主に払い続ける義務を負う。

④ ある企業の社債を購入した者は，株式を購入した場合と同様に，株式会社の最高議決機関である株主総会の議決権を持つ。

問 2 下線部分競争(b)に関連して，寡占化が進展した市場についての記述として**適切でないもの**を，次の①～④のうちから一つ選べ。解答番号は 14 。

① 価格競争よりも，デザインや宣伝などの価格以外の面で競争し，市場占有率を争おうとする傾向が強くなる。

② 有力な企業がプライス・リーダーとして一定の利潤を確保できるような価格を設定し，他の企業もそれに従うことがある。

③ あらゆる産業において，企業の市場占有率は変化しやすくなり，市場占有率第一位の企業が頻繁に変わる。

④ 製品の価格は固定化する傾向があり，技術の進歩や生産の合理化などによって生産費が下落しても，価格が下がりにくくなる。

Ⅲ

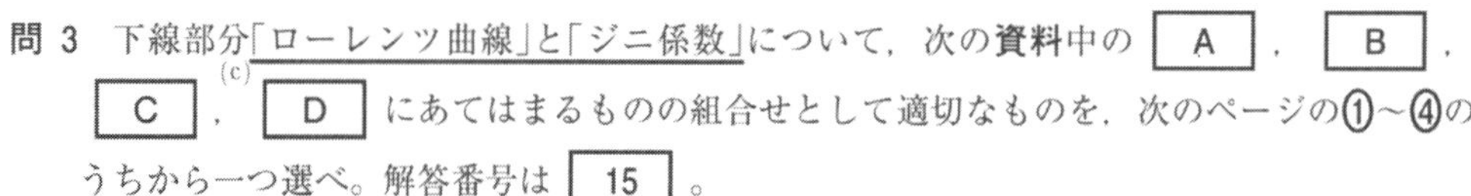

問 3　下線部分「ローレンツ曲線」と「ジニ係数」について，次の資料中の A ，B ，C ，D にあてはまるものの組合せとして適切なものを，次のページの①～④のうちから一つ選べ。解答番号は 15 。

資料

ローレンツ曲線とは，右のグラフのように世帯を所得の低い順番に並べ，横軸に世帯の累積比をとり，縦軸に所得の累積比をとって，世帯間の所得分布をグラフ化したものである。もしも，社会に所得格差が存在せず，すべての世帯の所得が同額であるならば，ローレンツ曲線は45度線と一致する。所得や富の分布に偏りがある限り，ローレンツ曲線は下方に膨らんだ形になる。このグラフでの当初所得は A であり，財政の機能である累進課税制度と社会保障給付で，所得を再分配した後の再分配所得は B となる。

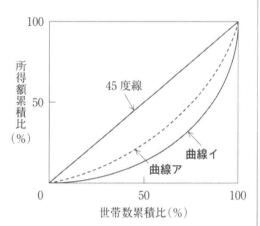

ジニ係数は，右の図のようにローレンツ曲線の下方への膨らみ具合を，45度線とローレンツ曲線にはさまれた部分の面積と45度線の下の三角形の面積の比で表す。ジニ係数の値は0と1の間の値をとり，1に近づくほど格差が大きいことを示す。

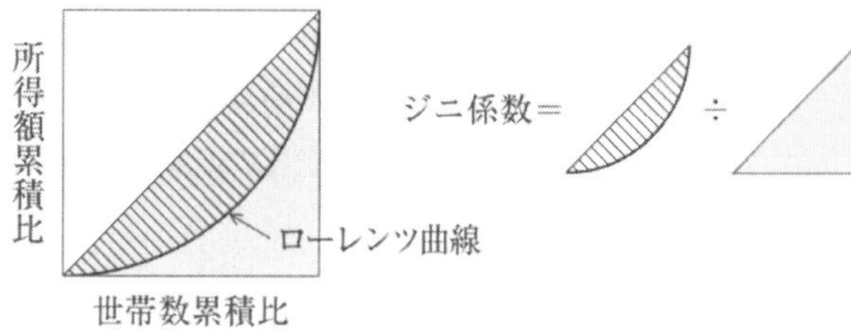

右のグラフは日本の当初所得と再分配所得のジニ係数の推移を示したものである。当初所得のジニ係数の推移は C であり，再分配所得のジニ係数の推移は D である。

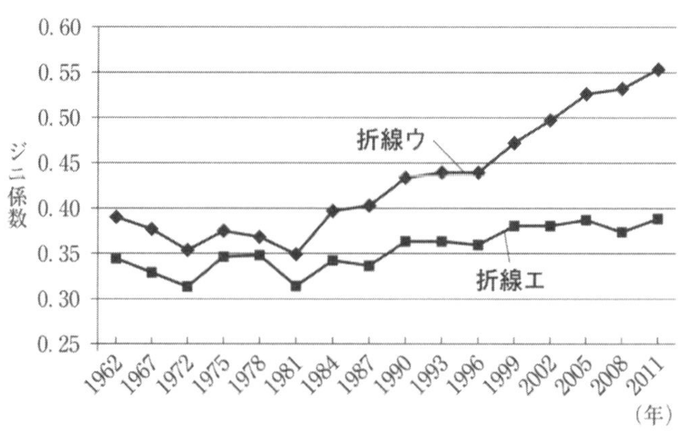

（厚生労働省「所得再分配調査報告書」により作成）

	A	B	C	D
①	曲線ア	曲線イ	折線ウ	折線エ
②	曲線イ	曲線ア	折線エ	折線ウ
③	曲線ア	曲線イ	折線エ	折線ウ
④	曲線イ	曲線ア	折線ウ	折線エ

問 4 下線部分(d)高齢化の問題に関連して，国民医療費に関する次の**グラフ1**と**グラフ2**についての説明文として適切なものを，次のページの①～④のうちから一つ選べ。
解答番号は 16 。

グラフ1　国民医療費の推移

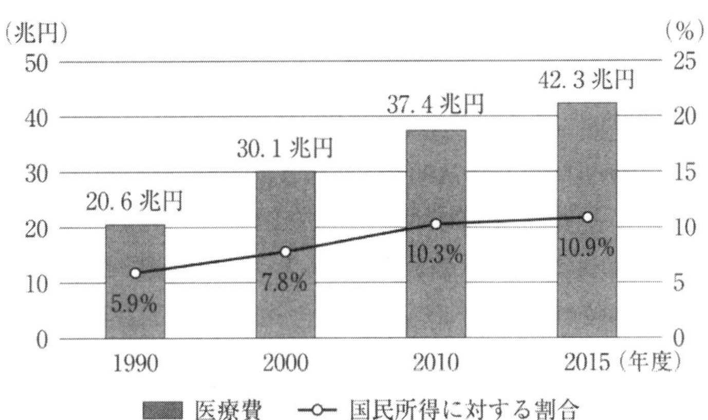

（『日本国勢図会 2020/21 年版』により作成）

グラフ2　医療費の性・年齢別構成と人口構成(2015 年)

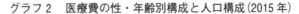

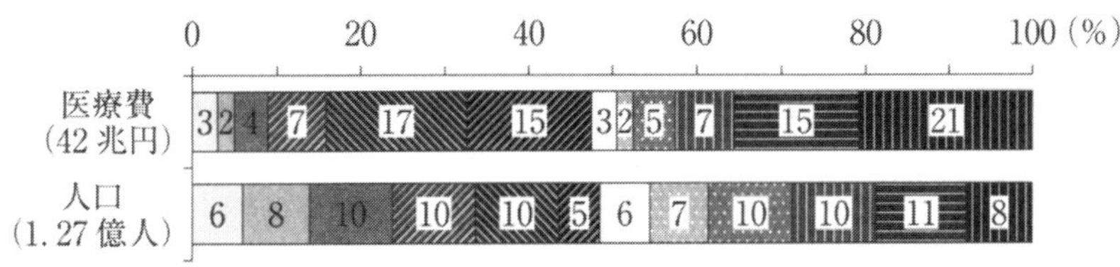

□男性0～14歳　□男性15～29歳　■男性30～44歳　▨男性45～59歳　▧男性60～74歳　▩男性75歳～
□女性0～14歳　□女性15～29歳　■女性30～44歳　▥女性45～59歳　▤女性60～74歳　▥女性75歳～

（注）数値は四捨五入しているため，合計値が 100 にならない場合がある。
（ニッセイ基礎研究所「医療費支出の概要～男女差に着目して」により作成）

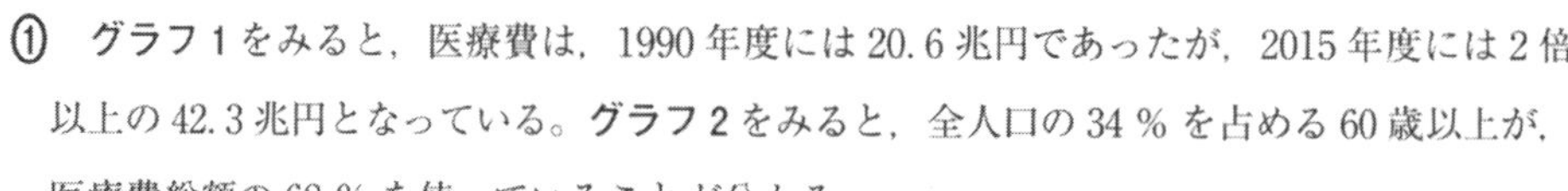

① **グラフ1**をみると，医療費は，1990年度には20.6兆円であったが，2015年度には2倍以上の42.3兆円となっている。**グラフ2**をみると，全人口の34％を占める60歳以上が，医療費総額の68％を使っていることが分かる。

② **グラフ1**をみると，医療費の国民所得に対する割合は，2015年度では1990年度の2倍以上になっている。**グラフ2**をみると，年齢別構成が上がるにつれ，男性と女性の医療費の割合は増加傾向にあることが分かる。

③ **グラフ1**をみると，医療費と医療費の国民所得に対する割合はともに，1990年度から増加傾向にある。**グラフ2**をみると，男性も女性もともに年齢別構成での医療費の割合は75歳以上が一番多いことが分かる。

④ **グラフ1**をみると，医療費と医療費の国民所得に対する割合はともに，2015年度では1990年度の2倍以上になっている。**グラフ2**をみると，男性と女性の医療費の年齢別構成を比べると，すべての年齢で女性の医療費が多いことが分かる。

問5 下線部分消費者(e)に関連して，消費者問題に対応するために定められてきた法律についての説明文として適切なものを，次の①～④のうちから一つ選べ。解答番号は 17 。

① 消費者契約法は，業者の虚偽の情報にもとづく契約を取り消したり，消費者に不当に不利な契約条項を無効にしたりするなど，不当な契約から消費者を保護することを目的としている。

② 特定商取引法は，訪問販売などで商品を購入した場合にも，購入者が契約を一方的に解除することを禁止したものである。

③ 製造物責任法は，製造者に対して損害賠償の請求をする際に，製品の欠陥と製造者の過失を証明しなければならない。

④ 消費者保護基本法を改正して成立した消費者基本法は，従来の消費者の権利尊重と自立支援をめざす政策から消費者の保護に重点を置く政策へと目的を変化させている。

6 次の文章を読んで，**問1～問5**に答えよ。

日本が2018年に実施した政府開発援助[(a)](ODA：Official Development Assistance)の支出総額は，約1兆9,051億円となりました。財政状況が厳しく，少子高齢化対策や自然災害の復旧・対策など，日本国内で様々な課題が山積する中で，なぜ日本はODAで開発途上国を支援するのでしょうか。

現在，世界の人口は約70億人ですが，世界銀行によれば，このうち7億人以上の人が，1日の生活費が1.9ドル(200円)にも満たない水準[(b)]で暮らしています。こうした人々は，食べるものや飲み水がなかったり，学校に行きたくても行けなかったり，病気の時に病院に行けなかったりと，ギリギリの暮らしをしています。困っている人がいる時は，助け合わなければならない，それは国としても同じことです。

また，そもそも日本も，第二次世界大戦後，戦後の荒廃の中から復興しました。そうした苦境から復興し，経済成長を成し遂げ，先進国の仲間入りを果たすにあたり，日本の復興・経済成長を支えた柱の一つとして，戦後間もない時期から開始された，米国などの先進国や世界銀行をはじめとする国際機関などからの支援の存在がありました。東海道新幹線や東名高速道路，黒部ダム，そして愛知用水など，日本の再建と発展のため必要不可欠であった基礎的なインフラは，これらの支援によって整備されました。したがって，日本は，その「恩返し」として，途上国の経済発展を後押しするため，ODAを活用して支援を進めてきました。実際，日本に対して世界各国から寄せられる期待は非常に大きなものです。

さらに，広く世界を見渡せば，気候変動，自然災害，環境問題，感染症，難民問題など，一国では解決が難しい地球規模課題が山積し，深刻化しており，その影響も一国内にとどまらず，世界中に広がっています。2015年には，国連[(c)]において持続可能な開発目標(SDGs)が採択され，2030年までに「誰一人取り残さない」社会を構築すべく，国際社会が取組を進めています。そのような状況の中では，誰かのために行う善意は，巡り巡って自分に戻ってくるものです。たとえば，どこかの国で温暖化ガスの排出や海洋プラスチックごみの削減に協力することは，巡り巡って日本を取り巻く環境を良くすることにつながります。日本が産業化を支援した結果，途上国からタコやサーモンが日本に輸出され，私たちの食卓に並べられています。一方で，自然災害や気候変動に伴う影響，国境を越えるテロや感染症などの脅威にさらされていることも事実です。私たちは，世界中の様々な主体[(d)]と協力してこれらの課題に取り組まなければなりません。

日本がODAを開始して，65年以上が経ちました。これまでの日本のODAを通じた途上国への様々な分野での支援や人材育成は，今の日本に対する信頼につながっています。こうした信頼は，たとえば，2020年東京オリンピック・パラリンピック競技大会の招致や2025年大阪・関西万博の誘致の際，日本が各国から多くの支持を集めたことにも少なからずつながったと言えるでしょう。ODAは貴重な税金により実施していますので適切に活用し，途上国のために役立てていくことは言うまでもありません。そして，日本は，世界が抱えている課題(e)を解決することが，日本の平和と安全，そして繁栄につながるものとなるよう，これからも開発協力を行っていきます。

（「2019 年版開発協力白書」により作成）

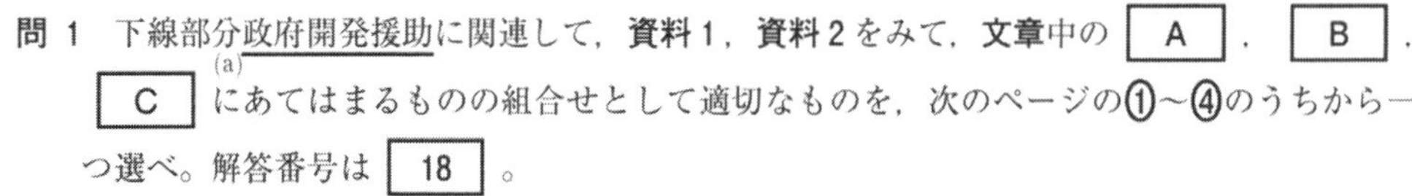

問 1　下線部分政府開発援助(a)に関連して，**資料 1**，**資料 2** をみて，**文章**中の A ，B ，C にあてはまるものの組合せとして適切なものを，次のページの①～④のうちから一つ選べ。解答番号は 18 。

資料 1　主要 DAC 加盟国の政府開発援助の比較（2016 年）

	日本	米国	英国	フランス	ドイツ	イタリア	カナダ	DAC 計
政府開発援助実績総額（億ドル）	104.2	344.1	180.5	96.2	247.4	50.9	39.3	1,449.6
対 GNI 比（%）	0.20	0.19	0.70	0.38	0.70	0.28	0.26	0.32
DAC 諸国全体に占める割合（%）	7.2	23.7	12.5	6.6	17.1	3.5	2.7	100.0

資料 2　主要国の二国間政府開発援助の分野別配分（2016 年）

（単位：%）

分野＼国名	日本	米国	英国	フランス	ドイツ	イタリア	カナダ	DAC 平均
社会インフラ（教育，保健，上下水道等）	17.1	51.1	46.0	38.3	24.3	14.6	37.5	33.9
経済インフラ（輸送，通信，電力等）	51.1	4.6	8.2	20.2	20.1	1.3	5.5	17.7
農林水産分野（農業，林業，漁業等）	3.3	4.0	2.4	7.0	3.1	1.5	5.3	3.7
工業等その他生産分野（鉱業，環境等）	16.0	6.0	20.3	11.9	11.2	1.2	9.3	10.9
緊急援助（人道支援等），食糧援助	4.8	25.4	14.1	2.3	11.9	8.2	29.1	13.4
プログラム援助等（債務救済，行政経費等）	7.8	8.9	9.0	20.3	29.5	73.1	13.2	20.5
合計	100.0	100.0	100.0	100.0	100.0	100.0	100.0	100.0

（注 1）　DAC とは，OECD（経済協力開発機構）の下部組織にあたる開発援助委員会のことである。
（注 2）　**資料 2** について，四捨五入の関係上，各分野の合計が 100 % とならないことがある。

（「2017 年版開発協力白書」により作成）

文章

資料1をみると，[A]ことが分かる。一方で資料2からは，各国がどの分野に重点を置いて援助しているかという点に着目すると，[B]ことが分かる。また資料2からは[C]ということも分かる。

[A]にあてはまる選択肢

ア　日本の「政府開発援助実績総額」は，イタリアの2倍を超えているが，「対GNI比」ではイタリアと比べて小さい

イ　米国の「政府開発援助実績総額」は，主要DAC加盟国の中で最も大きく，「対GNI比」でも最も大きい

[B]にあてはまる選択肢

ウ　日本は「経済インフラ」の割合が最も高く，米国，英国，フランス，ドイツ，カナダは「社会インフラ」の割合が最も高い

エ　日本は「経済インフラ」の割合が最も高く，イタリア，ドイツは「プログラム援助等」の割合が最も高い

[C]にあてはまる選択肢

オ　DAC平均では「社会インフラ」の割合が最も高いが，カナダは「緊急援助，食糧援助」の割合が最も高い

カ　DAC平均では「社会インフラ」の割合が最も高いが，ドイツは「プログラム援助等」の割合が最も高い

	A	B	C
①	ア	ウ	オ
②	ア	エ	カ
③	イ	ウ	カ
④	イ	エ	オ

問２　下線部分(b)１日の生活費が1.9ドル(200円)にも満たない水準に関連して，次の**会話文**中の D ， E ， F にあてはまるものの組合せとして適切なものを，次のページの①～④のうちから一つ選べ。解答番号は 19 。

会話文

先　生：世界には，１日の生活費が1.9ドル(200円)にも満たない水準で暮らしている国があります。このような経済格差やその是正について考えてみましょう。

直　也：ガーナでは，19世紀にイギリスの植民地経営が始まると，チョコレートの原料であるカカオ栽培をおしつけられました。独立後の現在も，輸出品の多くをカカオに頼っています。このようにアフリカには，特定の一次産品を生産する偏った経済構造であるモノカルチャー経済の傾向が残っているのです。現在もこの経済構造から抜け出すことができず，貧困に喘(あえ)いでいます。 D のです。

先　生：つまり，経済構造に原因があるということですね。

加奈子：はい。モノカルチャー経済から脱却し，国内産業を育成するということからやはり「 E 」という考え方が大切だと思います。

先　生：国連貿易開発会議(UNCTAD)の初代事務局長プレビッシュの提出したプレビッシュ報告のスローガンですね。

和　人：先進国や国際機関，民間銀行などから多額の資金を借り入れたものの，その返済が難しくなったり，返すことができなくなったりする F 問題に悩まされている国もあります。

先　生：貧困の悪循環に陥らないためにはどんな取組みが必要か，話し合ってみるといいですね。

D にあてはまる選択肢

ア　輸出品の価格が国際市場によって変動し，経済が安定しない

イ　気候・風土の特性や輸入数量制限により，経済が安定しない

E にあてはまる選択肢

ウ　貿易より援助を

エ　援助より貿易を

F にあてはまる選択肢

オ　累積債務

カ　不良債権

	D	E	F
①	ア	ウ	カ
②	ア	エ	オ
③	イ	ウ	オ
④	イ	エ	カ

問 3 下線部分国連(c)に関連して，専門機関の**名称**と**目的**の組合せとして適切なものを，下の①～④のうちから一つ選べ。解答番号は 20 。

名称

Ⅰ FAO

Ⅱ UNESCO

Ⅲ WHO

Ⅳ ILO

目的

ア 農村開発を促進し，農民の生活・労働環境を改善する。

イ 世界中の人々の健康を最高水準に保つ。

ウ 教育・科学・文化を通じた国際協力を促進し，世界平和を図る。

エ 労働条件の改善を国際的に実現する。

① Ⅰ－ア　Ⅱ－ウ

② Ⅰ－エ　Ⅲ－ウ

③ Ⅲ－ア　Ⅳ－イ

④ Ⅱ－イ　Ⅳ－エ

問 4　下線部分(d)世界中の様々な主体に関連して，NGO(非政府組織)について述べた文として適切なものを，次の①〜④のうちから一つ選べ。解答番号は 21 。

① 途上国の生活に密着したきめ細かい援助を実施するために派遣される青年海外協力隊は，NGO の代表から構成される。

② NGO とは，国際協力を行う団体のうち，政府の認証を受けたものをさし，日本では約 500 の団体が認証を受けている。

③ NGO は営利を目的としないため，事務局スタッフは無給で働く必要があり，専従スタッフとして活躍する者はほとんどいない。

④ NGO とは，貧困，飢餓，環境など，世界的な問題に対して，政府や国際機関とは違う民間の立場から，利益を目的とせずに取り組む団体をさす。

問 5 下線部分(e)世界が抱えている課題に関連して，次の文章は，ガーナでカカオを収穫している「そのこ」と，日本にいる「ぼく」との日常を描いた詩である。この詩に関する生徒の発言の中で，児童労働を解決するための視点として**適切でないもの**を，次のページの①〜④のうちから一つ選べ。解答番号は 22 。

そのこ

谷川俊太郎

そのこはとおくにいる
そのこはぼくのともだちじゃない
でもぼくはしってる
ぼくがともだちとあそんでいるとき
そのこがひとりではたらいているのを

ぼくががっこうできょうかしょをよんでいるとき
そのこはしゃがんでじめんをみつめている
ぼくがおふろからでてふとんにもぐりこむとき
そのこはゆかにごろんとよこになる
ぼくのうえにもそのこのうえにもおなじそら

ぼくはこどもだからはたらかなくていい
おかねはおとながかせいでくれる
そのおかねでぼくはげーむをかう
そのこはこどもなのにおかねをかせいでいる
そのおかねでおとなはたべものをかう

ちきゅうのうえにはりめぐらされた
おかねのくものすにとらえられて
ちょうちょのようにそのこはもがいている
そのこのみらいのためになにができるか
だれかぼくにおしえてほしい

秀明：児童労働は，「そのこ」の教育を受ける権利を奪うという点で問題だと思います。解決の第一歩として，私は児童労働の問題が深刻な地域で，住民への意識の啓発や経済的自立を促す職業訓練を行う団体に対して，寄付をしていこうと思います。

瑠夏：児童労働は，「そのこ」の健康的な発達を妨げるという点で問題だと思います。解決の第一歩として，私は児童労働の解決に向けた取組みを行う団体が主催する講演会やワークショップに参加して学び，多くの人に伝えていくための活動をしたいと思います。

真菜：児童労働は，「そのこ」を労働に従事させているという点で問題だと思います。解決の第一歩として，私は児童労働の撤廃に取り組んでいる企業の商品をできるだけ購入するようにしたいと思います。

将一：児童労働は，「そのこ」をはじめ，一部の児童だけにしか働く権利が保障されていないという点で問題だと思います。解決の第一歩として，私はすべての児童に働く権利が与えられるよう署名活動を行いたいと思います。

① 秀明　② 瑠夏　③ 真菜　④ 将一

7 次の会話文を読んで，問１～問２に答えよ。

先　生：皆さん，２週間後の「現代社会」の授業の研究発表のテーマは決まりましたか。

真　実：まだ決まっていません。みんなで介護施設にボランティアに行ってきたからです。しかしそのおかげで，介護の問題を身近に考えられるようになりました。ボランティアも終わったので，これから，研究発表のテーマを決めたいと思います。

先　生：介護は，高齢者を対象としたものだけではなく，障がい者や病人の方を対象としたものもあります。今回は，高齢者に対する介護について，実際に体験して様々なことを知ることができてよかったですね。よければそれを「現代社会」の研究発表のテーマにしてみてはいかがでしょうか。

紗矢香：賛成です。実際ボランティアに行って，(a)介護現場の人手不足など，解決すべき様々な課題を見出していたところです。さっそく，調査する内容を分担しましょう。

真　実：私は，要介護者を抱える家庭だけではなく，社会全体で介護，ひいては高齢化の問題に取り組むべきだと考えます。公的な介護保険等を将来的にさらに充実させることはできないのでしょうか。将来の社会保障給付は増える見込みなのか，またその給付は介護のために充てられる見込みなのか，見通しを調べてみます。

紗矢香：私は，公的な介護保険の充実のために，より直接的な支援をするべきだと考えます。私はボランティアに行って，介護職員の方から，賃金に関することが人手不足の理由の一つだと聞きました。介護職員の給与を充実させられないでしょうか。まずは，介護職員の賃金について，他の業種と比較しながら調べてみます。

哲　也：私は，介護職員の給与を充実させるだけでは，人手不足の問題は解消しないと考えます。私は介護労働の現状として，男女別に，正規・非正規どちらの働き方が多いのか一度調べてみます。人手不足等の様々な問題があるのならば，介護の現場で柔軟な働き方を広げていくことも，選択肢としてあり得ると考えます。

悠　人：私は，介護サービスを政府や事業者に求めるだけではなく，各家族で行えるように，社会の仕組みを整えるべきだと考えます。そのためにどんな課題を解決する必要があるのでしょうか。家族による介護の現状について知るべく，まずは，家族による介護は一般的には家族の構成員のうちのどんな人が主に担っているのかについて調べます。

先　生：発表のテーマとそれぞれが調べる内容が決められて良かったですね。労働問題や家族の問題にまで視野を広げて，持続可能な介護はどのように実現できるのか，さらに将来世代と現役世代の関係にも着目して，しっかり考えてみて下さい。皆さんの発表を楽しみにしています。

問 1　会話文に関連して，真実，紗矢香，哲也，悠人の4人が，この先，調査を進める際に利用すると考えられる資料の組合せとして最も適切なものを，142ページの①～④のうちから一つ選べ。解答番号は 23 。

資料 1　男女別就業形態

	正規職員		非正規職員	
介護職員(施設等)	男性	33.9 %	男性	12.7 %
	女性	66.1 %	女性	87.3 %
訪問介護員	男性	26.4 %	男性	5.0 %
	女性	73.6 %	女性	95.0 %

(注)　正規職員：雇用している労働者で雇用期間の定めのない者。非正規職員：正規職員以外の労働者(契約職員，嘱託職員，パートタイム労働者等)。

(公益財団法人 介護労働安定センター「平成 29 年度介護労働実態調査」により作成)

資料 2　所定内給与額

産業計	ホームヘルパー	福祉施設介護員
304,300 円	220,400 円	219,900 円

(注 1)　「所定内給与額」は，労働契約などであらかじめ定められている支給条件，算定方法により支給された現金給与額を指す。

(注 2)　「産業計」は，全産業を合計した所定内給与額を指す。

(厚生労働省「平成 29 年賃金構造基本統計調査」により作成)

資料 3　将来の社会保障給付費の見通し(単位：兆円)

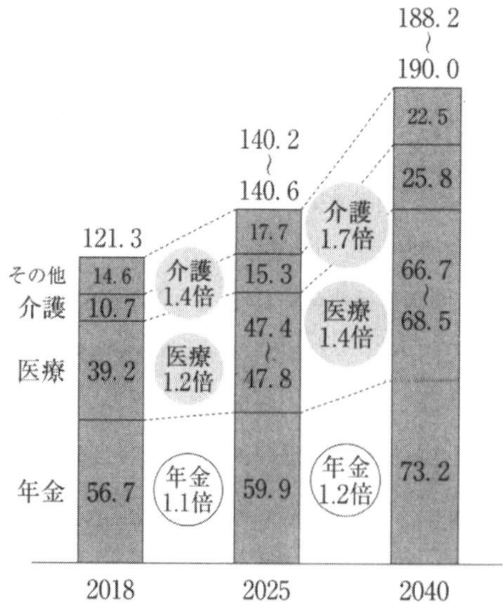

(注)　(　)内の % 表示は GDP 比。

(内閣官房・内閣府・財務省・厚生労働省「2040 年を見据えた社会保障の将来見通し」により作成)

資料4　現在の仕事の満足度（介護労働）

	満足	やや満足	普通	やや不満足	不満足	無回答
①仕事の内容・やりがい	16.9	36.4	37.0	5.8	2.4	1.5
②キャリアアップの機会	6.7	18.3	54.9	11.8	5.9	2.3
③賃金	6.5	14.8	37.6	25.8	13.8	1.6
④労働時間・休日等の労働条件	15.5	19.3	38.5	17.4	7.9	1.4
⑤勤務体制	12.7	17.6	43.2	17.5	7.6	1.5

（%）

（公益財団法人 介護労働安定センター「平成29年度介護労働実態調査」により作成）

資料5　1人当たり医療費・介護費

	医療（2017年）		介護（2017年）	
	1人当たり国民医療費	1人当たり国庫負担	1人当たり介護費	1人当たり国庫負担
65～74歳	55.7万円	8.1万円	4.9万円	1.4万円
75歳以上	92.2万円	33.5万円	46.7万円	13.7万円

（財務省『これからの日本のために財政を考える』により作成）

資料6　要介護者等からみた主な介護者の続柄

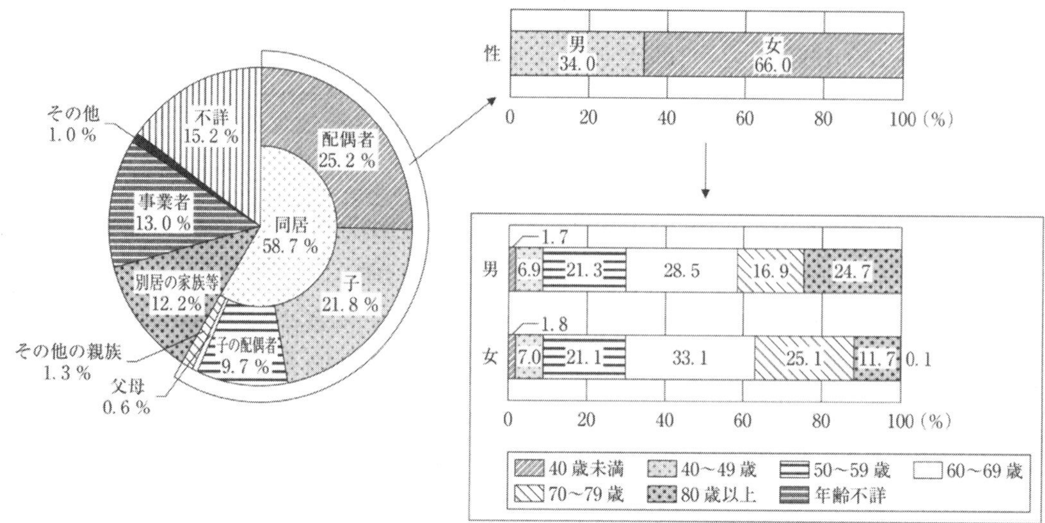

（注）熊本県を除いたものである。

（厚生労働省「国民生活基礎調査（平成28年）」により作成）

	真実	紗矢香	哲也	悠人
①	資料3	資料2	資料1	資料6
②	資料3	資料4	資料6	資料1
③	資料5	資料2	資料6	資料1
④	資料5	資料4	資料1	資料6

問 2　下線部分介護現場の人手不足(a)に関連して，次のレポート中の A ， B にあてはまるものの組合せとして適切なものを，145ページの①～④のうちから一つ選べ。

解答番号は 24 。

レポート

私は，介護関係の職種，ホームヘルパーや介護支援専門員等の求人について，年度や地域等で分けて，より具体的に調べてみました。

まずは年度ごとの介護関係の職種の求人についてです。**グラフ1**は介護関係職種の有効求人倍率の推移です。これを活用すれば，介護関係職種の人手不足についての，現在に至るまでの経緯や慢性的な課題を，確認することができます。例えば，**グラフ1**では， A といえるかもしれません。

また平成29年度の介護関係の職種の有効求人倍率が4を超えている月もありますが，それは他の職種と比較してどの程度の水準なのか，特定の地域の問題か日本全体の問題なのかも含めて確認する必要があると考えます。**グラフ2**を見てください。この**グラフ2**から， B ことが分かります。

この調査を通じて，様々な立場の人々とともに生きていく社会を目指して，私たちは多面的・多角的に問題を捉えて，その解決方法を探究しなければならないのだと感じました。

グラフ1　介護関係職種の有効求人倍率の推移

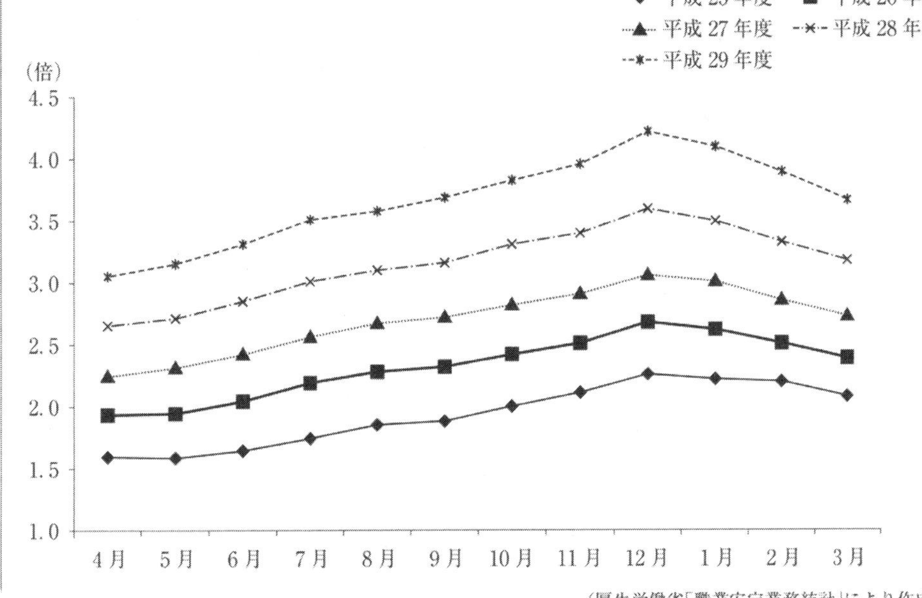

（厚生労働省「職業安定業務統計」により作成）

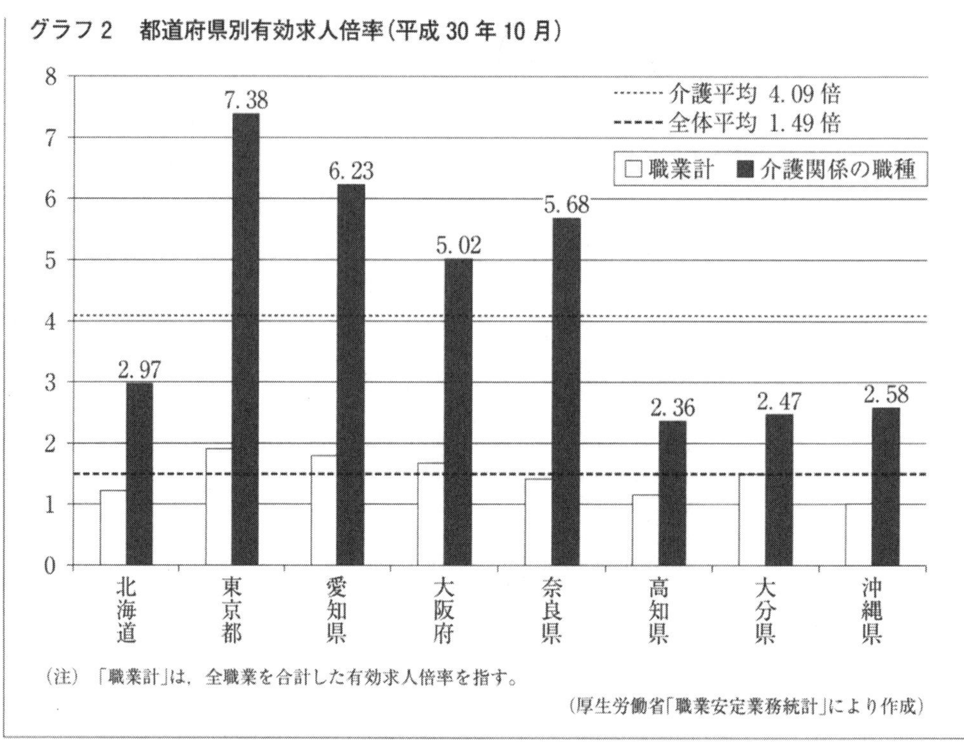

A にあてはまる選択肢

ア　介護関係職種は，年々求人倍率が高まっているので，介護関係職種の人手不足の状況は改善している

イ　介護関係職種の人材に対する需要は年々高まっており，月別に見ると，特に12月に最も高くなる傾向がある

B にあてはまる選択肢

ウ　介護関係の職種の有効求人倍率は都道府県ごとに大きな差異があり，最も高い都道府県の倍率は，最も低い都道府県の倍率の，3倍以上になっている

エ　介護関係の職種が他の職種に比べて，特に人手不足であるということはいえず，地域によっては，職業計の有効求人倍率が，介護関係の職種の有効求人倍率を，上回っている

	A	B
①	ア	ウ
②	ア	エ
③	イ	ウ
④	イ	エ

令和３年度　第２回

解答・解説

【重要度の表記】

Ａ：重要度が高く確実に正答したい設問。しっかり復習する必要のある問題です。

Ｂ：重要度はＡレベルよりすこし下で、やや難易度が高い設問または内容を読み取る設問。高得点を狙う人は復習しましょう！

Ｃ：重要度が低い、または難解な設問。軽く復習する程度でよいでしょう！

令和３年度 第２回 高卒認定試験

【解答】

1	解答番号	正答	配点	2	解答番号	正答	配点	3	解答番号	正答	配点	4	解答番号	正答	配点
問１	1	③	4	問１	4	③	4	問１	7	②	4	問１	10	④	4
問２	2	②	5	問２	5	③	4	問２	8	②	5	問２	11	③	4
問３	3	④	4	問３	6	④	4	問３	9	①	4	問３	12	④	4

5	解答番号	正答	配点	6	解答番号	正答	配点	7	解答番号	正答	配点
問１	13	②	4	問１	18	②	4	問１	23	①	4
問２	14	③	4	問２	19	②	4	問２	24	③	4
問３	15	④	5	問３	20	①	4	-	-		
問４	16	①	4	問４	21	④	5	-	-		
問５	17	①	4	問５	22	④	4	-	-		

【解説】

1

問１　①には、2018年のインド、中国、パキスタンの遺伝子組換え農作物の栽培面積は、2013年と比べて拡大しているとありますが、表１を見ると、中国の2013年は4.2、2018年は2.8と縮小しています。よって、①は誤りです。②には、トウモロコシの総栽培面積に対する遺伝子組換え農作物の占める割合は58.9%とありますが、グラフ１を見ると30%です。よって、②は誤りです。④には、2018年のアルゼンチン、パラグアイ、ウルグアイの遺伝子組換え農作物の栽培面積は、2013年と比べて縮小しているとありますが、表１を見ると、パラグアイの2013年は3.6、2018年は3.8と拡大しています。よって、④は誤りです。したがって、正解は③です。

解答番号【１】：３　　⇒ **重要度Ａ**

問２　空欄Ａについて、メモ３行目を見ると、日本では「安全性の審査は不要」とあります。よって、空欄Ａには「不要」が当てはまります。空欄Ｂについて、メモ11～12行目を見ると、EUでは「ゲノム編集食品には安全性審査も表示義務も課すべきだ」とあります。よって、空欄Ｂには「必要」が当てはまります。空欄Ｃ・Ｄについて、メモ12～13行目を見ると、アメリカでは「植物に由来する食品では安全性審査も表示も不要」「動物に由来する食品については必要」とあります。よって、空欄Ｃには「不要」、空欄Ｄには「必要」が当てはまります。したがって、正解は②です。

解答番号【2】：2　⇒**重要度A**

問３　会話文での発言から、正解を考えていきましょう。りくさんは 17 ～ 18 行目で「この技術を活用すれば、食糧不足が解決するかもしれません」「どういう作物が研究されているのか調べてみたくなりました」と発言しています。よって、遺伝子組換え食品の研究に関する「資料３」を利用すると考えられます。つばきさんは 19 ～ 20 行目で、「ゲノム編集の仕組みを知りたくなりました」と発言しています。よって、ゲノム編集の仕組みについて書かれている「資料２」を利用すると考えられます。あかりさんは 25 行目で「ゲノム編集食品についての人々の考えについて調べてみたい」と発言しています。よって、ゲノム編集食品に関するアンケートである「資料１」を利用すると考えられます。したがって、正解は④です。

解答番号【3】：4　⇒**重要度A**

2

問１　①はヘーゲルの思想です。②はカントの思想です。④はフロムの思想です。哲学者とその説明の組み合わせが正しいのは③となります。したがって、正解は③です。

解答番号【4】：3　⇒**重要度C**

問２　①には、グラフ２（今の自分を変えたいと思う）について、「あてはまらない」と「どちらかといえばあてはまらない」と答えた割合の合計が３割を超えているのは「15 ～ 19 歳」以上の年代すべてであるとありますが、「20 ～ 24 歳」は「あてはまらない」が 9.3%、「どちらかといえばあてはまらない」が 20%で、合計は 29.3%であり、３割を超えていません。よって、①は誤りです。②には、グラフ３（自分らしさを強調するより、他人と同じことをしていると安心だ）について、「25 ～ 29 歳」では「どちらかといえばあてはまらない」が最も高いとありますが、最も高いのは「どちらかといえばあてはまる」です。よって、②は誤りです。④には、グラフ３（自分らしさを強調するより、他人と同じことをしていると安心だ）について、「あてはまらない」と答えた割合は「20 ～ 24 歳」が最も高いとありますが、最も高いのは「25 ～ 29 歳」です。よって、④は誤りです。したがって、正解は③です。

解答番号【5】：3　⇒**重要度A**

問３　空欄Ａには、個人の特性を意味する「パーソナリティ」が当てはまります。パーソナリティの形成には、「遺伝と環境の両方」が影響すると考えられています。したがって、正解は④です。なお、「コンフリクト」とは異なる欲求が対立している葛藤状態のことです。

解答番号【6】：4　⇒**重要度A**

3

問１　空欄Ａには、内閣の決定や議員の要求により必要に応じて開かれる「臨時会」が当てはまります。空欄Ｂの直後にある住民投票は地方公共団体が定める「条例」により規定されています。したがって、正解は②です。なお、「特別会」とは衆議院選挙後に招集される、内閣総理大臣を指名するための国会です。「法律」とは、国が定める規範です。

解答番号【7】：2　⇒ 重要度A

問２　オンブズマン制度とは、市民の苦情に基づいて行政機関を外部から不正等を監視し、これを是正することを目的とする制度です。民主化や民主主義とは、国民が政治に参加することを指します。したがって、正解は②です。

解答番号【8】：2　⇒ 重要度B

問３　空欄Cについて、グラフ１を見ると、「感じていない」と「どちらかといえば感じていない」と答えた人の割合の合計は、50 歳代では 42.8%、60 歳代では 39.7% です。「イ」は 50 歳代と 60 歳代について、50％を上回っているとありますので、誤りです。空欄Dについて、グラフ２を見ると、「感じていない」と「どちらかといえば感じていない」と答えた人の割合の合計は、20 歳代は 29.3％、30 歳代は 36.4％、40 歳代は 35.5％です。「エ」は、いずれにおいても 20％を下回っているとありますので、誤りです。したがって、正解は①です。

解答番号【9】：1　⇒ 重要度A

4

問１　空欄Aについて、日本国憲法が公布されたのは 1946 年ですので、2021 年で「75」年になります。空欄Bには、マスメディアの報道によって名誉を傷つけられた者などが反論する機会を求める権利である「アクセス」権が当てはまります。したがって、正解は④です。なお、「自己決定」権とは、自分の事は自分で決める権利です。

解答番号【10】：4　⇒ 重要度A

問２　①について、日本国憲法の改正には厳しい取り決めがあり、改正しにくい特徴があることから、硬性憲法と呼ばれています。よって、①は誤りです。②について、憲法改正の発議には参議院・衆議院の両議院で、総議員の３分の２以上の賛成が必要となります。よって、②は誤りです。④について、国民投票を行う有権者は満 18 歳以上の日本国民であり、投票については代理投票を行うことはできません。よって、④は誤りです。したがって、正解は③です。

解答番号【11】：3　⇒ 重要度A

問３　法の支配とは、民主的手続きで作られた法によって統治者が国民を統治する仕組みのことで、その法は内容が公正であることが求められます。したがって、正解は④です。なお、①と②は人の支配の説明であるため誤りです。③は「法の形式さえ整っていれば、どのような法でも統治者と国民は守るべき」とあり、法の公正さが欠如しているため誤りです。

解答番号【12】：4　⇒ 重要度B

5

問１　①について、ある企業の株式を購入した者は、その企業が倒産したとき、自らが出資した範囲内で責任を負います。よって、①は誤りです。③について、株式を発行した企業は、得た利潤に応じて、その一部を株主に配当します。よって、③は誤りです。④について、株主総会の議決権を持つのは株式を購入した株主であり、社債購入者は対象となりません。よって、④は誤りです。したがって、正解は②です。

解答番号【13】：2　　⇒**重要度A**

問２　適切でないものを選びます。寡占市場では少数企業が市場を占有しており競争が少ないため、市場占有率第一位の企業は頻繁に変わらない傾向があります。したがって、正解は③です。

解答番号【14】：3　　⇒**重要度A**

問３　空欄ＡとＢについて、資料５～９行目にあるとおり、「すべての世帯の所得が同額であるならば、ローレンツ曲線は45度線と一致」し、「所得や富の分布に偏りがある限り、ローレンツ曲線は下方に膨らんだ形」になります。資料11行目にあるように、累進課税制度によって高所得者からより多くの税金を集め、税金を用いて社会保障の給付を行うことにより、社会の所得格差が小さくなります。所得格差が小さくなると、曲線は45度線に近づくと考えることができます。よって、格差が小さくなる前の当初所得を示す曲線は45度線から離れている「曲線イ」、所得を再分配して格差が小さくなった後の再分配所得を示す曲線は45度線から近い「曲線ア」となります。よって、空欄Ａには「曲線イ」、空欄Ｂには「曲線ア」が当てはまります。空欄ＣとＤについて、資料19～20行目にあるとおり、ジニ係数は「1に近づくほど格差が大きい」ことを示します。当初所得のジニ係数は格差が広がっている状態であるため、グラフの数値が１に近い「折線ウ」、再配分所得のジニ係数の推移は１より離れた「折線エ」であると考えることができます。よって、空欄Ｃには「折線ウ」、空欄Ｄには「折線エ」が当てはまります。したがって、正解は④です。

解答番号【15】：4　　⇒**重要度C**

問４　②と④には、グラフ１について医療費の国民所得に対する割合は、2015年度では1990年度の２倍以上になっているとありますが、1990年度は5.9%、2015年度は10.9%であり、２倍以上になっていません。よって、②と④は誤りです。③には、グラフ２について、男性も女性もともに年齢別構成での医療費の割合は75歳以上が一番多いことが分かるとありますが、男性で最も多いのは60～74歳です。よって、③は誤りです。したがって、正解は①です。

解答番号【16】：1　　⇒**重要度A**

問５　②の特定商取引法では、訪問販売や電話勧誘販売などの特定商品について、購入者が契約を一方的に解除できるクーリング・オフ制度を定めています。よって、②は誤りです。③の製造物責任法は、製造者の過失を証明する必要なく、製品の欠陥によって被った損害賠償を請求することができることを定めています。よって、③は誤りです。④について、消費者基本法は、消費者の保護に重点を置く政策から、消費者の権利尊重と自立支援を目指す政策へと目的を変化させています。よって、④は誤りです。したがって、正解は①です。

解答番号【17】：1 ⇒ **重要度A**

6

問１ 空欄Aについて、資料１を見ると、米国の「対GNI比」は0.19であり、資料１の国々の中で最も低くなっています。よって、「イ」は誤りです。空欄Bについて、資料２を見ると、ドイツは各分野のうち「プログラム援助等」の割合が最も高くなっています。よって、「ウ」は誤りです。空欄Cについて、資料２を見ると、カナダは各分野のうち「社会インフラ」の割合が最も高くなっています。よって、「オ」は誤りです。したがって、正解は②です。

解答番号【18】：2 ⇒ **重要度A**

問２ 空欄Dについて、一次産品は価格の変動が大きいため、一次産品の生産や輸出に依存する国は、経済が安定しないという特徴があります。よって、空欄Dには「ア」が当てはまります。空欄Eには、プレビッシュ報告のスローガンである「エ」が当てはまります。空欄Fについて、発展途上国の中には、債務の返済が難しくなり、累積債務問題を抱えている国があります。よって、空欄Fには「オ」が当てはまります。したがって、正解は②です。

解答番号【19】：2 ⇒ **重要度B**

問３ それぞれの正しい組み合わせは、Ⅰはア、Ⅱはウ、Ⅲはイ、Ⅳはエです。したがって、正解は①です。

解答番号【20】：1 ⇒ **重要度A**

問４ ①について、青年海外協力隊は独立行政法人国際協力機構（JICA）が行っています。よって、①は誤りです。②について、NGOを設立する際には政府の認証は必要ありません。よって、②は誤りです。③について、NGOは営利を目的としない団体ですが、そこで働くスタッフは無給ではなく給与が支払われます。よって、③は誤りです。したがって、正解は④です。

解答番号【21】：4 ⇒ **重要度C**

問５ 適切でないものを選びます。問５の問題文にあるとおり、この詩は児童労働問題について書かれています。将一さんは「一部の児童だけにしか働く権利が保障されていない」と、児童労働を認めていくべきとする逆の説明をしています。よって、将一さんの説明が誤りです。したがって、正解は④です。

解答番号【22】：4 ⇒ **重要度A**

7

問１　真美さんは会話文13～14行目で「将来の社会保障給付は増える見込みなのか～調べてみます」と発言しています。よって、真美さんは「資料３」を利用すると考えられます。紗矢香さんは会話文17～18行目で「介護職員の賃金について～調べてみます」と発言しています。よって、紗矢香さんは給与額が分かる「資料２」を利用すると考えられます。哲也さんは会話文20～21行目で「男女別に、正規・非正規どちらの働き方が多いのか一度調べてみます」と発言しています。よって、就業形態が分かる「資料１」を利用すると考えられます。悠人さんは会話文25～26行目で「家族による介護は～どんな人が主に担っているのかについて調べます」と発言しています。よって、介護者の続柄が分かる「資料６」を利用すると考えられます。したがって、正解は①です。

解答番号【23】：1　　⇒**重要度A**

問２　空欄Aについて、求人倍率とは、求職者１人に対して何件の求人があるかを示す指標です。よって、求人倍率が高いほど、人手不足であると考えることができます。よって、「ア」は誤りです。空欄Bについて、グラフ２を見ると、求人倍率の全体平均1.49に対し、介護平均は4.09倍ですので、介護関係の職種は人手不足であることが分かります。よって、「エ」は誤りです。したがって、正解は③です。

解答番号【24】：3　　⇒**重要度A**

令和３年度 第１回
高卒認定試験

現代社会

解答時間　50分

注　意　事　項（抜粋）

＊　試験開始の合図前に，監督者の指示に従って，解答用紙の該当欄に以下の内容をそれぞれ正しく記入し，マークすること。

①**氏名欄**

氏名を記入すること。

②**受験番号**，③**生年月日**，④**受験地欄**

受験番号，生年月日を記入し，さらにマーク欄に**受験番号**（数字），**生年月日**（年号・数字），**受験地をマーク**すること。

＊　**受験番号，生年月日，受験地が正しくマークされていない場合は，採点できないことがある。**

＊　解答は，解答用紙の解答欄にマークすること。例えば，［10］と表示のある解答番号に対して②と解答する場合は，次の（例）のように**解答番号 10 の解答欄**の②に**マーク**すること。

（例）

解答番号	解　答　欄
10	①　●　③　④　⑤　⑥　⑦　⑧　⑨　⓪

現 代 社 会

（解答番号 1 ～ 24 ）

1 次の会話文を読んで，**問 1 ～問 3** に答えよ。

香　織：今日の授業で先生が，様々な野生生物が絶滅の危機にあると話をしていましたね。

宏　樹：私たちの身近に生息しているメダカも，絶滅の危機にあると聞いて驚きました。

智　之：動物園で人気のジャイアントパンダやアジアゾウなども絶滅の危機にあるらしいですね。

美由紀：どうすれば，絶滅の危機にある野生生物を守っていくことができるのでしょうか。

智　之：こうした絶滅の恐れのある野生動植物とその製品の国際取引は A によって禁止されていると，先生が授業で説明していました。

香　織：その他にも，野生動植物の保護のうえで特に重要な湿地を保護するための B や，各国に生物多様性の維持に努めるよう求める生物多様性条約を定めるなど，国際社会では様々な方策が実施されています。

宏　樹：2010 年には生物多様性条約に関する締約国会議が日本で開催され， C が採択されました。日本は，国際社会の中で重要な役割を果たしているのですね。

智　之：そういえば，マツタケも絶滅危惧種に指定されているそうですね。

美由紀：絶滅危惧種については，国際的な自然保護団体である国際自然保護連合(IUCN)が，絶滅の恐れのある野生生物種について調査しレッドリストを作成していて，そのリストにマツタケが登録されています。

宏　樹：(a)ウナギも指定されているそうです。

香　織：登録されているのはニホンウナギですね。

智　之：ニホンウナギは，2014 年に絶滅のリスクが 2 番目に高い絶滅危惧ⅠB類に登録され，2020 年にはマツタケが，絶滅のリスクが 3 番目に高い絶滅危惧Ⅱ類に登録されたそうです。

美由紀：絶滅危惧種に指定されると，食べられなくなるのでしょうか。

宏　樹：すぐに食べられなくなるようなことはないようだけれど，私たち一人一人が，自分たちの生活をもう一度ふりかえり，(b)生物多様性の保全や野生生物種の保護について真剣に考えていく必要があるのではないでしょうか。

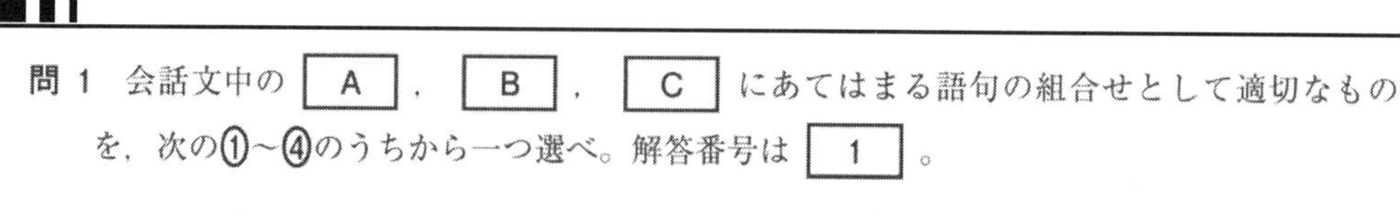

問 1　会話文中の A ，B ，C にあてはまる語句の組合せとして適切なものを，次の①～④のうちから一つ選べ。解答番号は 1 。

	A	B	C
①	アムステルダム条約	バーゼル条約	名古屋議定書
②	アムステルダム条約	ラムサール条約	京都議定書
③	ワシントン条約	バーゼル条約	京都議定書
④	ワシントン条約	ラムサール条約	名古屋議定書

問 2 下線部分(a)ウナギに関連して，日本国内のウナギの漁業生産量と養殖生産量，輸入量に関する次のグラフ１，グラフ２，グラフ３から読み取れる内容として適切なものを，次のページの①～④のうちから一つ選べ。解答番号は 2 。

グラフ１　漁業生産量

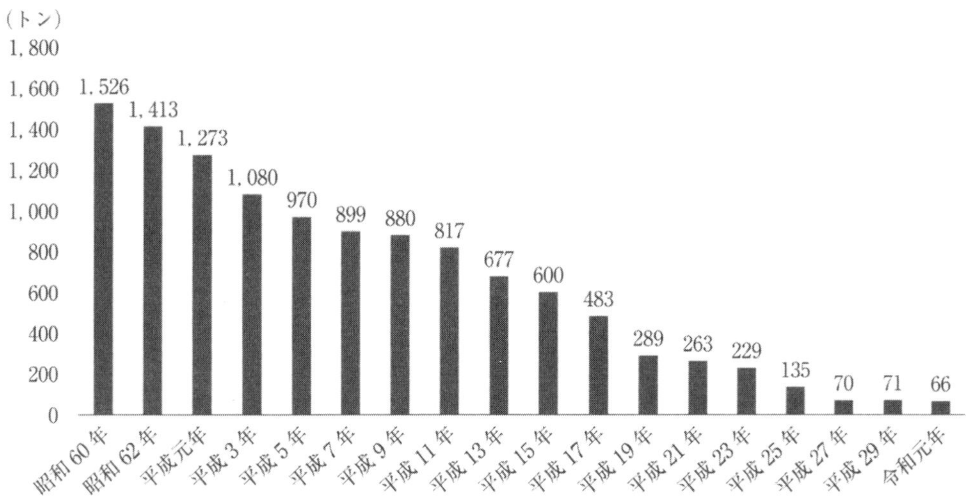

グラフ２　養殖生産量

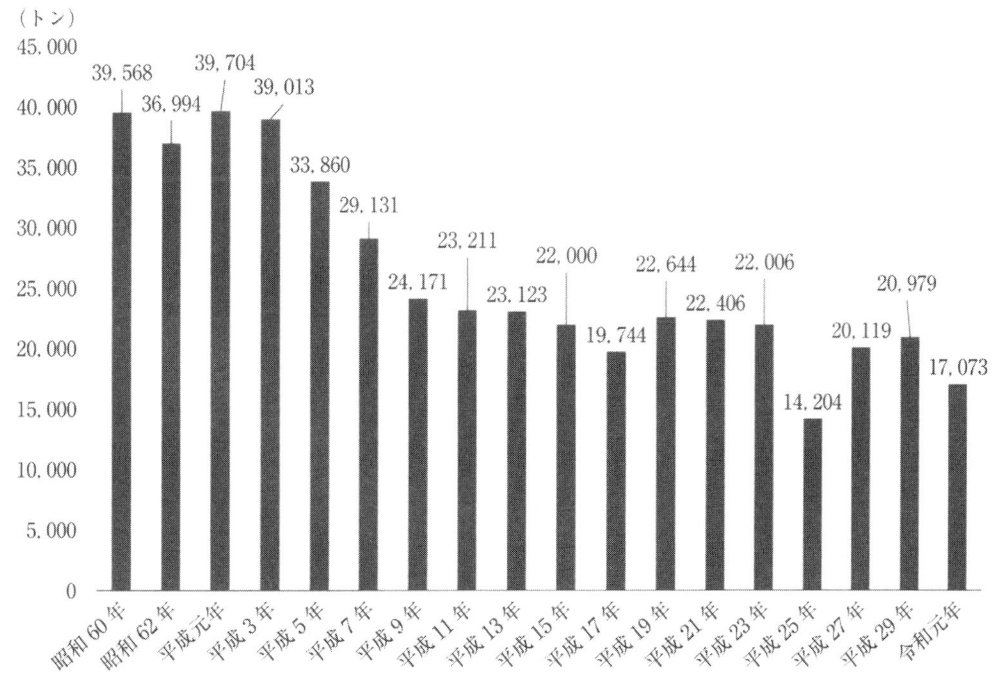

グラフ３　輸入量

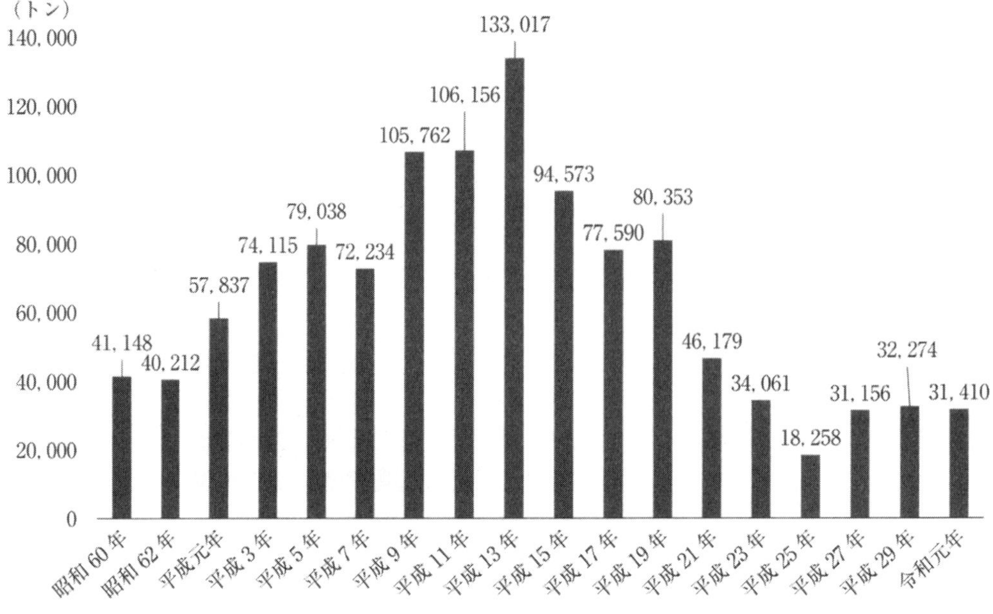

（水産庁ホームページにより作成）

① グラフ１の漁業生産量は，昭和60年以降平成27年まで減少が続き，平成29年に僅かに増えたものの，令和元年には66トンまで減少している。**グラフ１**の漁業生産量と**グラフ２**の養殖生産量を合わせた値であるウナギの国内生産量が，一番少ないのは平成25年で，二番目に少ないのが令和元年となっている。

② **グラフ１**の漁業生産量，**グラフ２**の養殖生産量はどちらも，平成元年が最も多くなっている。**グラフ１**の漁業生産量と**グラフ２**の養殖生産量を合わせた値であるウナギの国内生産量も，平成元年が最も多くなっている。

③ **グラフ２**の養殖生産量は，平成元年が最も多くなっている。**グラフ１**の漁業生産量と**グラフ２**の養殖生産量，**グラフ３**の輸入量を合わせた値であるウナギの国内供給量も，平成元年が最も多くなっている。

④ **グラフ３**の輸入量は，平成13年が最も多く10万トンを超える値となっている。輸入量が10万トンを超えたのは，平成13年だけである。平成13年の輸入量は，**グラフ１**の漁業生産量と**グラフ２**の養殖生産量を合わせた値であるウナギの国内生産量の，10倍以上となっている。

問 3 下線部分(b)生物多様性の保全に関連して，次の**グラフ 4**，**グラフ 5** について述べた次のページの 4 人の発言のうち，適切なものの組合せを次のページの①～④のうちから一つ選べ。解答番号は **3** 。

グラフ 4　生物多様性の言葉の認知度

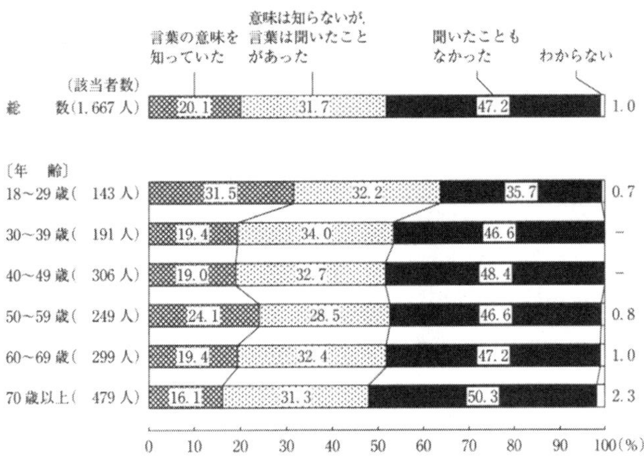

グラフ 5　生物多様性保全の取組みについて，既に取り組んでいるまたは今後取り組んでみたいと思う取組み

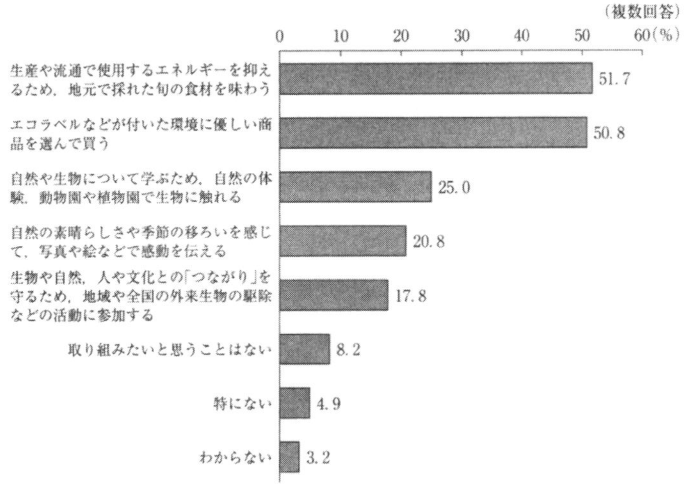

（内閣府「環境に関する世論調査（令和元年 8 月調査）」より）

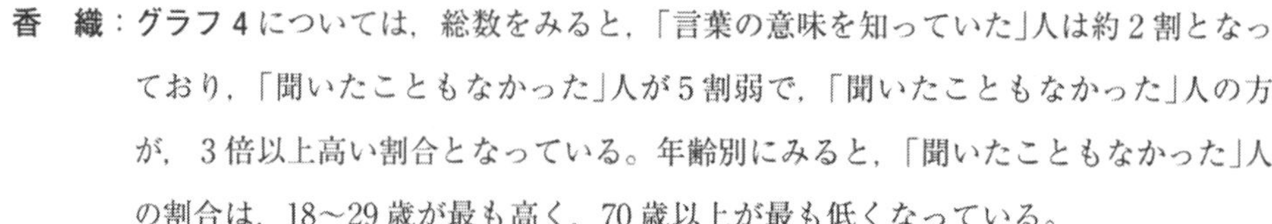

香　織：グラフ4については，総数をみると，「言葉の意味を知っていた」人は約2割となっており，「聞いたこともなかった」人が5割弱で，「聞いたこともなかった」人の方が，3倍以上高い割合となっている。年齢別にみると，「聞いたこともなかった」人の割合は，18～29歳が最も高く，70歳以上が最も低くなっている。

美由紀：グラフ4については，総数をみると，「言葉の意味を知っていた」人は約2割となっており，「意味は知らないが，言葉を聞いたことがあった」人は約3割となっている。年齢別にみると，「言葉の意味を知っていた」人の割合は，18～29歳が最も高く，70歳以上が最も低くなっている。

宏　樹：グラフ5を見ると，既に取り組んでいるまたは今後取り組んでみたいと思う取組みとして，「生産や流通で使用するエネルギーを抑えるため，地元で採れた旬の食材を味わう」や「エコラベルなどが付いた環境に優しい商品を選んで買う」は，5割以上の人が既に取り組んでいるまたは今後取り組んでみたいと回答している。

智　之：グラフ5を見ると，既に取り組んでいるまたは今後取り組んでみたいと思う取組みとして，「自然や生物について学ぶため，自然の体験，動物園や植物園で生物に触れる」は，5割以上の人が既に取り組んでいるまたは今後取り組んでみたいと回答している。しかし，「取り組みたいと思うことはない」という人も2割弱いる。

① 香　織　と　宏　樹
② 香　織　と　智　之
③ 美由紀　と　宏　樹
④ 美由紀　と　智　之

2 次の文章を読んで，**問１～問３**に答えよ。

2019年9月，Twitter(注１)上に突如「餓鬼(がき)」が出現した。「丁寧な暮らしをする餓鬼」というユーザー名で，骨と皮だけのやせ細った手足に，ぽっこり突き出たお腹，ぎょろりとした目つきの餓鬼，愛称・ガッキーが，梅干しを干したり，(a)七草がゆを食べて万病予防を願ったりする。ユーザー名の通り，彼の暮らしは丁寧だ。食べ物や住まいを大切にする彼からの学びは多い。それも飢えに苦しんだ経験のある餓鬼ゆえのことだろう。

そもそも「餓鬼」とは，仏教の教えに登場する，生前の悪業の報いで餓鬼道に落ちた亡者のこと。本来餓鬼は食べ物を食べられないが，ガッキーは日々善行を積んでいるので，好きなものを食べられるようだ。

作者の塵芥居士(ちりあくた・こじ)さんは，「ガッキーは『餓鬼草紙(餓鬼道世界を主題とした平安時代末期～鎌倉初期に描かれた日本の絵巻)』に登場する餓鬼をモデルにしています。ちょうど(b)お彼岸シーズンにツイートを始めると，お坊さん方が供養のために真言を引用リツイート(注２)して唱えてくるようになりました。」と話している。

ガッキーは丁寧に暮らしながら，たびたびトレンドに乗った生活をみせる。人気コーヒー店の行列に並んでみたり，ラーメンやスイーツの実物写真を載せることもある。もしかしたら彼は，食べ物に飢えている餓鬼ではなく，現代人が潜在的に持つ(c)自己顕示欲を渇望している餓鬼なのかもしれない。そんな彼の夢は「トモダチガ……ホシイ……」。今後彼の自己顕示欲が満たされ，真の(d)友達ができるのか。見守りつつ，これからの暮らしぶりを楽しみにしたい。

(注１) Twitter：ツイッター。ユーザーが「ツイート(つぶやき)」と呼ばれる短い記事を書き込み，ほかのユーザーがそれを読んで「いいね」という評価をしたり，返信をすることでコミュニケーションが生まれるインターネット上のサービス。
(注２) 引用リツイート：Twitterにおいて，他者のツイートにコメントを付けて共用する機能のこと。

(朝日新聞デジタル「好書好日」，「オリコンニュース」により作成)

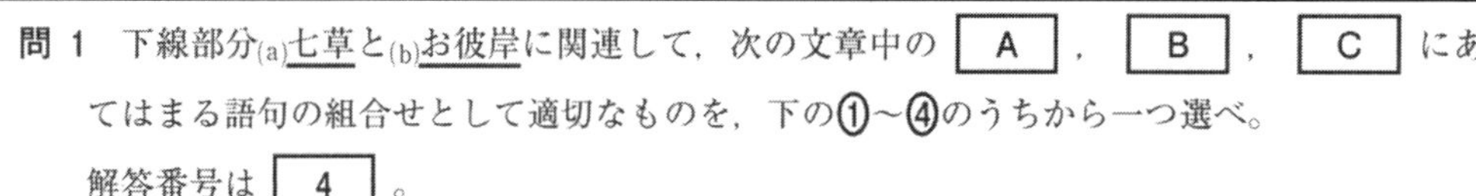

III

問 1　下線部分(a)七草と(b)お彼岸に関連して，次の文章中の [A]，[B]，[C] にあてはまる語句の組合せとして適切なものを，下の①～④のうちから一つ選べ。
解答番号は [4] 。

私たちの暮らしはお正月や七草，五節供（せっく）のような [A] に彩られています。[A] には貴族や武家の儀式からきているものや，節分やお彼岸のように暮らしに深くかかわるものなどがあります。これらを行う日を「[B]」(非日常)と呼び「[C]」(日常)と区別しますが，「[B]」の日を過ごすことで心身に潤いを与えて，明日への活力にしてきたのです。

	A	B	C
①	冠婚葬祭	ハレ	ケ
②	冠婚葬祭	ケ	ハレ
③	年中行事	ケ	ハレ
④	年中行事	ハレ	ケ

問 2　下線部分(c)自己顕示欲に関連して，次の文章を読み，マズローの欲求階層説における承認欲求を表現する具体例として適切なものを，下の①～④のうちから一つ選べ。
解答番号は [5] 。

「自己顕示欲」は，「承認欲求」の一種です。承認欲求とは，他者から自分を価値ある存在として認められたいとする欲求です。アメリカの心理学者マズローは，人間は自己実現に向かって成長すると仮定し，成長に伴って変化する人間の基本的欲求を5段階で示しました(図1)。最高位の欲求が自己実現欲求で，その一つ下の4段階目が承認欲求です。承認欲求は，他者から尊敬されたり，名声や注目を得ることで満たされます。それが表面に現れるのが自己顕示欲です。

(TRANS. Biz ホームページにより作成)

図1

① 今日は忙しくて昼食がとれず空腹なので，早く何か食べたい。
② Twitter でたくさん「いいね」という評価をもらいたい。
③ 好きな人と結婚して，幸せな家庭をつくりたい。
④ 旅先で野宿をするのは怖いので，ちゃんとした宿に泊まりたい。

問 3　下線部分(d)友達に関連して，次のグラフ１，グラフ２は「身近な友人や知人とのコミュニケーション手段」に関する質問への回答をまとめたものである。これらから読み取れる内容として適切なものを，次のページの①～④のうちから一つ選べ。解答番号は［ 6 ］。

グラフ１　身近な友人や知人とのコミュニケーション手段（目的別）

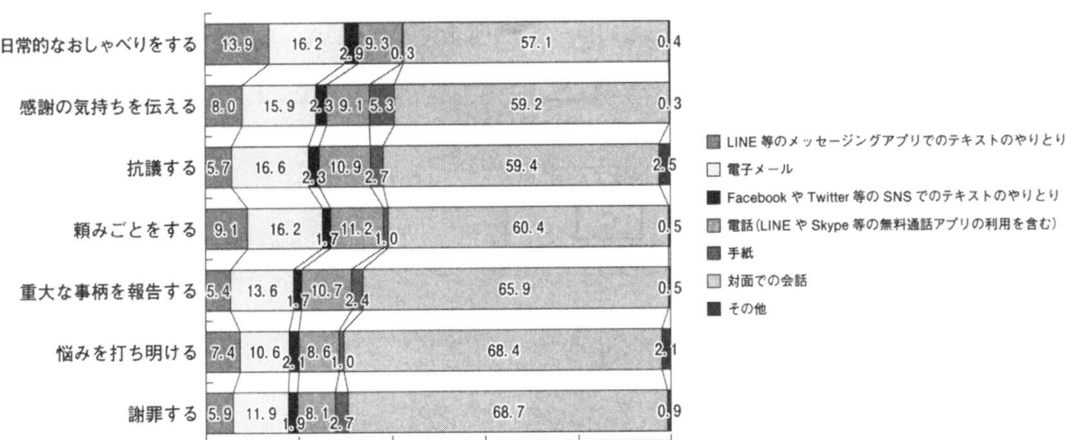

日常的なおしゃべりをする　13.9　16.2　2.9　9.3　0.3　57.1　0.4
感謝の気持ちを伝える　8.0　15.9　2.3　9.1　5.3　59.2　0.3
抗議する　5.7　16.6　2.3　10.9　2.7　59.4　2.5
頼みごとをする　9.1　16.2　1.7　11.2　1.0　60.4　0.5
重大な事柄を報告する　5.4　13.6　1.7　10.7　2.4　65.9　0.5
悩みを打ち明ける　7.4　10.6　2.1　8.6　1.0　68.4　2.1
謝罪する　5.9　11.9　1.9　8.1　2.7　68.7　0.9
0%　20%　40%　60%　80%　100%
LINE 等のメッセージングアプリでのテキストのやりとり
電子メール
Facebook や Twitter 等の SNS でのテキストのやりとり
電話（LINE や Skype 等の無料通話アプリの利用を含む）
手紙
対面での会話
その他

グラフ２　身近な友人や知人との，対面での会話を除いたコミュニケーション手段（年代別）

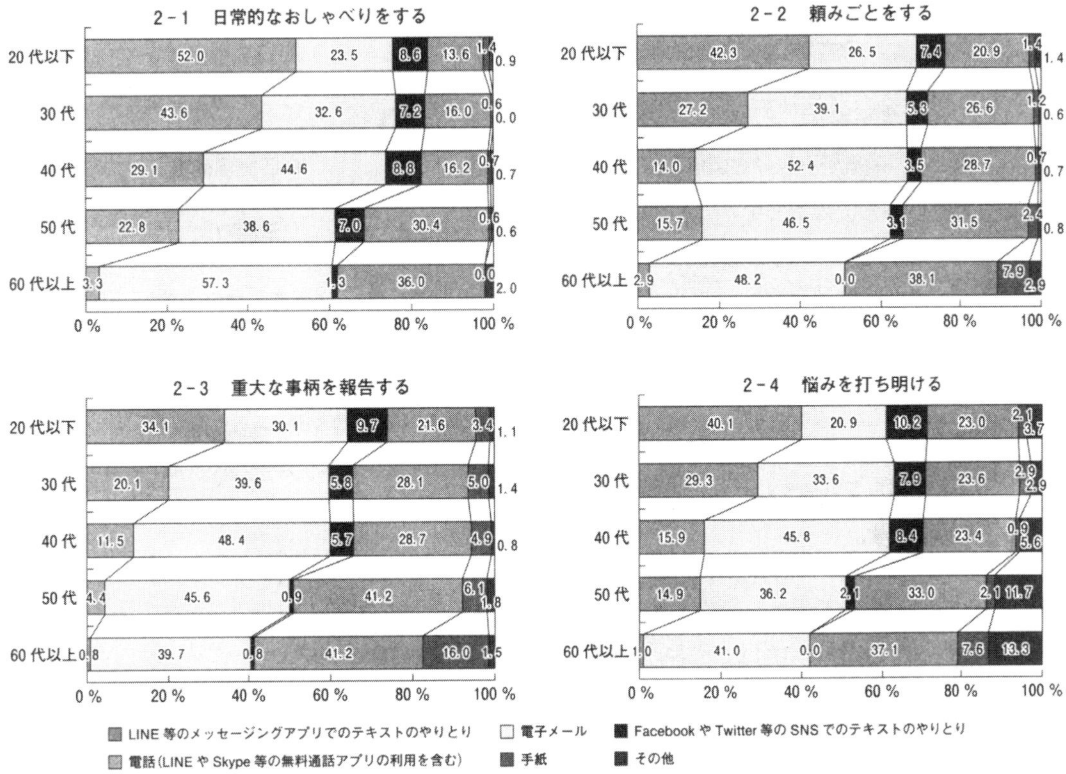

2－1　日常的なおしゃべりをする
20 代以下　52.0　23.5　8.6　13.6　1.4　0.9
30 代　43.6　32.6　7.2　16.0　0.6　0.0
40 代　29.1　44.6　8.8　16.2　0.7　0.7
50 代　22.8　38.6　7.0　30.4　0.6　0.6
60 代以上　3.3　57.3　1.3　36.0　0.0　2.0
2－2　頼みごとをする
20 代以下　42.3　26.5　7.4　20.9　1.4　1.4
30 代　27.2　39.1　5.3　26.6　1.2　0.6
40 代　14.0　52.4　3.5　28.7　0.7　0.7
50 代　15.7　46.5　3.1　31.5　2.4　0.8
60 代以上　2.9　48.2　0.0　38.1　7.9　2.9
2－3　重大な事柄を報告する
20 代以下　34.1　30.1　9.7　21.6　3.4　1.1
30 代　20.1　39.6　5.8　28.1　5.0　1.4
40 代　11.5　48.4　5.7　28.7　4.9　0.8
50 代　4.4　45.6　0.9　41.2　6.1　1.8
60 代以上　0.8　39.7　0.8　41.2　16.0　1.5
2－4　悩みを打ち明ける
20 代以下　40.1　20.9　10.2　23.0　2.1　3.7
30 代　29.3　33.6　7.9　23.6　2.9　2.9
40 代　15.9　45.8　8.4　23.4　0.9　5.6
50 代　14.9　36.2　2.1　33.0　2.1　11.7
60 代以上　1.0　41.0　0.0　37.1　7.6　13.3
0%　20%　40%　60%　80%　100%
LINE 等のメッセージングアプリでのテキストのやりとり
電子メール
Facebook や Twitter 等の SNS でのテキストのやりとり
電話（LINE や Skype 等の無料通話アプリの利用を含む）
手紙
その他

（総務省「社会課題解決のための新たな ICT サービス・技術への人々の意識に関する調査研究」（平成 27 年）により作成）

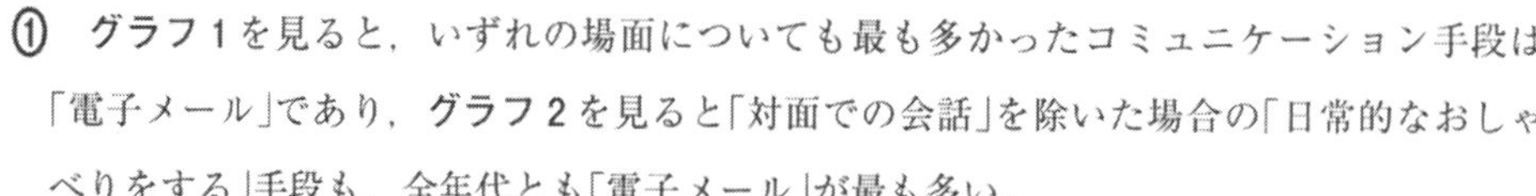

① **グラフ 1** を見ると，いずれの場面についても最も多かったコミュニケーション手段は「電子メール」であり，**グラフ 2** を見ると「対面での会話」を除いた場合の「日常的なおしゃべりをする」手段も，全年代とも「電子メール」が最も多い。

② **グラフ 1** を見ると，いずれの場面についても最も多かったコミュニケーション手段は「電子メール」だが，**グラフ 2** を見ると「対面での会話」を除いた場合の「頼みごとをする」手段は，60 代以上では「手紙」が最も多い。

③ **グラフ 1** を見ると，いずれの場面についても最も多かったコミュニケーション手段は「対面での会話」だが，**グラフ 2** を見ると「対面での会話」を除いた場合の「重大な事柄を報告する」手段は，全年代とも「電話（LINE や Skype 等の無料通話アプリの利用を含む）」が最も多い。

④ **グラフ 1** を見ると，いずれの場面についても最も多かったコミュニケーション手段は「対面での会話」だが，**グラフ 2** を見ると「対面での会話」を除いた場合の「悩みを打ち明ける」手段は，20 代以下では「LINE 等のメッセージングアプリでのテキストのやりとり」が最も多い。

3 次の会話文を読んで，**問1～問3**に答えよ。

駿祐：昨日見た夢に，「現代社会」の授業で学習した17～18世紀に社会契約説を主張して活躍した3人の人たちが出てきて，会話をしていたんだ。目が覚めた後に授業の復習をしながら夢の内容を思い出して，**メモ**に書いてみたんだ。

メモ

A：仮に，政府や王といった国家権力がない状態であったら，本来自由で平等な人々は，自分の欲求を追求しあってぶつかり合い戦争状態になるだろう。そうすると，自分の命や財産の確保も難しくなるだろう。だから政府や王が必要なのだ。その政府や王に，自分の自由や平等といった権利を全面的に譲渡し，その支配に服するべきなのだ。そうすれば，戦争状態の悲惨から逃れられるからだ。

B：そうだろうか。私はそのような考えには反対だ。なぜなら，人間は平和に共存できるからだ。人々が国家を必要とするのは，自分の生命・自由・財産の維持を確実にするために，個人の力だけでは足りない部分を国家に補ってもらうよう信託する契約をして統治してもらうためだ。国家に信託するということは，(a)選挙で自分たちの代表を選び，選ばれた代表者が政府となって自分たちの代わりに国家権力を用いて統治するということだ。

C：もし B の意見に従えば，人々は選挙の間は自由だが，いったん選挙が終わればその自由が終わるということになる。なぜなら，自分の主権は代表も分割もできないものだからだ。そのため，自分が政治に直接参加し自分たちの政治について決定するという力を行使すべきだ。人々は集合体(社会)に自分の自由や平等といった権利を譲り渡し，そのかわりに集合体の運営に参加する権利を持つのである。

由美：夢に出てきた17～18世紀のこの人たちは，より良い社会をつくるしくみについてそれぞれの考えを主張していたんだね。彼らの考えに表れた，「人間は誰もが生まれつき自由で平等な存在であり，国家はそれを守るための契約のもとに成立している」ということは，21世紀においても社会をつくる基盤となるものだね。

駿祐：そうだね。その考え方は現在の日本にも引き継がれ，(b)人種や性別等の違いを超えた普遍的なものになっているね。

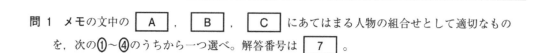

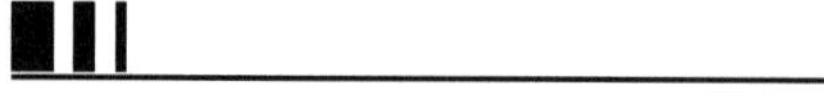

問１　メモの文中の　A　，　B　，　C　にあてはまる人物の組合せとして適切なものを，次の①～④のうちから一つ選べ。解答番号は　7　。

	A	B	C
①	ロック	ホッブズ	ルソー
②	ホッブズ	ルソー	ロック
③	ルソー	ロック	ホッブズ
④	ホッブズ	ロック	ルソー

問 2 下線部分(a)選挙に関連して，次の会話文を読み，会話文中の D ， E ， F にあてはまる国名の組合せとして適切なものを，下の①～④のうちから一つ選べ。
解答番号は 8 。

愛花：普通選挙の実現の歴史について調べ，**グラフ1**にまとめてみました。作成した**グラフ1**を見てください。普通選挙の実現の時期は国によって様々ですね。

グラフ1　各国の普通選挙の実現の歴史について

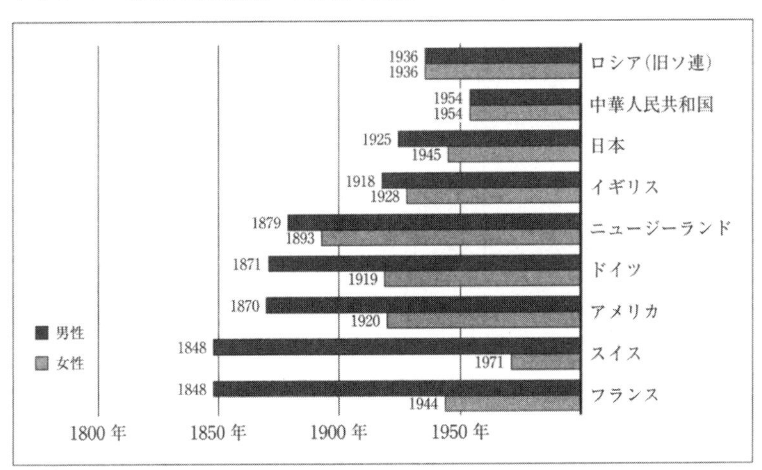

颯太： D とスイスは男性普通選挙の実現は同年ですが，女性普通選挙の実現は D の方が早いです。

真央： E は D よりも早く市民革命を達成したけれど，男性普通選挙の実現は D よりも遅いのですね。また， E はドイツよりも1年早く男性普通選挙を実現させたのに，女性普通選挙の実現はドイツよりも1年遅いです。

大地：イギリスは**グラフ1**中の国々の中でもかなり早い段階で議会制度を整えましたが，普通選挙の実現は男女とも20世紀に入ってからなので決して早くはありませんでした。

愛花：**グラフ1**中の国々の中で19世紀中に男女の普通選挙を実現させたのは F だけです。

大地：時期は様々ですが，各国が普通選挙実現に向けて歩みを進めてきたことがわかりました。次は日本の様子を見てみようと思います。

	D	E	F
①	アメリカ	フランス	ニュージーランド
②	アメリカ	ニュージーランド	フランス
③	フランス	ニュージーランド	アメリカ
④	フランス	アメリカ	ニュージーランド

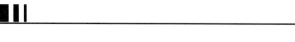

問 3　下線部分(b)人種や性別等の違いを超えた普遍的なものに関連して，次のグラフ 2 から読み取れる内容として適切なものを，下の①～④のうちから一つ選べ。解答番号は 9 。

グラフ 2　衆議院議員総選挙における候補者，当選者に占める女性の割合の推移

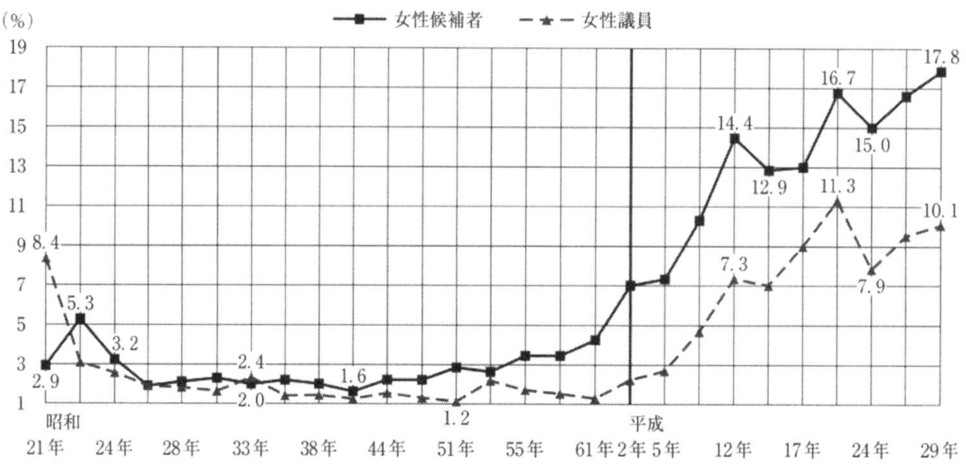

（注）　女性普通選挙権が実現されて最初の選挙は昭和 21 年の選挙である。
（総務省「衆議院議員総選挙・最高裁判所裁判官国民審査結果調」により作成）

① 女性普通選挙が実現して以来，女性議員の割合は一貫して増加している。

② 昭和のときには女性議員の割合は一度も 10 % に達していないが，平成に入ってから，二度 10 % に達した。

③ 女性候補者割合は，女性普通選挙が実現して最初の選挙のときが最も高い。

④ 前回の総選挙と比べて女性候補者割合が増えたときは，女性議員割合も必ず増えている。

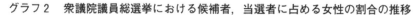

4 次の文章を読んで，問1～問3に答えよ。

現代の社会では，法に基づいて秩序が維持されています。法について分類すると，まず法は［A］と実定法に分けることができます。［A］とは，人間の理性に基づいた，時代や場所を越えて存在する普遍の法のことです。それに対して実定法とは，人間によってつくられた法のことです。実定法は，文章化されているか否かによって成文法と不文法に分けることができます。また実定法は，国家間の関係を規律する国際法と，国内で効力をもつ国内法に分けることができますが，国内法のうち，国家の基本構造を定めた法が憲法です。

憲法の役割は国家権力を制限することであり，国民の(a)基本的人権を守るために，憲法に基づいて政治を行い国家権力の専横を防ぐという考え方を立憲主義といいます。したがって，立憲主義に基づく憲法には，「人権としてどのような権利を保障するのか」ということと，「どのようにして国家権力を抑制するのか」ということが示される必要があり，保障される人権を定めておくことと，国家権力をその機能と組織に応じて分割し配分することを定めておくことが求められます。フランス人権宣言第16条の「［B］」という言葉は，このことを表しています。

近代以降，このような立憲主義に基づく憲法が各国で制定されました。一方，近代化が比較的遅かった国では，プロイセン憲法や(b)大日本帝国憲法など，君主権が強く，国家権力の制限が徹底されていない憲法もつくられました。これらの憲法には基本的人権は盛り込まれず，君主が国民に対して，恩恵として権利を与えるという形式がとられ，人権保障としては不十分なものでした。基本的人権の保障が確保されるためには，国家権力を制限する立憲主義の考え方はとても重要なものなのです。

問 1　文章中の A ， B にあてはまるものの組合せとして適切なものを，下の①～④のうちから一つ選べ。解答番号は 10 。

A にあてはまる選択肢

ア　判例法

イ　自然法

B にあてはまる選択肢

ウ　すべて権力は人民に存し，したがって人民に由来するものである

エ　権利の保障が確保されず，権力の分立が規定されないすべての社会は，憲法をもつものではない

	A	B
①	ア	ウ
②	ア	エ
③	イ	ウ
④	イ	エ

問 2 下線部分(a)基本的人権に関連して，次の**生徒のレポート**中の C ， D ， E にあてはまる語句の組合せとして適切なものを，下の①～④のうちから一つ選べ。
解答番号は 11 。

生徒のレポート

日本国憲法は第 20 条で信教の自由を保障しています。また，「国及びその機関は，宗教教育その他いかなる宗教的活動もしてはならない」として， C の原則を定めています。この原則をめぐっては，これまでに裁判も起こされています。

C にかかわる裁判について，最高裁判所は，判断基準として目的効果基準という考え方を採用しました。目的効果基準では，その行為が宗教的な目的をもち，特定の宗教に対する援助や圧迫になるかどうかが，憲法の禁じる宗教的活動にあたるか否かの判断基準とされました。

例えば，津地鎮祭(じちんさい)訴訟では，津市が市立体育館の建設にあたって神道式の地鎮祭を行ったことが，宗教的活動にあたるかどうかが争われました。この訴訟で，最高裁判所は目的効果基準に基づいて，地鎮祭は一般的に行われている世俗的な慣習であって宗教的意義はなく，また特定の宗教を援助したり圧力を加えたりするものではないので，津市が地鎮祭を行ったことは D であると判断しました。

また，愛媛玉串料(たまぐしりょう)訴訟では，愛媛県が靖国神社の例大祭などに「玉串料」などとして公金を支出したことが，宗教的活動にあたるかどうかが争われました。最高裁判所は，目的効果基準によって，靖国神社の例大祭などは宗教的意義をもち，県がその儀式に公金を支出することは特定の宗教的儀式とかかわることになるため， E であると判断しました。

	C	D	E
①	政教一致	合憲	違憲
②	政教一致	違憲	合憲
③	政教分離	合憲	違憲
④	政教分離	違憲	合憲

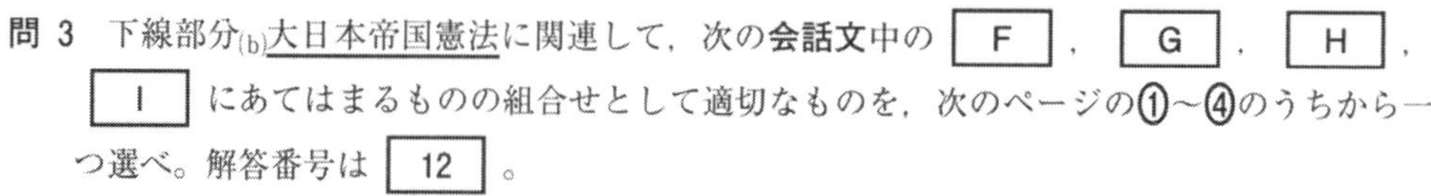

問 3　下線部分(b)大日本帝国憲法に関連して，次の**会話文**中の F ， G ， H ， I にあてはまるものの組合せとして適切なものを，次のページの①～④のうちから一つ選べ。解答番号は 12 。

会話文

理子：大日本帝国憲法は，外見的立憲主義の憲法だといわれます。外見的立憲主義とはどういうことですか。

先生：外見的立憲主義とは，表向きは立憲主義の形態をとっているが，実際には立憲主義になっていないということです。**資料1**は大日本帝国憲法の章の構成を示しています。この章立てを見て，大日本帝国憲法は立憲主義の憲法になっているといえるでしょうか。

伸也：**資料1**を見ると，第2章が「臣民権利義務」となっており，臣民の権利の規定があります。また，第3章の「帝国議会」，第4章の「国務大臣及枢密顧問」，第5章の「司法」で三権分立が定められており，権力の分立もとられているので立憲主義の憲法になっているということができるのではないでしょうか。

資料1

第1章	天皇
第2章	臣民権利義務
第3章	帝国議会
第4章	国務大臣及枢密顧問
第5章	司法
第6章	会計
第7章	補則

先生：そうですね。章の構成は立憲主義の形をとっています。では，もう少し詳しく見ていきましょう。**資料2**は大日本帝国憲法の条文を抜粋したものです。大日本帝国憲法では，どのような臣民の権利が保障されているでしょうか。

資料2

第1章
　第3条　天皇ハ神聖ニシテ侵スヘカラス
　第4条　天皇ハ国ノ元首ニシテ統治権ヲ総攬シ此ノ憲法ノ条規ニ依リ之ヲ行フ
　第5条　天皇ハ帝国議会ノ協賛ヲ以テ立法権ヲ行フ
第2章
　第22条　日本臣民ハ法律ノ範囲内ニ於テ居住及移転ノ自由ヲ有ス
　第23条　日本臣民ハ法律ニ依ルニ非スシテ逮捕監禁審問処罰ヲ受クルコトナシ
　第25条　日本臣民ハ法律ニ定メタル場合ヲ除ク外其ノ許諾ナクシテ住所ニ侵入セラレ及捜索セラルルコトナシ
　第26条　日本臣民ハ法律ニ定メタル場合ヲ除ク外信書ノ秘密ヲ侵サルルコトナシ
　第27条①　日本臣民ハ其ノ所有権ヲ侵サルルコトナシ
　第28条　日本臣民ハ安寧秩序ヲ妨ケス及臣民タルノ義務ニ背カサル限ニ於テ信教ノ自由ヲ有ス
　第29条　日本臣民ハ法律ノ範囲内ニ於テ言論著作印行集会及結社ノ自由ヲ有ス
第3章
　第37条　凡テ法律ハ帝国議会ノ協賛ヲ経ルヲ要ス
第4章
　第55条①　国務各大臣ハ天皇ヲ輔弼シ其ノ責ニ任ス
第5章
　第57条①　司法権ハ天皇ノ名ニ於テ法律ニ依リ裁判所之ヲ行フ

信介：資料2の臣民の権利についての条文を見ると，［F］の規定があることがわかります。

先生：そうですね。しかしこれらの権利は，臣民の権利として法律の範囲内でしか保障されず，人権の保障としては不十分であったといえます。では，権力の分立についてはどうでしょうか。帝国議会についてはどのように規定されていますか。

真美：第5条と第37条にはともに「帝国議会ノ［G］」という文言があります。これはどういうことですか。

先生：［G］とは「同意の意思表示をすること」で，帝国議会は天皇が立法権を行使する上で必要な意思表示をする［G］機関だったのです。次に，行政についてはどうですか。

理子：第55条を見ると，「国務各大臣ハ天皇ヲ［H］シ」とあります。［H］とは，「助言をして助けること」ですね。

先生：そのとおりです。国務各大臣は天皇が政治を行うのを助ける［H］機関でした。司法についてはどうですか。

伸也：司法権にも天皇の影響が見られますね。第57条には，司法権は「天皇ノ名ニ於テ」裁判所が行うと定められています。

信介：第3条を見ると，天皇は「神聖ニシテ侵スヘカラス」と規定されています。また第4条を見ると，天皇は「統治権ヲ総攬シ」となっています。総攬とは「一手に握ること」という意味ですね。これらは，日本国憲法の第4条が，天皇は「［I］のみを行ひ」と規定しているのと対比的であるように思えます。

先生：そうですね。日本国憲法とは異なり，大日本帝国憲法は，構成上は三権分立をとっていましたが，統治権は最終的に天皇に属するものだったのです。

真美：国の政治のあり方を最終的に決める力は天皇が持っていたということですね。大日本帝国憲法は，外見上は立憲主義の形をとっているけれど，実際には人権の保障と権力の分立が不徹底で君主権が強いことから，外見的立憲主義といわれるのですね。

	F	G	H	I
①	自由権	輔弼	協賛	軍の統帥
②	自由権	協賛	輔弼	国事に関する行為
③	自由権と社会権	輔弼	協賛	国事に関する行為
④	自由権と社会権	協賛	輔弼	軍の統帥

5 次の文章を読んで，**問 1 〜問 5** に答えよ。

モノを売ったり買ったりするとき，職業を選ぶとき，お金を稼ぐとき，または(a)お金を蓄えるときなど，私たちが経済活動を営む際に何を選択するかは基本的に自由である。資本主義経済は自由を基本とする経済体制であり，私有財産制，利潤追求の自由，契約の自由などがその基本原理とされている。

18 世紀後半のイギリスで成立した資本主義経済は，アダム＝スミスによってその特徴が理論的に明らかにされた。彼は人々が経済活動を営む際，それぞれの利己心に基づいて自由な市場で行動すれば，「見えざる手」に導かれるように商品の過不足が調整され，結果的に社会の富が増えると考え，自由放任主義を唱えたのである。

19 世紀，産業革命を経た資本主義経済は，フランスやドイツ，アメリカにも広がった。これらの国々では，工業化の急速な進展と生産力の飛躍的な拡大がみられ，(b)産業の中心は農業から工業へ，その担(にな)い手は農民から資本家・労働者へと転換した。そのような中，資本主義経済のマイナス面がはっきりとあらわれるようになってきた。生産規模の拡大とともに景気変動が激しくなり，その結果深刻な不況がたびたび起こって多くの失業者が発生した。また，少数の大企業が市場を支配する **A** があらわれ，価格調整のしくみが十分に機能しなくなってきた。

20 世紀に入ると資本主義経済はさらに拡大したが，景気変動はより激しさを増し，1929 年にアメリカで起こった大恐慌はその後各国に波及し，大量の失業者を出した。そこでアメリカの大統領ルーズベルトは，ニューディール政策によって景気回復を試みた。政府が積極的に市場に介入して財政支出を増やすことなどで，有効需要が拡大して景気回復と完全雇用が実現されることを理論で裏付けたのは，イギリスの経済学者ケインズである。このように 20 世紀には，自由放任主義にかわって政府が市場介入して問題を解決する修正資本主義が成立した。

第二次世界大戦後の資本主義諸国は，裁量的な財政金融政策や(c)社会保障支出等によって景気の波をコントロールしながら，高度経済成長を達成した。しかし，1970 年代の石油危機によって各国は不況とインフレーションの併存に苦しめられ，またその後の度重なる財政政策の発動や，社会保障支出の増大によって財政赤字が増大する国もあった。アメリカの経済学者フリードマンは，ケインズの理論を批判し，政府による経済への介入は必要最小限にするべきだと主張した。さらに 1980 年代にはイギリスのサッチャー政権のように，規制緩和や **B** ，社会保障支出の削減を通じて国家の役割を縮小する新自由主義が世界的潮流となった。(d)市場の役割を重視する新自由主義によって経済活動は活性化されたが，一方で貧富の差の拡大や貧困率の上昇などの弊害をもたらしたと指摘されている。それらの対策を行う政府の役割をどう見直すべきか，市場と政府の関係についての模索が続いている。

問 1 文章中の A ， B にあてはまる語句の組合せとして適切なものを，次の①〜④のうちから一つ選べ。解答番号は 13 。

	A	B
①	完全競争市場	民営化
②	寡占市場	民営化
③	完全競争市場	国営化
④	寡占市場	国営化

問 2　下線部分(a)お金を蓄えるに関連して，ある生徒が作成した次の**レポート**を読んで，下の**図 1**，**図 2** 中の [C]，[D]，[E]，[F] にあてはまる語句の組合せとして適切なものを，下の①～④のうちから一つ選べ。解答番号は [14]。

※文部科学省の訂正に基づき，問題として成立するよう文章中の言葉を修正のうえ掲載しています。

レポート

私はこのレポートで，金融資産についてまとめました。

金融資産とは，将来に備えるなどの理由で蓄えているお金などのことをいいます。金融資産には，貯めることを重視した「貯蓄」と増やすことを重視した「投資」があり，「貯蓄」の具体的なものには預金・貯金，「投資」の具体的なものには株式，債券，投資信託などがあります。これらについて調べていたら，次のようなことがわかりました。

まず金融資産のリターンとリスクについてです。リターンとは金融資産が運用されることによって得られる利益のことです。一方，リスクとはリターンがどうなるか不確実であることを指し，「損をする可能性」ともいえます。このリスクとリターンは密接に関わっており，一般に，リスクを小さくしようとすればリターンは小さくなり(ローリスク・ローリターン)，大きなリターンを得ようとすればリスクは大きくなる(ハイリスク・ハイリターン)という関係にあります。**図 1** は，一般的な金融資産のリスクとリターンの関係を示したものですが，この図によれば，株式がハイリスク・ハイリターンで，逆に預金・貯金がローリスク・ローリターンだといえます。

次に，日米の家計の金融資産構成を調べてみました。すると，国によってその割合が違うことがわかりました。**図 2** をみると，日本では現金・預金の割合が半数を超えているのに対して，アメリカでは 20 % にも満たないことがわかります。一方，アメリカでは株式等の割合が 2 番目に高いのに対して，日本では10%であることがわかります。

図 1　リスクとリターンの関係

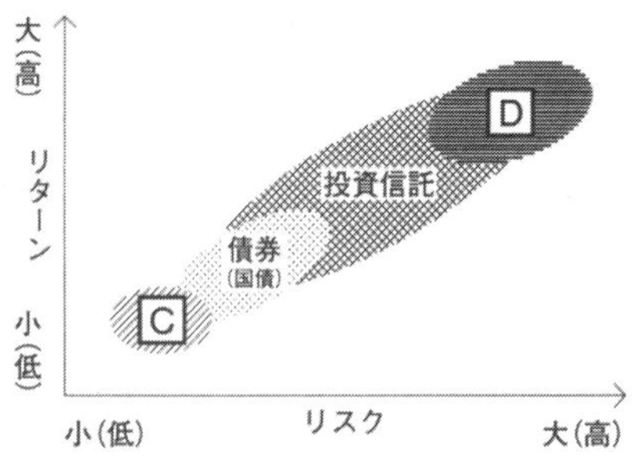

(日本証券業協会「資産運用と証券投資・スタートブック」により作成)

図 2　家計の金融資産構成

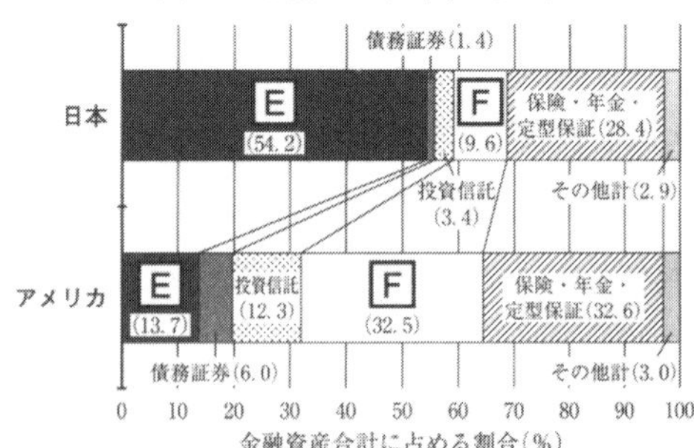

(注)「その他計」は，金融資産合計から，「現金・預金」，「債務証券」，「投資信託」，「株式等」，「保険・年金・定型保証」を控除した残差。

(日本銀行調査統計局「資金循環の日米欧比較」2020 年 8 月により作成)

	C	D	E	F
①	預金・貯金	株式	現金・預金	株式等
②	預金・貯金	株式	株式等	現金・預金
③	株式	預金・貯金	現金・預金	株式等
④	株式	預金・貯金	株式等	現金・預金

問 3　下線部分(b)産業の中心は農業から工業へに関連して，次の表 1，グラフ 1，グラフ 2，グラフ 3 から読み取れる内容として適切なものを，下の①〜④のうちから一つ選べ。
解答番号は　15　。

表 1　日本の経済指標 3 項目の推移

項目＼年	1950	1970	1990	2018
国内総生産(兆円)	4.0	73.2	424.5	547.1
総人口(千人)	83,200	103,720	123,611	126,443
就業者人口(千人)	35,720	52,042	62,490	66,640

（注 1）　1950 年と 1970 年の国内総生産は国民総生産を表す。

グラフ 1　年齢別人口構成比

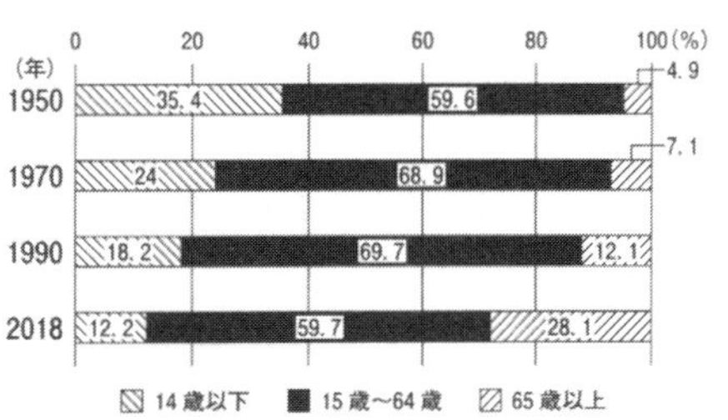

グラフ 2　経済活動別就業者人口の構成比

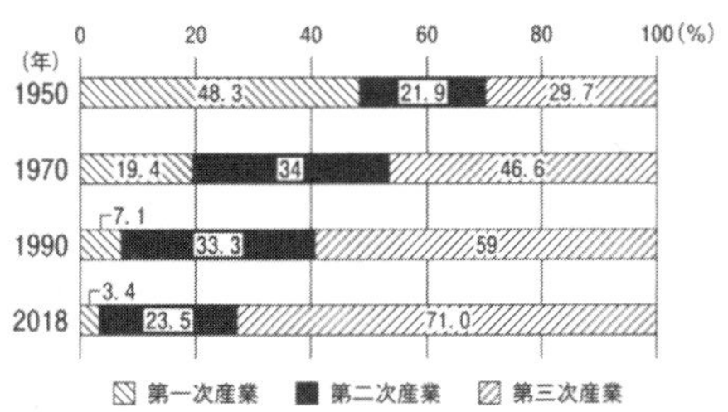

（注 2）　就業者人口とは，労働力人口のうち就業している者の人口のことである。

グラフ 3　経済活動別国内総生産の構成比

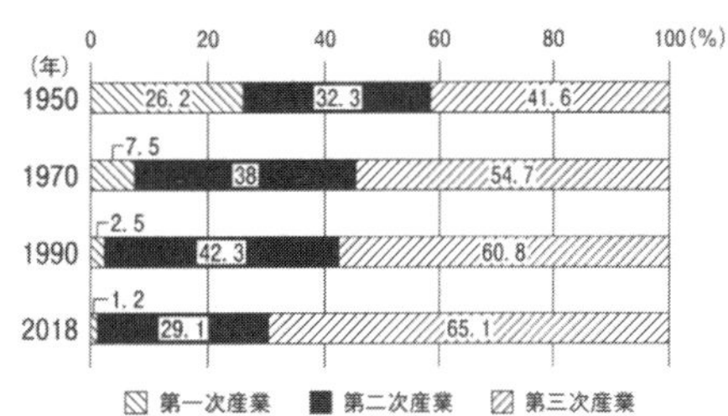

（注 3）　統計上の不突合を含む。

（『読売年鑑』，『日本国勢図会』などにより作成）

① 表 1 中の総人口と就業者人口をみると，1950 年から 2018 年まで一貫して増加しており，2018 年の総人口と就業者人口は，いずれも 1950 年の総人口と就業者人口の 2 倍を超えていることがわかる。

② 表 1 中の国内総生産をみると，1950 年から 2018 年まで一貫して拡大しており，グラフ 3 における第二次産業の構成比も，1950 年から 2018 年まで一貫して拡大していることがわかる。

③ グラフ 1 の 1950 年と 2018 年を比較すると，15 歳〜64 歳が全体に占める割合は 59.6 % と 59.7 % であるが，14 歳以下が全体に占める割合は 5 倍以上に拡大し，65 歳以上が全体に占める割合は半分以下に縮小していることがわかる。

④ グラフ 2 とグラフ 3 の第一次産業を同じ年どうしで比較してみると，いずれの年においても，グラフ 2 の就業者人口に占める第一次産業の構成比の方が，グラフ 3 の国内総生産に占める第一次産業の構成比よりも大きいことがわかる。

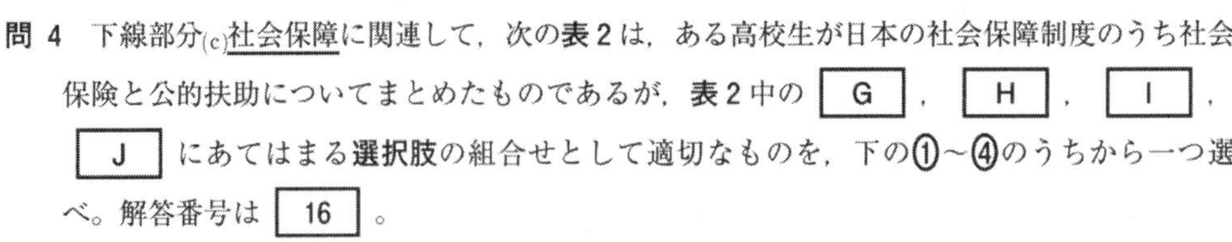

問 4　下線部分(c)社会保障に関連して，次の**表 2** は，ある高校生が日本の社会保障制度のうち社会保険と公的扶助についてまとめたものであるが，**表 2** 中の　G　，　H　，　I　，　J　にあてはまる**選択肢**の組合せとして適切なものを，下の①～④のうちから一つ選べ。解答番号は　16　。

表 2

社会保険	
将来の危険性に備えてあらかじめ加入し，その条件が発生したときに給付を受ける制度である。原則として国民一般または特定の業種の人たちが強制加入する。現在，次の 5 種類がある。	
G	病気・けが・出産などで必要となる支出や損失分に対して一定の給付を行うもの。
H	高齢になったり障がいをもったりしたときに，その生活を保障するもの。
I	失業したときに，以前の賃金の一定割合を支給することなどを目的とするもの。
介護保険	寝たきりや認知症などで要介護認定や要支援認定を受けた人への介護支援サービスを目的とするもの。
労災保険	労働者の業務上の傷病や死亡に対して保障給付をするもの。

公的扶助
生活困窮者に対して，一定水準の生活を保障するものである。費用は　J　で負担する。その中心となるのが，生活保護である。

選択肢

ア　雇用保険

イ　医療保険

ウ　年金保険

エ　全額を国と地方公共団体の租税

オ　満 20 歳から支払っている保険料と国と地方公共団体の租税

	G	H	I	J
①	ア	イ	ウ	エ
②	イ	ウ	ア	エ
③	ア	イ	ウ	オ
④	イ	ウ	ア	オ

問 5 下線部分(d)市場の役割に関連して，次の**レポート**中の K ， L にあてはまるものを下の**ア**，**イ**，**ウ**，**エ**から選び，その組合せとして適切なものを，次のページの①～④のうちから一つ選べ。解答番号は 17 。

レポート

市場で取引される財やサービスの価格は，需要と供給の数量が一致したところで決定すると考えられています。もし需要と供給が一致しないときは，価格が上昇または下落して両者を一致させます。このしくみを価格の自動調整作用といいます。そしてこのように決定された価格のことを均衡価格といい，それが導き出される過程は需要曲線または供給曲線のシフト(移動)によって表すことができます。

例として，日本の原油輸入先の国が政治情勢不安定になり，原油輸入量が減少して日本における石油関連商品の価格が上昇したときのことを考えてみましょう。これを図示(説明)すると， K のパターンとなります。

もう一つの例として，ある野菜が健康に良いという情報が消費者の間に広がり，その野菜の販売量が増加して価格が上昇したときのことを考えてみましょう。これを図示(説明)すると， L のパターンになります。

ア　供給曲線が右にシフト(移動)する

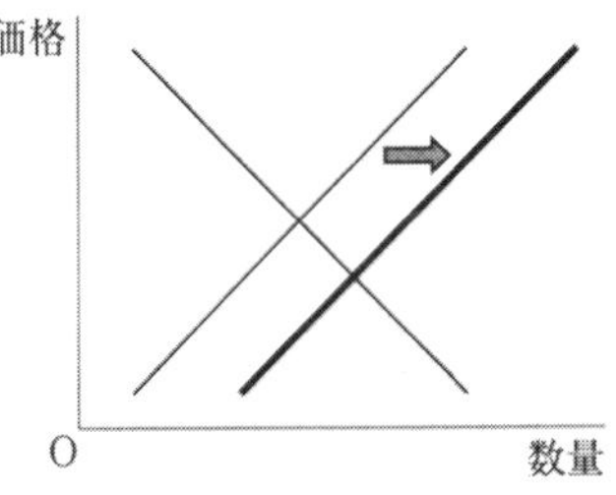

イ　供給曲線が左にシフト(移動)する

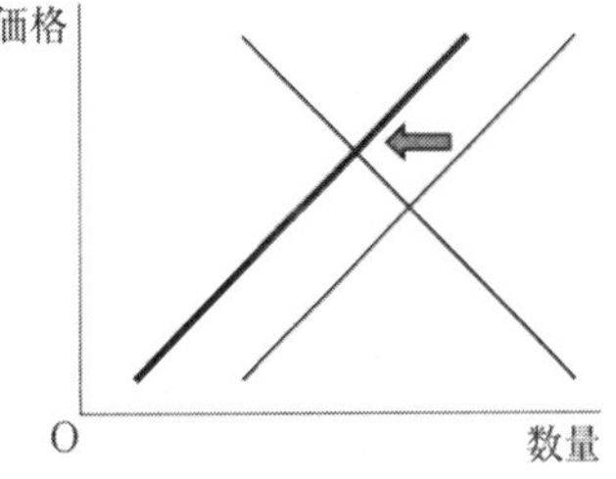

ウ　需要曲線が右にシフト(移動)する

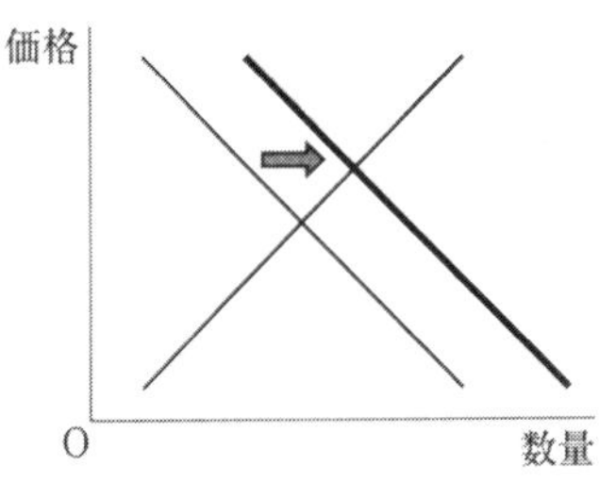

エ　需要曲線が左にシフト(移動)する

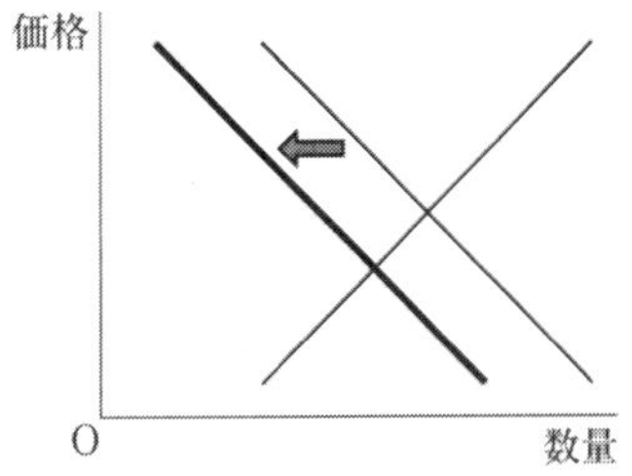

	K	L
①	ア	ウ
②	ア	エ
③	イ	ウ
④	イ	エ

6 次の生徒が書いた**レポート1**を読んで，**問1〜問5**に答えよ。

レポート1

（ザイール（現コンゴ）東部の町ブカブにある難民キャンプで，
ルワンダ難民の歓迎を受ける緒方貞子国連難民高等弁務官。）

私は上の写真をみて，左側の女性がなぜ多くの人に慕われているのかを調べてみようと思いました。

女性の名前は緒方貞子さんです。彼女は大学で(a)政治学を教えていましたが，1975年の国際女性年（国際婦人年）に日本ではじめての女性の国連公使として国際連合に派遣されました。

その後，国連児童基金（UNICEF），国連人権委員会日本政府代表を経て，日本人としても，女性としてもはじめての国連難民高等弁務官に1991年に就任しました。弁務官は難民の地位に関する条約等に基づいて難民などの保護や諸問題の解決を任務にしています。その弁務官を補佐する組織が国連難民高等弁務官事務所（UNHCR）です。

彼女が弁務官になった年に起きたのが湾岸戦争です。この時に発生したイラク北部のクルド人の避難民は，イラクの隣国トルコに入国を拒否されたため，イラク国内にとどまることになりました。それまでの国連難民高等弁務官事務所は，住んでいた国から国境を越えて逃げた避難民のみを難民として支援していましたが，彼女は国内避難民も支援対象にする決断を下し，クルド人避難民に支援を開始します。

彼女が弁務官を務めた(b)1991年から2000年は，東西対立の時代が終了し，(c)EUが発足するなど国際社会が大きく変化した時代でした。同時に宗教や民族などを原因とする(d)戦争や地域紛争が多発するようになった時代でもありました。

彼女はルワンダの大量虐殺にはじまる第一次コンゴ戦争や，旧ユーゴスラビアのコソボ紛争などの現場を飛び回ることになります。「いろいろ違いがあっても，社会に(e)不平等さえなければ人はなんとかやっていくのではないか」と言って問題に取り組んだ緒方さんの姿勢には胸が熱くなりました。

問 1　下線部分(a)政治に関連して，次の文章中の A ， B ， C にあてはまる語句の組合せとして適切なものを，下の①～④のうちから一つ選べ。解答番号は 18 。

国の政治のあり方を最終的に決める力を A という。それを持つ国に対する内政干渉はゆるされない。しかし，国際化が進行する現代の社会では各国が協力して問題に取り組むことが必要である。そのため条約などを結び，それをまもるために自ら国の法律や政治を変えることがある。このようにして国際社会は各国の A を尊重しながら国際協調を進めている。

例えば 1975 年の国際女性年や同年に開かれた第 1 回世界女性会議などをきっかけに B が 1979 年に国連で採択され，1981 年に発効した。この条約は，法的な平等だけでなく，経済的・社会的・文化的にも性による優位性が発生しないようにすることを加盟国に求めている。

この条約に署名した日本は，1985 年に男女雇用機会均等法を制定し，女性の社会進出が加速した。日本でも女性の社会進出や権利獲得のための運動は脈々と続けられてきたが，この条約が後押しをしたのである。

しかし国連で決まった条約であっても，条約に参加しない国が存在する場合がある。例えば 1996 年に採択された，宇宙を含むすべての空間での核爆発の実験を禁止する C は，発効の条件とされる核保有国等が条約に署名していないため，現在でも発効していない。

	A	B	C
①	立法権	女子差別撤廃条約	第二次戦略兵器削減条約(START Ⅱ)
②	立法権	国際労働条約	包括的核実験禁止条約(CTBT)
③	主権	女子差別撤廃条約	包括的核実験禁止条約(CTBT)
④	主権	国際労働条約	第二次戦略兵器削減条約(START Ⅱ)

問 2 下線部分(b)1991 年から 2000 年に関連して，次の**年表**は生徒がこの間に起こった国際的な出来事をまとめたものである。**年表**内の出来事についての説明として適切な文章を下の①〜④のうちから一つ選べ。解答番号は 19 。

年表

1991 年	○湾岸戦争
	○南アフリカでアパルトヘイト撤廃
	○ソビエト連邦解体
1992 年	○ユーゴスラビア連邦分裂
	○カンボジア PKO に自衛隊派遣
1993 年	○EU 発足
1995 年	○WTO 設立
1997 年	○香港(ほんこん)が中国に返還
1999 年	○NATO 軍によるユーゴ空爆

① ソビエト連邦の解体をきっかけに社会主義の東側諸国で民主化運動が起こり，ドイツではベルリンの壁が破壊され，東西ドイツは一つに統合された。

② 南アフリカでアパルトヘイト(人種隔離政策)が撤廃されたことをきっかけにアジア・アフリカ会議が開かれ，南アフリカのネルソン＝マンデラ大統領の唱えた平和十原則が決定された。

③ 多角的貿易交渉である GATT ウルグアイ・ラウンドが終結したことを受けて翌年 WTO(世界貿易機関)が設立され，GATT の役割を引き継ぐことになった。

④ 香港(ほんこん)が中国に返還された。第二次世界大戦まで香港はイギリスの植民地であったが，これを引き継いでいたアメリカから中国に香港が返還され，これをきっかけにアジア通貨危機が起こった。

問 3 下線部分(c)EU について述べた次の生徒が書いた**レポート 2** 中の D ， E ， F にあてはまる語句の組合せとして適切なものを，下の①～④のうちから一つ選べ。解答番号は 20 。

レポート 2

2020 年，イギリスが EU を離脱しました。イギリスは EU 共通通貨の D ではなく，ポンドを自国通貨として使用しています。そのため，中央銀行が国債などの有価証券を売り買いする公開市場操作のような E を一国独自で行えます。その一方で EU の巨大な市場に自由に参加できたのです。

しかし EU がすすめる難民や移民の受け入れにより，人々の仕事がなくなる，治安が悪化する，などの声がイギリスや他の EU 加盟国の中で大きくなってきました。

このような状況の下，イギリスでは 2016 年に行った F で離脱賛成が過半数を上回り，EU 離脱に向けて動き始めました。投票前の予測では，EU 残留派が勝つと思われていましたが，離脱派のキャンペーンが，EU 残留のメリットを見失わせてしまったのです。

	D	E	F
①	ユーロ	金融政策	国民投票
②	ユーロ	財政政策	総選挙
③	SDR	財政政策	総選挙
④	SDR	金融政策	国民投票

問 4　下線部分(d)戦争や地域紛争に関連して，次の生徒が書いたレポート3を読んで文章中の G ， H ， I にあてはまる語句の組合せとして適切なものを，次のページの①～④のうちから一つ選べ。解答番号は 21 。

レポート3

第一次世界大戦後，ドイツの独裁者となったヒトラーは，支配地域の G 人の財産を没収し，**写真1**にあるようなゲットーとよばれる狭い地域に押し込め，やがてアウシュヴィッツをはじめとする強制収容所で大量虐殺を行いました。

第二次世界大戦後， G 人は中東にイスラエルを建国し，移住を開始します。しかし以前からその地域に住んでいたムスリム(イスラーム教徒)の H 人を圧迫したために，周辺のアラブ諸国と四次にわたる中東戦争を引き起こしました。その後，イスラエルは H 人が住む自治区を囲むように**写真2**のような壁を建設します。現在でも H 側によるテロと，イスラエルによる報復攻撃が続き，双方に子どもを含む多くの死者が出ています。

写真1
ゲットーに建設された壁を内側から撮影したもの。

写真2
イスラエルが建設した壁を外側から撮影したもの。

私は，この問題を考える時に，桃太郎を題材にした下の新聞広告がヒントになると思いました。桃太郎は日本のおとぎ話の一つで，イヌ・サル・キジと鬼ヶ島まで悪い鬼を退治に行きます。桃太郎は，鬼に勝利し英雄となり，鬼は残酷でひどい人たちにされます。

しかし負けた鬼の側では下の新聞広告のようなことが起こっているかもしれません。

だから私たちは世界の戦争や紛争に関するニュースを見るときに［ I ］考えてみなければいけないのだと思いました。

（日本新聞協会　新聞広告「めでたし，めでたし？」より）

	G	H	I
①	ユダヤ	パレスチナ	両者の立場に立って
②	ユダヤ	チェチェン	いずれか一方の立場で
③	チェチェン	ユダヤ	両者の立場に立って
④	チェチェン	パレスチナ	いずれか一方の立場で

問 5　下線部分(e)不平等に関連して，次の**グラフ**と**グラフの説明**について述べた文章として適切なものを，下の①～④のうちから一つ選べ。解答番号は 22 。

グラフ　世界各国の一人あたり国民総所得(単位：ドル)

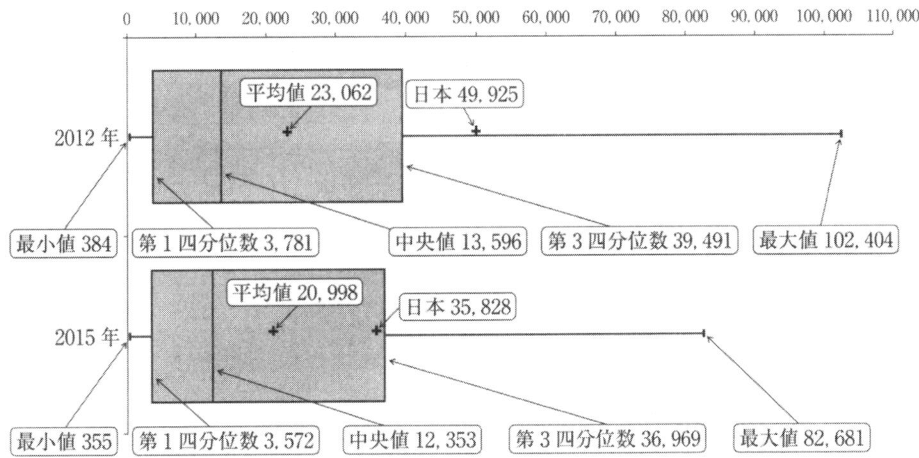

(注)　79 の国や地域のドル建て一人あたり国民総所得から作成した。

(統計局ホームページにより作成)

グラフの説明

上の太線で描かれた図は「箱ひげ図」とよばれる**グラフ**である。一人あたり国民総所得の最も低い国から(最小値，左側の直線の端)から最も高い国(最大値，右側の直線の端)までを順番にならべ，それをデータの中央値(第 2 四分位数，長方形の中ほど)で 2 分割し，さらにそれぞれのブロックを第 1 四分位数，第 3 四分位数でそれぞれ 2 分割(長方形のそれぞれ左側と右側)したものである。これらの各数値の間に挟まれる国の数はほぼ同数であり，この**グラフ**では一人あたり国民総所得の分布が把握できる。

なお**グラフ**内に平均値を示したが，所得の高い国の影響を受けて中央値より大きくなっている。また各年の日本の数値も示してある。

① **グラフ**の 2012 年・2015 年のいずれの年も一人当たり国民総所得の平均値は，常に最小値の 100 倍以上の値になっている。また一人あたり国民総所得の第 1 四分位数は 3,000 ドルを超えていない。

② **グラフ**の 2012 年と 2015 年を比較すると，一人当たり国民総所得の最大値と第 3 四分位数の差は拡大したことがわかる。そのため，中央値と平均値も 2015 年の方が増加している。

③ 日本の一人当たり国民総所得は，**グラフ**の 2012 年・2015 年のいずれの年も第 3 四分位数を超えている。またいずれの年も最大値は日本の数値の 2 倍を超えている。

④ **グラフ**の 2012 年と 2015 年のいずれの年も日本の一人当たり国民総所得は，中央値の 2 倍以上である。またいずれの年も最小値は平均値よりも二桁小さい。

7 次の会話文を読んで，**問1**～**問2**に答えよ。

先生：“100年後の皆さんへ”という手紙を書くという課題が出ていました。書けましたか。

まり：はい。私の書いた手紙を紹介してもいいですか。

先生：どのような手紙を書いたのかが楽しみですね。発表してください。

まり：はい。私の書いた手紙を読み上げます。

手紙

100年後の皆さんへ

100年後の皆さん，はじめまして。私は2021年の世界にいます。100年後の社会はどのようになっているのでしょうか。自動車が自動運転になったり，もしかしたら空を飛ぶバスや電車が行ったり来たりしているのでしょうか。よりよい社会になっているところもあるだろうし，問題点も出てきていそうですね。私がいる2021年の社会には様々な課題があります。その中でも注目すべきは環境の問題だと思っています。2019年度に消費者意識基本調査が行われました。この調査から「環境を重視する程度が高い」人と「環境を重視する程度が低い」人に分けることができました。また一方で「自分の利益への意識が高い」人と「自分の利益への意識が低い」人に分けることができたのです。次の**資料1**は，それらの結果を消費者の意識と行動の面から4類型に分けたものです。

資料1　消費者の4類型とその特徴

	自分の利益への意識が高い	
環境を重視する程度が低い	「自己優先型」	「バランス型」
	「無頓着型」	「環境優先型」
	自分の利益への意識が低い	環境を重視する程度が高い

（消費者庁資料により作成）

この4類型の人々はそれぞれどのような日常生活を送っているのでしょうか。次のページの**資料2**は「メディアへの接触状況」です。4類型の人々がそれぞれどのようなメディアに接触しているのかをデータをもとにして示しています。

資料2　メディアへの接触状況

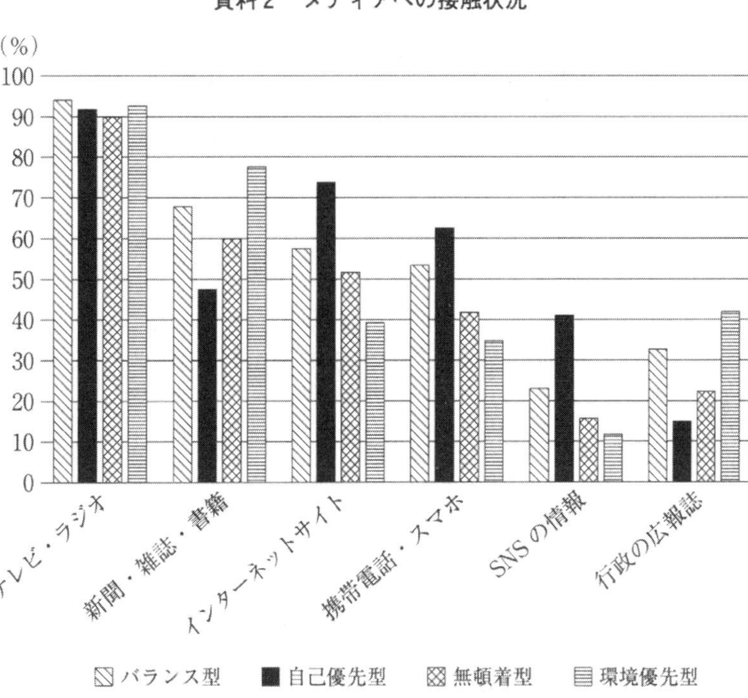

（消費者庁資料により作成）

この**資料2**から，すべての類型の人が共通してテレビ・ラジオと高い比率で接触していることが読み取れます。このことから，持続可能な社会を形成するためには，テレビやラジオを通してメッセージを発信することが有効だと思いました。その上で，さらに効果的なメッセージの発信方法があるのではないかと考えました。それは持続可能な社会を形成するためには「環境を重視する程度が低い」人に向けての対策がより必要になると思うからです。そこで**資料1**の「環境を重視する程度が低い」かつ「自分の利益への意識が高い」という「 A 型」の人々の傾向を**資料2**で見ると，「テレビ・ラジオ」をのぞくと B ことが読み取れます。「環境を重視する程度が低い」人のうち「自分の利益への意識が低い」「 C 型」の人々は，**資料2**では「テレビ・ラジオ」への接触状況が最も高く， D が高くなっています。このように消費者意識を細かく分析することで，どのようなメディアで持続可能な社会の形成に向けたメッセージを発信していけばよいのかというヒントを得られると思うのです。(a)人の意識は複雑ですが，適切にデータを分析して発信方法を工夫するといった小さな積み重ねを100年続けることで，よりよい社会が形成されていくと思うのです。2121年に生きている皆さんがこの手紙を見てどのような感想をもつのか興味があります。

先生：環境問題と消費者とを関連させた資料をもとに興味深い手紙をつくりましたね。100年後の未来がよりよい社会となるにはどのような工夫が必要なのかを考えていきましょう。

問 1　**手紙**の中にある［A］，［B］，［C］，［D］にあてはまるものの組合せとして適切なものを，下の①～④のうちから一つ選べ。解答番号は［23］。

［A］にあてはまる選択肢

ア　自己優先

イ　バランス

［B］にあてはまる選択肢

ウ　「インターネットサイト」，「携帯電話・スマホ」，「SNS の情報」に接触する割合が他の2つよりも高い

エ　「新聞・雑誌・書籍」や「行政の広報誌」といった紙による情報に接触する割合が他の3つよりも高い

［C］にあてはまる選択肢

オ　環境優先

カ　無頓着

［D］にあてはまる選択肢

キ　二番目は「新聞・雑誌・書籍」，三番目は「インターネットサイト」に接触する割合

ク　二番目は「インターネットサイト」，三番目は「携帯電話・スマホ」に接触する割合

	A	B	C	D
①	ア	ウ	カ	キ
②	イ	ウ	オ	キ
③	ア	エ	オ	ク
④	イ	エ	カ	ク

問 2　下線部分(a)人の意識に関連して，次の**生徒の会話文**中の［E］，［F］にあてはまるものの組合せとして適切なものを，194ページの①～④のうちから一つ選べ。
解答番号は［24］。

生徒の会話文

吾郎：地球環境問題が話題になっていましたね。

直美：とても大切な問題なのですが，なかなか解決しませんね。

弘司：日常生活で危機感を持ち続けることが難しいということが原因の一つだと思うのですが。

照子：私は次の授業で発表するのですが，扱うテーマが地球環境問題に関する危機感なんです。

吾郎：危機感をどのように扱うのですか？

照子：次の**資料3**を見てください。これは「環境危機時計」といわれているものです。

資料3　世界の政府関係者や研究者による環境危機時計

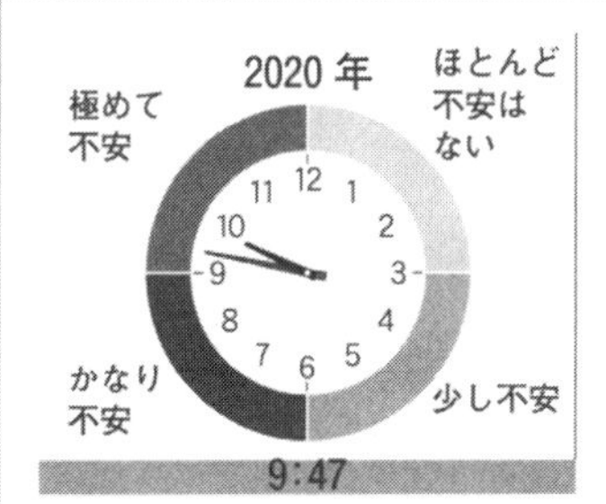

左の環境危機時計は2020年のもので9時47分を示している。

下の表は，1992年から2020年までの環境危機時計が毎年何時何分を指しているのかを示したものである。

年	1992	1993	1994	1995	1996	1997	1998	1999	2000
時刻	7:49	8:19	8:47	8:49	9:13	9:04	9:05	9:08	8:56
年	2001	2002	2003	2004	2005	2006	2007	2008	2009
時刻	9:08	9:05	9:15	9:08	9:08	9:17	9:31	9:33	9:22
年	2010	2011	2012	2013	2014	2015	2016	2017	2018
時刻	9:19	9:01	9:23	9:19	9:23	9:27	9:31	9:33	9:47
年	2019	2020							
時刻	9:46	9:47							

（「朝日新聞」2020年10月8日，公益財団法人旭硝子財団により作成）

直美：何を表しているのですか？

照子：地球環境の悪化による人類存続への危機感を時計の針で表したものなのです。世界の政府関係者や研究者にアンケートに答えてもらった結果です。具体的には危機感の程度を0時01分から12時の範囲で答えてもらったものです。

弘司：どのように読み取るのですか。

照子：0時01分から3時が「ほとんど不安はない」，3時01分から6時が「少し不安」，6時01分から9時が「かなり不安」，9時01分から12時が「極めて不安」を表しているのです。

吾郎：12時に近づくほど危機感が強いということなのですね。

直美：世界の政府関係者や研究者の回答は「 E 」という結果でした。

照子：そうなのです。このような中，2020年にはじめて日本国内の一般生活者が感じている環境危機時計の時刻も調べたのです。

弘司：どのような結果になったのですか？

照子：結果は**資料4**のとおりです。

資料4　日本国内の一般生活者による環境危機時計（2020年）

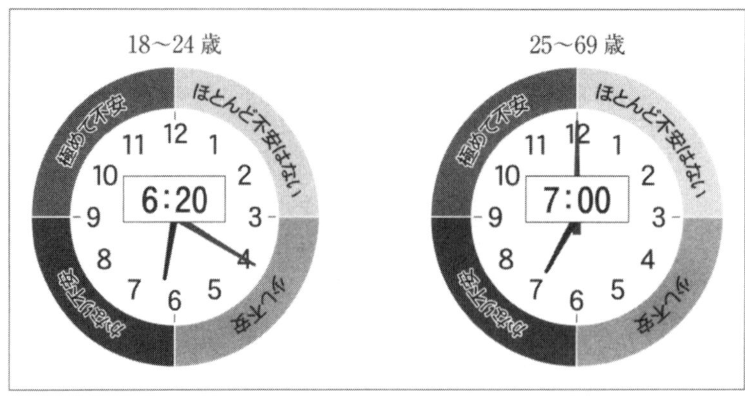

（公益財団法人旭硝子財団により作成）

吾郎：**資料3**と**資料4**を見ると2020年では［F］ということが読み取れますね。

直美：どうしてこのような違いがでてくるのかを調べてみたいですね。この違いを調べる中で持続可能な社会を形成するためのヒントが見つかりそうな気がします。

［E］にあてはまる選択肢

ケ　2001年から2020年まで連続で極めて不安

コ　1992年から2020年まで連続で極めて不安

［F］にあてはまる選択肢

サ　世界の政府関係者や研究者よりも日本国内の一般生活者の方が危機意識が低い。さらに一般生活者の中でも25〜69歳世代よりも18〜24歳世代の方が危機意識が低い

シ　世界の政府関係者や研究者よりも日本国内の一般生活者の方が危機意識が高い。さらに一般生活者の中でも25〜69歳世代よりも18〜24歳世代の方が危機意識が高い

	E	F
①	ケ	サ
②	ケ	シ
③	コ	サ
④	コ	シ

令和３年度　第１回

解答・解説

【重要度の表記】

Ａ：重要度が高く確実に正答したい設問。しっかり復習する必要のある問題です。

Ｂ：重要度はＡレベルよりすこし下で、やや難易度が高い設問または内容を読み取る設問。高得点を狙う人は復習しましょう！

Ｃ：重要度が低い、または難解な設問。軽く復習する程度でよいでしょう！

令和３年度 第１回 高卒認定試験

【解 答】

1	解答番号	正答	配点	2	解答番号	正答	配点	3	解答番号	正答	配点	4	解答番号	正答	配点
問１	1	④	4	問１	4	④	4	問１	7	④	4	問１	10	④	4
問２	2	①	4	問２	5	②	4	問２	8	④	4	問２	11	③	4
問３	3	③	4	問３	6	④	5	問３	9	②	5	問３	12	②	4

5	解答番号	正答	配点	6	解答番号	正答	配点	7	解答番号	正答	配点
問１	13	②	4	問１	18	③	4	問１	23	①	4
問２	14	①	4	問２	19	③	4	問２	24	①	4
問３	15	④	5	問３	20	①	4	-	-		
問４	16	②	4	問４	21	①	5	-	-		
問５	17	③	4	問５	22	④	4	-	-		

【解 説】

1

問１　空欄Ａには、絶滅の恐れがある野生動植物とその製品の国際取引について定めた「ワシントン条約」が当てはまります。空欄Ｂには、野生動植物の保護のうえでとくに重要な湿地の保護について定めた「ラムサール条約」が当てはまります。空欄Ｃには、2010 年に名古屋で行われた生物保全の国際会議で生物多様性に関して長期的な目標を定めた「名古屋議定書」が当てはまります。したがって、正解は④です。なお、「アムステルダム条約」とはＥＵの政治的・社会的・経済的統合をより進めることを目指した条約です。「バーゼル条約」は、廃棄物の越境汚染の規制に関する条約です。「京都議定書」は、温室効果ガスについて先進国の削減目標を定めた取り決めです。

解答番号【１】：４　　⇒ 重要度Ａ

問２　②について、グラフ１の漁業生産量は平成元年が最も多くなっているとありますが、グラフ１を見ると、最も多いのは昭和 60 年です。よって、②は誤りです。③について、ウナギの国内供給量は平成元年が最も多くなっているとありますが、平成元年の国内供給量は 98,814 トンで（漁業生産量 1,273 ＋養殖生産量 39,704 ＋輸入量 57,837 ＝ 98,814 トン）、グラフ３の平成 13 年を見ると、これを上回る 133,017 トンがありますので、③は誤りです。④について、輸入量が 10 万トンを超えたのは平成 13 年だけであるとありま

すが、平成9年と平成11年も10万トンを超えています。よって、④は誤りです。したがって、正解は①です。

解答番号【2】：1　　⇒**重要度A**

問3　グラフ4の総数を見ると、「言葉の意味を知っていた」人は20.1％、「聞いたこともなかった」人は47.2％です。香織さんは「聞いたこともなかった」人の方が3倍以上高い割合となっていると発言していますが、3倍未満となっています。よって、香織さんの発言は誤りです。グラフ5の「自然や生物について学ぶため、自然の体験、動物園や植物園で生物に触れる」は25.0％ですが、智之さんは5割以上と発言しています。よって、智之さんの発言は誤りです。したがって、正解は③です。

解答番号【3】：3　　⇒**重要度A**

2

問1　お正月や七草など、毎年特定の時期に繰り返し行われる行事を「年中行事」といいます。古くより日本では、特別な日を「ハレ」、日常を「ケ」と呼んでいました。したがって、正解は④です。なお、「冠婚葬祭」とは慶弔の儀式の総称で、成人式、結婚式、葬式などがあります。

解答番号【4】：4　　⇒**重要度B**

問2　承認欲求とは、他者から認められたいとする欲求です。②のTwitterでたくさん「いいね」という評価をもらうことは、自身の発言を他者に認めてもらえることで承認欲求が満たされる例と考えることができます。したがって、正解は②です。なお、①は生理的欲求の例、③は所属と愛の欲求の例、④は安全欲求の例です。

解答番号【5】：2　　⇒**重要度A**

問3　①②には、グラフ1について、いずれの場面についても最も多かったコミュニケーション手段は「電子メール」とありますが、最も多いのは「対面での会話」です。よって、①②は誤りです。③には、グラフ2について、「対面での会話」を除いた場合の「重大な事柄を報告する」手段は、全年代とも「電話（LINEやSkype等の無料通話アプリの利用を含む）」が最も多いとありますが、グラフ2を見ると、最も多いのは20代以下のみです。よって、③は誤りです。したがって、正解は④です。

解答番号【6】：4　　⇒**重要度A**

3

問1　社会契約説について、各人の特徴を確認しておきましょう。ホッブズは、人々は自然状態では自らの利益を優先し、「万人の万人に対する闘い」になると考えました。そこで、政府や王に全面的に自然権を譲渡し服従することで、平和が保たれると主張しました。ロックは自然権の一部を選挙によって選ばれた代表者による政府に信託し（間接民主主義）、もし政府が権利を濫用したときには革命権・抵抗権をもって政府を交換できると説きました。ルソーは自然権を共同体に譲り渡し、人々は政治に直接参加するべきだと説きました（直接民主主義）。空欄Ａには「政府や王に、権利を全面的に譲渡」とありますので、ホッブズの主張と判断できます。空欄Ｂには自然権について「国家に信託」とありますので、ロックの主張と判断できます。空欄Ｃには「政治に直接参加し」とありますので、ルソーの主張と判断できます。したがって、正解は④です。

解答番号【7】：4　⇒ 重要度Ａ

問２　空欄Ｄには、男性普通選挙の実現がスイスと同年の国が当てはまります。グラフ１を見ると、スイスの男性普通選挙の実現は 1848 年で、フランスも同じく 1848 年です。よって、空欄Ｄには「フランス」が当てはまります。空欄Ｅには、フランスよりも早く市民革命を達成した国が当てはまります。フランス革命は 1789 年、アメリカ独立革命は 1776 年に起こりました。よって、空欄Ｅには「アメリカ」が当てはまります。空欄Ｆには、19 世紀中に男女の普通選挙を実現させた国が当てはまります。グラフ１を見ると、ニュージーランドは男性は 1879 年、女性は 1893 年に普通選挙を実現しています。よって、空欄Ｆには「ニュージーランド」が当てはまります。したがって、正解は④です。

解答番号【8】：4　⇒ 重要度Ａ

問３　①について、女性議員の割合は一貫して増加しているとありますが、グラフ２を見ると、前回の調査よりも低い割合の年が散見され、とくに平成 24 年は前回の調査の割合を大きく下回っています。よって、一貫して増加しているとはいえないため、①は誤りです。③について、女性候補者割合は、女性普通選挙が実現して最初の選挙のときが最も高いとありますが、グラフ２を見ると、最も高いのは平成 29 年です。よって、③は誤りです。④について、前回の総選挙と比べて女性候補者割合が増えたときは、女性議員割合も必ず増えているとありますが、グラフ２を見ると、そうとはいえない年が散見されます。例えば昭和 51 年は女性候補者割合が前回より増えているにもかかわらず、女性議員割合は減っています。よって、④は誤りです。したがって、正解は②です。

解答番号【9】：2　⇒ 重要度Ａ

4

問１　空欄Ａには、人間の理性に基づいた、時代や場所を越えて存在する普遍の法である「自然法」が当てはまります。空欄Ｂについて、11 行目を見ると、「国家権力をその機能と組織に応じて分割し」とあります。よって、空欄Ｂには権力分立について述べられている「エ」が当てはまります。したがって、正解は④です。なお、「判例法」とは裁判所が過去に下した判決の積み重ねにより、法として認められたものです。「ウ」は 1776 年に起草されたアメリカのバージニア権利章典の内容です。

解答番号【10】：4　⇒ 重要度Ａ

問２　空欄Ｃには、政治と宗教を切り離すべきとする憲法原則の「政教分離」が当てはまります。空欄ＤとＥには、政教分離に関する判決が当てはまり、レポート５～６行目にある「その行為が宗教的な目的をもち、特定の宗教に対する援助や圧迫になるかどうか」がヒントとなります。空欄Ｄの津地鎮祭訴訟について、レポート 11 行目を見ると、「特定の宗

教を援助したり圧力を加えたりするものではない」とあります。よって、空欄Dには「合憲」が当てはまります。空欄Eの愛媛玉串料訴訟について、レポート15～16行目を見ると、「公金を支出することは特定の宗教的儀式とかかわることになる」とあります。よって、空欄Eには「違憲」が当てはまります。したがって、正解は③です。

解答番号【11】：3　　⇒**重要度A**

問３　空欄Ｆについて、「自由権」とは国家権力の介入・干渉から自由になる権利で、「社会権」とは国民の権利を守るために国家に対して積極的な介入を求める権利です。資料２の第２章第22条～29条を見ると、「居住及移転ノ自由」「信教ノ自由」など自由権に関する規定はありますが、社会権については規定されていません。よって、空欄Ｆには「自由権」が当てはまります。空欄Ｇについて、第５条と第37条を見ると「協賛」という文言があります。よって、空欄Ｇには「協賛」が当てはまります。空欄Ｈについて、第55条を見ると、「輔弼」という文言があります。よって、空欄Ｈには「輔弼」が当てはまります。空欄Ｉには、日本国憲法の内容が当てはまりますので、「国事に関する行為」が当てはまります。したがって、正解は②です。なお、「軍の統帥」は大日本帝国憲法下での天皇に関する規定です。

解答番号【12】：2　　⇒**重要度A**

5

問１　空欄Ａには、少数の大企業が市場を支配する「寡占市場」が当てはまります。空欄Ｂには、文章27行目にあるように「国家の役割を縮小する新自由主義」の内容が当てはまります。その方法のひとつが、これまで国が運営してきた国営企業を民営化することです。よって、空欄Ｂには「民営化」が当てはまります。したがって、正解は②です。なお、「完全競争市場」とは、多くの企業による供給、多くの消費者による需要によってモノやサービスの価格が決まる市場です。

解答番号【13】：2　　⇒**重要度A**

問２　空欄ＣとＤについて、レポート12～13行目を見ると、「株式がハイリスク・ハイリターン」「預金・貯金がローリスク・ローリターン」とあります。よって、図１におけるリスクもリターンもともに小さい空欄Ｃには「預金・貯金」、リスクもリターンも大きい空欄Ｄには「株式」が当てはまります。空欄Ｅについて、レポート15～16行目を見ると、「日本では現金・預金の割合が半数を超えている」とあります。よって、図２の日本を示すグラフで54.2％を占めている空欄Ｅに「現金・預金」が当てはまります。空欄Ｆについて、16～17行目を見ると、「アメリカでは株式等の割合が２番目に高い」とあります。図２のアメリカを示すグラフで２番目に高い値は32.5％ですので、空欄Ｆには「株式等」が当てはまります。したがって、正解は①です。

解答番号【14】：1　　⇒**重要度A**

問３　①には、2018年の総人口と就業者人口は、いずれも1950年の総人口と就業者人口の２倍を超えているとありますが、表１の総人口を見ると、1950年は83,200千人、2018年は126,443千人です。1950年と比較して2018年は２倍を超えていないため、①は誤りです。②には、第二次産業の構成比も、1950 年から 2018 年まで一貫して拡大しているとありますが、グラフ３を見ると、1990 年の 42.3％までは拡大していますが、2018 年には 29.1％に縮小しています。一貫して拡大はしていないため、②は誤りです。③には、グラフ１について、1950 年と 2018 年を比較すると、14 歳以下が全体に占める割合は５倍以上に拡大とありますが、1950 年は 35.4％、2018 年は 12.2％と半分以下に縮小しています。よって、③は誤りです。したがって、正解は④です。

解答番号【15】：4　　⇒ **重要度A**

問４　正解は②です。各社会保障の名称とその内容を確認しておきましょう。

解答番号【16】：2　　⇒ **重要度A**

問５　空欄Kには、レポート６～７行目のとおり、「原油輸入量が減少して～価格が上昇したとき」のパターンが当てはまります。「原油輸入量の減少」＝「供給の減少」ですので、供給曲線のシフトに関わる「ア」と「イ」に絞ることができます。次に「価格が上昇」とありますので、均衡価格が上昇している「イ」と判断できます。空欄Lには、レポート10 行目のとおり、「野菜の販売量が増加して価格が上昇したとき」のパターンが当てはまります。「野菜の販売量が増加」＝「需要の増加」ですので、需要曲線のシフトに関わる「ウ」と「エ」に絞ることができます。次に「価格が上昇」とありますので、均衡価格が上昇している「ウ」と判断できます。したがって、正解は③です。

解答番号【17】：3　　⇒ **重要度A**

6

問１　空欄Aには、国の政治のあり方を最終的に決める力である「主権」が当てはまります。空欄Bには、６行目のとおり、国際女性年や世界女性会議がきっかけで採択された条約が当てはまります。よって、空欄Bには「女子差別撤廃条約」が当てはまります。空欄Cには、宇宙を含むすべての空間での核爆発の実験を禁止する「包括的核実験禁止条約（CTBT）」が当てはまります。したがって、正解は③です。なお、「立法権」とは法律を制定する権限です。「国際労働条約」とは国際労働機関が採択する労働環境に関する国際条約です。「第二次戦略兵器削除条約（START Ⅱ）」は、1993 年にアメリカとロシアで調印された核兵器の軍縮条約です。

解答番号【18】：3　　⇒ **重要度A**

問２　①について、東側諸国の民主化運動やベルリンの壁崩壊は、1985 年に就任したソ連のゴルバチョフ大統領による一連の改革がきっかけとなって起こった出来事で、その後の1991 年にソ連が崩壊しています。よって、①は誤りです。②について、アジア・アフリカ会議は 1955 年に開かれたもので、冷戦下で東西陣営に属さない非同盟諸国として、平和十原則を採択しました。よって、②は誤りです。④について、アジア通貨危機はタイの通貨下落がきっかけで起こりました。よって、④は誤りです。したがって、正解は③です。

解答番号【19】：3　　⇒ **重要度C**

問３　空欄Dには、EU の共通通貨である「ユーロ」が当てはまります。空欄Eには、中央銀

行が行う経済政策である「金融政策」が当てはまります。空欄Fについて、イギリスはEU離脱の可否について、2016年に「国民投票」を行いました。したがって、正解は①です。なお、「SDR」とは国際通貨基金の加盟国が持つ特別引き出し権のことで、加盟国が外貨不足に陥ったときなどに、SDRと引き換えに外貨を受け取ることができます。「財政政策」とは、政府が行う経済政策です。「総選挙」とは、衆議院議員全員を選ぶために行われる選挙です。

解答番号【20】：1　　⇒重要度B

問4　空欄Gについて、ヒトラーはユダヤ人に対して弾圧や大量虐殺を行った人物です。よって、空欄Gには「ユダヤ」が当てはまります。空欄Hについて、現在イスラエルがある地域には、以前からパレスチナ人が住んでいました。よって、空欄Hには「パレスチナ」が当てはまります。空欄Ⅰについて、レポート12行目を見ると、「桃太郎は、鬼に勝利し英雄となり、鬼は残酷でひどい人たちにされます」とあり、13行目には「新聞広告のようなことが起こっているかもしれません」と続いています。この広告は、悪い鬼として退治された鬼の子ども目線から描かれたものです。これらのことから、空欄Ⅰには、英雄とされる桃太郎の立場だけでなく、悪者とされる鬼の立場も考えるべきとする「両者の立場に立って」が当てはまると考えられます。したがって、正解は①です。なお、「チェチェン」とはロシア連邦内の共和国で、ムスリムが多く、ロシアからの独立を求めて度々衝突が起こっています。

解答番号【21】：1　　⇒重要度A

問5　①には、グラフの2012年・2015年のいずれの年も一人当たり国民総所得の平均値は、常に最小値の100倍以上の値になっているとありますが、2012年の最小値は384ドル、平均値は23,062ドルですので、100倍以上になっていません。よって、①は誤りです。②には、グラフの2012年と2015年を比較すると、一人当たり国民総所得の最大値と第3四分位数の差は拡大したとありますが、2012年の差は62,913ドル（最大値102,404－第3四分位数39,491＝62,913ドル）2015年の差は45,712ドル（最大値82,681－第3四分位数36,969＝45,712ドル）です。2012年と比べて、2015年は縮小しています。よって、②は誤りです。③には、日本の一人当たり国民総所得は、グラフの2012年・2015年のいずれの年も第3四分位数を超えているとありますが、2015年の日本は35,828ドル、第3四分位数は36,969ドルです。日本の数値は第3四分位数を下回っています。よって、③は誤りです。したがって、正解は④です。

解答番号【22】：4　　⇒重要度A

7

問1　空欄Aには、資料1での「環境を重視する程度が低い」（横軸の左）かつ「自分の利益への意識が高い」（縦軸の上）型が当てはまります。よって、空欄Aには「自己優先」が当てはまります。空欄Bについて、自己優先型の人々の傾向を資料2で見ると、「テレビ・ラジオ」を除くと、上から「インターネットサイト」「携帯電話・スマホ」「SNSの情報」の順番で数値が高くなっています。よって、空欄Bには「ウ」が当てはまります。空欄Cには、「環境を重視する程度が低い」（横軸の左）かつ「自分への利益の意識が低い」（縦軸の下）の型が当てはまります。よって、空欄Ｃには「無頓着」が当てはまります。空欄Ｄについて、無頓着型の人々は、資料２では「テレビ・ラジオ」への接触状況が最も高く、次いで「新聞・雑誌・書籍」「インターネットサイト」の順で高くなっています。よって、空欄Ｄには「キ」が当てはまります。したがって、正解は①です。

解答番号【23】：１　　⇒ **重要度Ａ**

問２　空欄Ｅについて、資料３を見ると、2001 年から 2020 年まではすべて９時を超えており、連続で極めて不安であることが読み取れます。よって、空欄Ｅには「ケ」が当てはまります。一方、「コ」については、1992 年から 2020 年まで連続で極めて不安とありますが、「かなり不安」に該当する７時台、８時台が散見されますので、連続して「極めて不安」ではありません。空欄Ｆには、世界の政府関係者や研究者と日本国内の一般生活者の危機意識に関する 2020 年の比較内容が当てはまります。資料３の 2020 年を見ると、政府関係者や研究者の危機意識は 9:47 で「極めて不安」となっています。一方、資料４の日本国内の一般生活者は 18 ～ 24 歳が 6:20、25 ～ 69 歳は 7:00 でともに「かなり不安」であることが分かり、時間が進んでいない 18 歳～ 24 歳のほうが、25 歳～ 69 歳よりも危機意識が低いことが分かります。よって、空欄Ｆには「サ」が当てはまります。したがって、正解は①です。

解答番号【24】：１　　⇒ **重要度Ａ**

令和２年度 第２回
高卒認定試験

現代社会

解答時間　50分

注　意　事　項（抜粋）

＊　試験開始の合図前に，監督者の指示に従って，解答用紙の該当欄に以下の内容をそれぞれ正しく記入し，マークすること。

①**氏名欄**

氏名を記入すること。

②**受験番号**，③**生年月日**，④**受験地欄**

受験番号，生年月日を記入し，さらにマーク欄に**受験番号**（数字），**生年月日**（年号・数字），**受験地をマーク**すること。

＊　**受験番号，生年月日，受験地が正しくマークされていない場合は，採点できないことがある。**

＊　解答は，解答用紙の解答欄にマークすること。例えば，［10］と表示のある解答番号に対して②と解答する場合は，次の（例）のように**解答番号** 10 の**解答欄**の②に**マーク**すること。

（例）

解答番号	解答欄
10	① ● ③ ④ ⑤ ⑥ ⑦ ⑧ ⑨ ⓪

現　代　社　会

（解答番号 1 ～ 24 ）

1 次の会話文を読んで，問1～問3に答えよ。

先生：みなさんにはこの前の授業で「情報化の進展(a)に伴って新たに生じていることを調べてみよう」という宿題を出していましたね。調べたことを，それぞれ発表してください。

恒子：まず私から発表します。私は「信用の可視化」について調べました。具体的には，中国の企業が行っている，国民一人ひとりの信用をスコア化するサービスについて調べました。スコアが高い人は，金融ローンの金利優遇などのサービスを受けられることがあるそうです。不正防止やマナー向上につながることが期待できますね。

高志：そのスコアはどのような情報から算出されるのですか。個人情報がきちんと保護されているのか，気になります。

恒子：中国のある企業のサービスを例にとると，運営会社が電子取引データから得た情報から算出するそうです。そもそも中国では現金を用いない電子取引が，日本に比べて，早くから急速に発展したのです。

高志：なぜ中国では日本に比べて，現金を用いない電子取引が急速に発展したのですか。

恒子：グラフ1を見てください。ここから A ということが分かります。中国は日本よりATMによる現金の入手が比較的不便であり，このことも電子取引が中国で急速に発展した理由の一つだといえます。他にも中国ではICTサービスの提供開始にかかるコストが低かったことも理由として挙げられます。

グラフ1　日本と中国の人口1,000人あたり（左）及び国土面積1 km^{2}あたり（右）のATM設置台数【2015年時点】

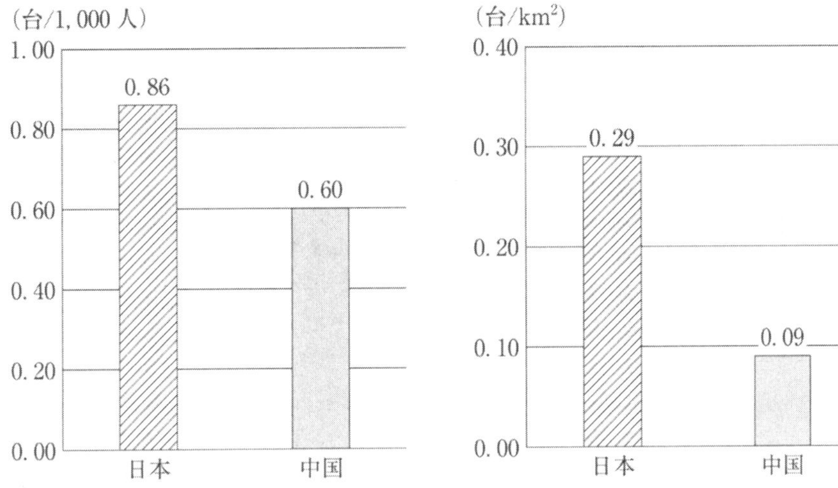

（注）　ATM(automated/automatic teller machine)とは，「現金自動預け払い機」。

（総務省 平成30年度版『情報通信白書 ICT白書』により作成）

先生：恒子さん，発表ありがとうございました。では次に，高志さん，発表をお願いします。

高志：はい，私は「忘れられる権利」について調べました。ウェブページ上で半永久的に記憶された情報がプライバシー侵害を引き起こすことがあります。その被害者を救済するための考え方が「忘れられる権利」です。EU データ保護規則においても権利として規定されるなど，諸外国においても議論が進んでいます。

恒子：それは，例えば「表現の自由」を侵害する可能性はありませんか。「表現の自由」は，自由なコミュニケーションを可能にすると同時に，民主主義の実現には必要です。

高志：「表現の自由」の濫用（らんよう）で，他者の人権を侵害してはならないと考えます。下の**グラフ2**を見てください。 **B** ので「表現の自由」の濫用防止は一層徹底されるべきだと私は考えます。実際に 2001 年に成立したプロバイダ責任法によると，個人情報公開の被害を受けた者は，プロバイダや管理者に削除を求めることができるとされています。自由な情報の流通が権利侵害をもたらしうるなら，このような対策がとられるべきだと考えます。

グラフ2　インターネットを利用した人権侵犯事件の推移

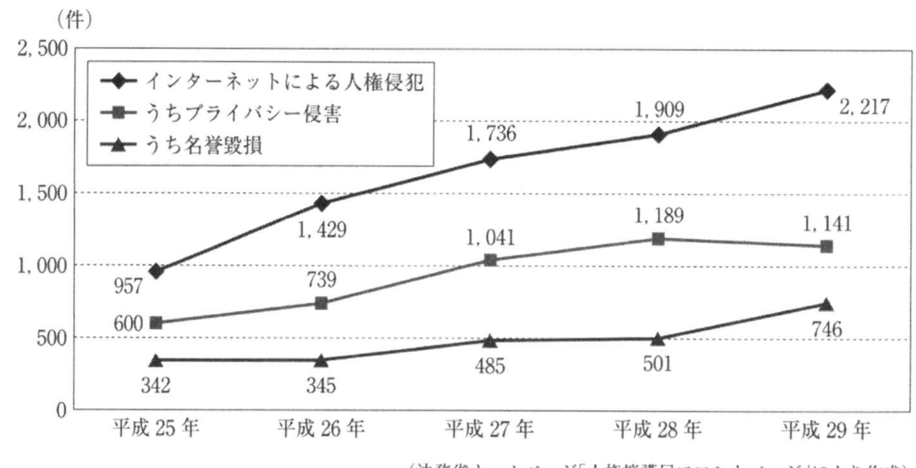

（法務省ホームページ「人権擁護局フロントページ」により作成）

先生：二人の意見を整理しましょう。恒子さんは「表現の自由」を，高志さんは「プライバシーの権利」を，それぞれ守るべきだということも言っていました。では，この二つは(b)どのように調整されるべきか，今度はそれを考えてみましょう。

問1　会話文中の A ， B にあてはまるものの組合せとして適切なものを，下の①～④のうちから一つ選べ。解答番号は 1 。

A にあてはまる選択肢

ア　中国は，人口1,000人あたりのATM設置台数が日本の7割にとどまり，国土面積 $1\,km^2$ あたりのATM設置台数も日本の3分の1以下である

イ　日本は，人口1,000人あたりのATM設置台数が中国の6割にとどまり，国土面積 $1\,km^2$ あたりのATM設置台数も中国の10分の1以下である

B にあてはまる選択肢

ウ　グラフ2で，平成25年から平成29年にかけて，「インターネットによる人権侵犯」が増加し続けている

エ　グラフ2で，平成25年から平成29年にかけて，「うち名誉棄損」が「うちプライバシー侵害」を常に上回っている

	A	B
①	ア	ウ
②	ア	エ
③	イ	ウ
④	イ	エ

問 2　下線部分(a)情報化の進展に関連して，ICT ツールに関する次のグラフ3，グラフ4，グラフ5，グラフ6についての生徒の発言として適切なものを，次のページの①～④のうちから一つ選べ。解答番号は 2 。

グラフ3　ビジネス ICT ツールの導入状況と職場の働きやすさとの関係(%)

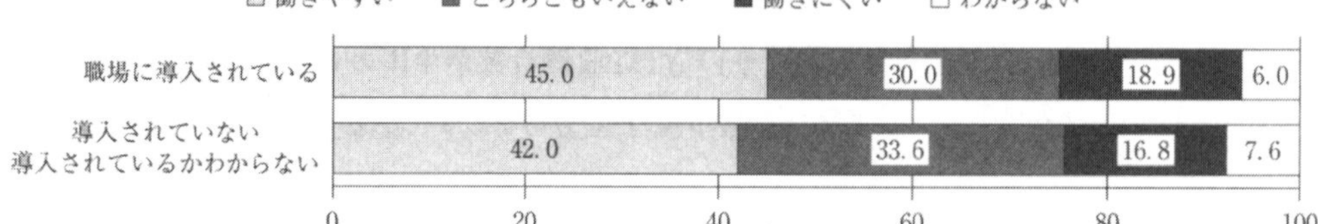

グラフ4　ビジネス ICT ツールの利用状況と職場の働きやすさとの関係(%)

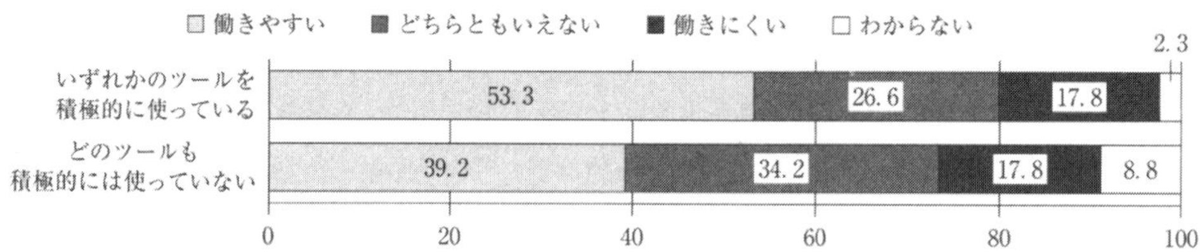

グラフ5　ビジネス ICT ツールの導入状況と社内コミュニケーションとの関係(%)

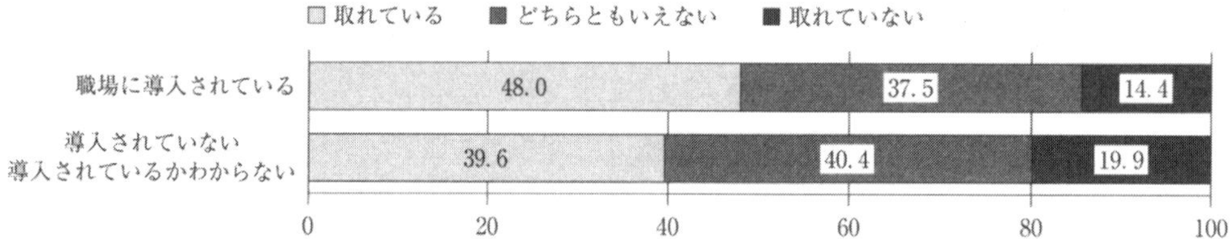

グラフ6　ビジネス ICT ツールの利用状況と社内コミュニケーションとの関係(%)

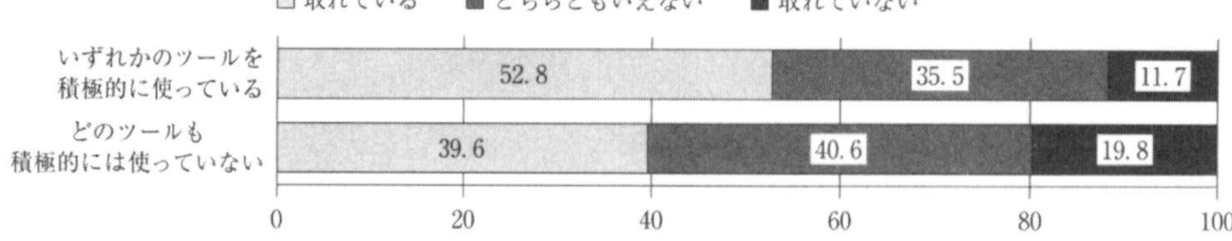

(注1)　ビジネス ICT ツールとは，企業などのオフィスで導入されている ICT 環境で，テレビ会議や電子決済，ファイル共有などの機能を果たすものをいう。

(注2)　数値は四捨五入しているため，合計値が 100 にならない場合がある。

(総務省 平成 30 年度版『情報通信白書 ICT 白書』により作成)

純男：私は情報化の進展を活かした働きやすさを実現するべきだと考えます。**グラフ3**で「働きやすい」と回答した割合同士を比較すると，その差は5％未満です。これに対して，**グラフ4**で「働きやすい」と回答した割合同士を比較すると，その差は10％以上です。ここから，ビジネスICTツールによって働きやすさを実現するには，導入されるだけでなく，それが実際に利用されることが大切だといえるのかもしれません。

恵子：私は情報化の進展を活かした働きやすさを実現するべきだと考えます。**グラフ3**で「働きやすい」と回答した割合同士を比較すると，その差は10％以上です。これに対して，**グラフ4**で「働きやすい」と回答した割合同士を比較すると，その差は5％未満です。ここから，ビジネスICTツールによって働きやすさを実現するには，それが積極的に使われるかどうかを問わず，とにかくまず導入することが重要なのだといえるかもしれません。

勝夫：私は情報化の進展を活かして，社内コミュニケーションを活性化させるべきだと考えます。**グラフ5**で「取れている」と回答した割合同士を比較すると，その差は5％未満です。これに対して，**グラフ6**で「取れている」と回答した割合同士を比較すると，その差は10％以上です。ここから，ビジネスICTツールによって社内コミュニケーションを活性化するには，導入されるだけでなく，それが実際に利用されることが大切だといえるのかもしれません。

幸美：私は情報化の進展を活かして，社内コミュニケーションを活性化させるべきだと考えます。**グラフ5**で「取れている」と回答した割合同士を比較すると，その差は10％以上です。これに対して，**グラフ6**で「取れている」と回答した割合同士を比較すると，その差は5％未満です。ここから，ビジネスICTツールによって社内コミュニケーションを活性化するには，それが積極的に使われるかどうかを問わず，とにかくまず導入することが重要なのだといえるかもしれません。

① **純男**
② **恵子**
③ **勝夫**
④ **幸美**

問 3 下線部分(b)どのように調整されるべきかに関連して，次は，この授業に出席した**理沙のレポート**である。レポート中の C にあてはまるものとして最も適切なものを，下の①〜④のうちから一つ選べ。解答番号は 3 。

理沙のレポート

授業では，情報化の進展に伴って新たに生じている様々なことが挙げられました。一つは，「信用の可視化」に関すること，もう一つは「忘れられる権利」に関することです。前者においては「プライバシーの権利」を保護しようとする配慮が，後者においては「表現の自由」を侵害しないようにする配慮が，それぞれ必要であるという意見もありました。今後の社会を形成していくうえでは，このような意見も偏りなく取り入れる必要があると考えます。つまり， C ということが大切です。

① 行政機関は公開請求を受けた場合には，個人情報でも例外なく開示する
② インターネット上の情報は，特定の個人に関するものである限り，全て削除する
③ 情報化がもたらす新しい権利や仕組みが，他の権利を不当に制限しないか議論する
④ 情報伝達の効率だけを考え，より多くの人により多くの情報を届ける仕組みをつくる

2 次の会話文を読んで，**問1～問3**に答えよ。

涼太：明日は，私たちが新入生に向けての部活動紹介をする日だね。

愛香：今年は，１年生が何人入部してくれるかな。ちょっと部員数が少なくてピンチなんだ。

涼太：そうか。じゃ明日の部活動紹介で，頑張って宣伝しなくてはいけないね。

愛香：ありがとう。頑張るわ。

先生：君たちも，ずいぶん頼もしくなったな。昨年の今頃は，緊張した面持ちで，学校生活に慣れようと必死だったね。最初の頃は，慣れないところもあって，大変だったんじゃないか。

涼太：そういえば，入学した頃は，部活動で練習についていけなくて，スランプに陥っていたかな。

愛香：私も，勉強が難しくて，復習するのに時間がかかって，予習までとても手が回らなかったわ。

先生：ずいぶん苦労したんだね。君たちの年齢は，青年期の真っ只(ただ)中にあって，悩みが尽きない時期だね。

涼太：１年生のとき，「現代社会」の授業で学びましたよ。青年期って，子供でも大人(a)でもない微妙な時期で，欲求が満たされないと心が不安定な状態になるんだよね。

愛香：確か，そのような状態を解消するために，無意識に働く仕組みがあるんですよね。

先生：防衛機制という，［ A ］の精神分析理論のなかで示された考え方だね。先程の話だけど，君たちは，欲求が満たされないときどんな状況だったか覚えているかな。

涼太：僕は，部活動でのスランプの原因を，コーチの指導法にあると思い込み，自分を納得させていました。

愛香：私も，試験勉強で分からない問題がかなりあって，試験前の不安や，問題を理解できない自分が嫌で，大好きなギターを弾いてばかりいたわ。

先生：防衛機制の分類によると，涼太君の場合は，［ B ］と呼ばれていて，愛香さんの場合は，［ C ］と呼ばれているものだね。でも，防衛機制は，自己を守るための仕組みだけど，言い訳に終わって，真の問題解決を避けてしまうことにもなりかねないんだ。葛藤や欲求不満を意識的に受け止め，それを合理的に解決する努力が必要なんだ。

涼太：確かに，自分のスランプの原因をコーチによるものだと思っていた頃は，今考えると言い訳に過ぎなかったな。自分の弱点を見据えたうえで，先輩やコーチの助言を聞いて，練習に励んだら少しずつ向上していったな。

愛香：私も，勉強に苦手意識をもって，やるべき課題から目を背けていたわ。先生に質問したり，自分で毎日少しずつ予習・復習したりして，理解しようと努力したら，勉強もだんだん分かるようになったわ。

先生：勉強や部活動は，高校生活の悩みや心配ごと(b)のなかで多く挙げられる種類のものだね。二人とも，直面している問題について，自ら解決しようと努力した成果が表れてよかったね。まだまだ，悩みは尽きないだろうけど，自分の心とうまく付き合っていくことが大切だよ。これから，先輩として，新入生たちの悩みも相談にのってあげて欲しいね。

問 1　会話文中の A ， B ， C にあてはまる語句の組合せとして適切なものを，次の①～④のうちから一つ選べ。解答番号は 4 。

	A	B	C
①	フロイト	昇華	投射
②	ルソー	合理化	投射
③	フロイト	合理化	逃避
④	ルソー	昇華	逃避

問 2　下線部分大人(a)に関連して，次の**会話文**中の D ， E にあてはまるものの組合せとして適切なものを，215ページの①～④のうちから一つ選べ。解答番号は 5 。

会話文

先生：2018年6月，成年年齢を20歳から18歳に引下げる民法の改正法が成立し，2022年4月から18歳以上が成人となるんだ。

真由：今年，高校に入学したばかりなのに，高校3年生のときには成人ってことですか。

直人：選挙権も18歳になったしね。18歳を成年年齢とする国は他にもあるのかな。

先生：世界の成年年齢をみると，18歳を法的に成年年齢とする国は，イギリスやドイツ，フランス，中国などでみられるよ。

真由：ところで，成年年齢になると，親の同意なしに，一人で携帯電話やローンなどの契約も締結できるんだって。

直人：そうなんだ。親の同意なしに契約できるんだね。知らなかったよ。

先生：成年年齢の引下げに関するグラフをいくつか見てみよう。まず，**グラフ1**と**グラフ2**を見てみよう。**グラフ1**は，成年年齢の引下げの時期の認知を16～22歳と40～59歳の人たちに質問したものなんだ。**グラフ2**は，成年年齢が親の同意がなくても契約できる年齢であることの認知を，16～22歳と40～59歳の人たちに質問したものなんだ。**グラフ1**と**グラフ2**を見ると D ということが分かるね。

真由：でも，今まで親に頼っていたから，急に一人で契約できるって言われてもね。ローンを組むとか難しそうだし，責任も生じるだろうから，難しい面もあるよね。

直人：安易に契約をしてしまわぬよう，計画的に考えなければいけないね。

真由：今まで学んだ消費者教育などを振り返り，私たち自身気をつけなくてはね。

先生：では，次に，**グラフ3**を見てみよう。**グラフ3**は，成年年齢の引下げに向けた環境整備についての16～22歳と40～59歳の人たちの意識調査だ。

直人：環境整備って，私たちが学んだ消費者教育の充実とか…。

真由：悪質業者の取り締まりの強化とか…。

先生：そうだね，**グラフ3**から E ということが読みとれるね。成年年齢引下げに関わる課題について，これから注目していきたいね。

グラフ1　成年年齢の引下げの時期を知っていますか。

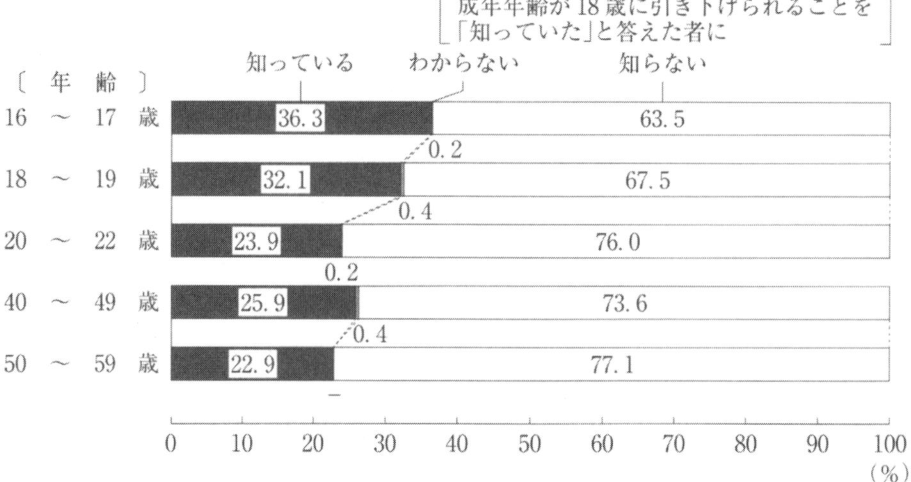

グラフ2　成年年齢が親の同意なく契約できる年齢であることを知っていますか。

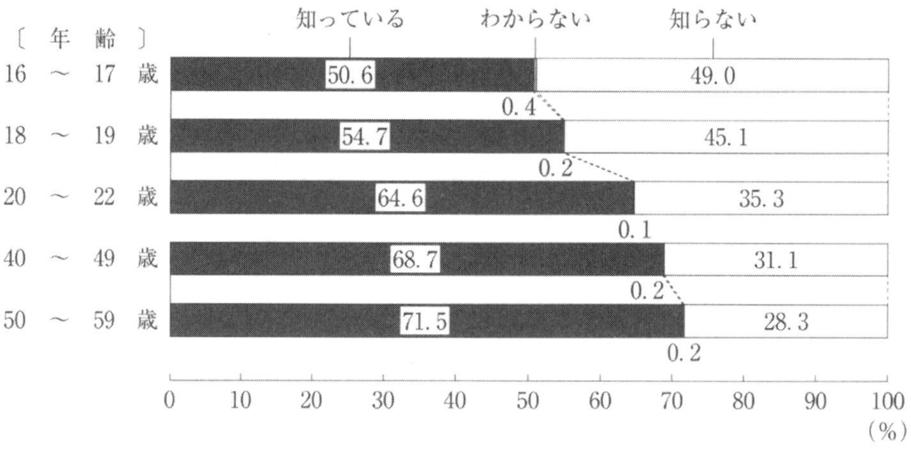

グラフ3　成年年齢の引下げに向けた環境整備の取組は十分だと感じていますか。

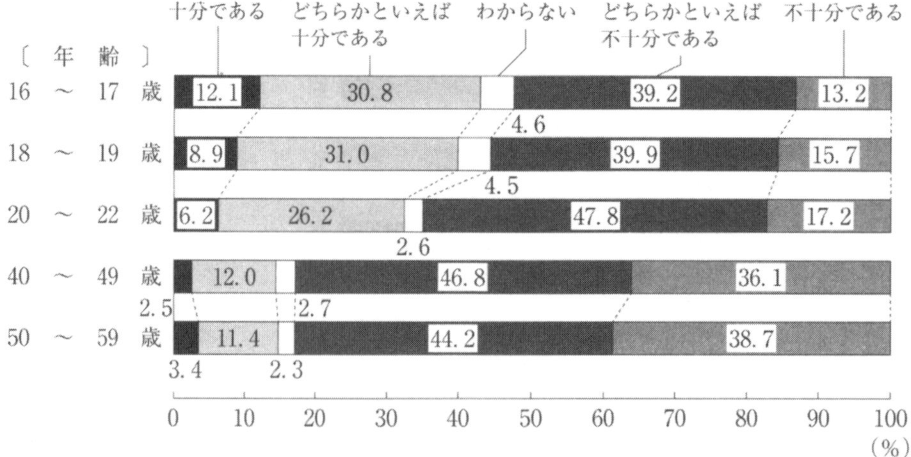

（注）　グラフ1とグラフ3の数値は四捨五入しているため，合計値が100にならない場合がある。

（平成30年度　内閣府「成年年齢の引下げに関する世論調査」により作成）

D にあてはまる選択肢

ア　成年年齢引下げの時期については，「知らない」と答えた人の割合は，20～22 歳の層に比べると 40～49 歳，50～59 歳の年齢層の方が大きい。また，成年年齢が親の同意がなくても契約できるということを，「知らない」と答えた人の割合は，16～17 歳，18～19 歳については 50 % を超えている

イ　成年年齢引下げの時期については，「知っている」と答えた人の割合は，16～17 歳，18～19 歳については 30 % を超えて，20～22 歳と 40～49 歳，50～59 歳については 30 % 未満である。また，成年年齢が親の同意がなくても契約できるということを，「知っている」と答えた人の割合はどの年齢層も 50 % を超えている

E にあてはまる選択肢

ウ　成年年齢の引下げに向けた環境整備の取組については，「十分である」と「どちらかといえば十分である」と答えた人の割合の合計は，年齢層を比べると 16～17 歳の割合は，40～49 歳の割合の 4 倍を超えている

エ　成年年齢の引下げに向けた環境整備の取組については，「不十分である」と「どちらかといえば不十分である」と答えた人の割合の合計は，16～17 歳，18～19 歳，20～22 歳は 50 % を超え，40～49 歳，50～59 歳は 80 % を超えている

	D	E
①	ア	ウ
②	ア	エ
③	イ	ウ
④	イ	エ

問 3　下線部(b)悩みや心配ごとに関連して，次のグラフ４，グラフ５について説明する文章として適切なものを，次のページの①～④のうちから一つ選べ。解答番号は **6** 。

グラフ４　現在のあなたの悩みや心配ごとについて，以下のそれぞれについてどのくらい心配ですか。

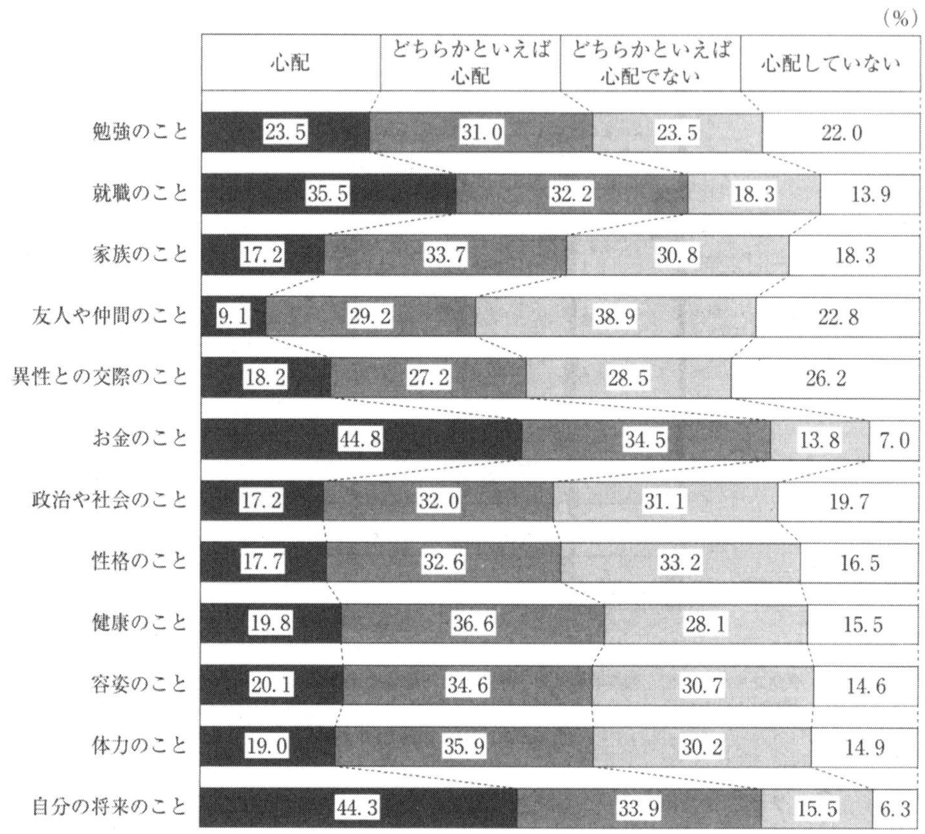

グラフ５　あなたの悩みや心配ごとについて，誰に相談したいと思いますか。（複数回答）

	日本	韓国	アメリカ	イギリス	ドイツ	フランス	スウェーデン
父	21.3	28.1	35.3	34.5	36.5	30.4	37.5
母	46.4	44.6	51.6	52.2	53.8	50.5	54.2
きょうだい	14.6	23.9	22.2	18.9	24.4	25.7	27.4
祖父母・親類	3.4	3.4	16.1	10.6	11.3	12.2	10.5
配偶者	9.0	3.9	13.2	10.7	20.7	16.8	18.7
先生	5.9	14.7	6.8	7.9	3.5	5.0	7.2
近所や学校の友だち	31.8	31.7	13.2	10.8	27.2	8.1	8.3
SNS上の友だち・知人（実際に会ったことがある）	6.3	10.2	22.8	21.6	15.9	15.9	23.8
SNS上の友だち・知人（実際に会ったことはない）	5.5	5.1	8.3	5.6	5.7	9.8	7.3
学校の先輩	4.4	9.8	2.7	3.0	1.9	3.1	2.4
恋人	11.5	19.4	19.0	17.5	15.8	10.5	9.8
カウンセラー，相談員	5.3	5.7	8.4	4.9	2.3	5.2	8.7
インターネットのサイト	2.3	4.9	5.9	5.4	2.8	1.6	8.0
だれにも相談しない	19.9	12.2	7.5	8.9	8.8	10.8	6.9

（%）

（注１）　グラフ４の数値は四捨五入しているため，合計値が100にならない場合がある。
（注２）　グラフ４について，回答者の対象年齢は，満13歳から満29歳までの男女である。
（注３）　グラフ５について，回答者の対象年齢は，各国満13歳から満29歳までの男女である。
（平成30年度　内閣府「我が国と諸外国の若者の意識に関する調査」により作成）

① グラフ４をみると，「心配」と「どちらかといえば心配」と答えた人の割合の合計が最も高かったのは，「自分の将来のこと」である。また，グラフ５をみると，相談相手として，「先生」と答えた人の割合は，日本と韓国では10％未満である。

② グラフ４をみると，「心配」と「どちらかといえば心配」と答えた人の割合の合計が最も高かったのは，「お金のこと」である。また，グラフ５をみると，相談相手として，「母」と答えた人の割合は，すべての国において，50％を超えている。

③ グラフ４をみると，「どちらかといえば心配でない」と「心配していない」と答えた人の割合の合計が最も高かったのは，「友人や仲間のこと」である。また，グラフ５をみると，相談相手として，「近所や学校の友だち」と答えた人の割合は，日本と韓国では30％を超えている。

④ グラフ４をみると，「勉強のこと」について，「心配」と「どちらかといえば心配」と答えた人の割合の合計は，60％を超えている。また，グラフ５をみると，相談相手として，「だれにも相談しない」と答えた人の割合は，国別にみると最も高かった国は日本である。

3 次の文章を読んで，**問1～問3**に答えよ。

国の権力を立法権・行政権・司法権の三つに分ける仕組みを三権分立といいます。これは，国の権力が一つの機関に集中すると濫用(らんよう)されるおそれがあるため，三つの権力が互いに抑制し，均衡を保つことによって権力の濫用を防ぎ，国民の権利と自由を保障しようとする考え方です。

日本国憲法も三権分立をとっています。(a)国会は，法律をつくったり，変えたり，廃止したりする「立法権」を，内閣は，国会が議決した法律や予算に基づいて政策を実行する「行政権」を，裁判所は，人々の争いごとや犯罪を憲法や法律に基づいて裁く「司法権」を担当し，互いに仕事を行っています。

国会は，(b)18歳以上の国民による選挙で選出された(c)議員により組織されているので，国民の代表機関であるといえます。こうした国会について，憲法では「国会は，国権の最高機関であつて，国の唯一の立法機関である」と定めています。

問1 下線部分(a)国会についての記述として**適切でないもの**を，次の①～④のうちから一つ選べ。解答番号は 7 。

① 国会は，1月から会期150日で開催される通常国会で，次年度の国の予算や予算を実行するのに必要な法律案などを審議する。

② 国会では，それぞれの議院の最終意思決定は本会議で行われるが，実質的な審議は常任委員会や特別委員会で行われる。

③ 国会は衆議院と参議院の二院からなり，被選挙権は衆議院議員が「25歳以上」で，参議院議員が「30歳以上」である。

④ 国会での議論を活性化させ効率的な政策決定を行うことを目的に，国会で官僚が国務大臣のかわりに答弁できる政府委員制度が導入されている。

問 2 下線部分 18歳以上の国民による選挙(b) に関連して，次のグラフ1，グラフ2，グラフ3について説明する文章として適切なものを，次のページの①～④のうちから一つ選べ。
解答番号は 8 。

グラフ1　日本の若者は今の自国の政治にどのくらい関心があるか（前回調査との比較）　(%)

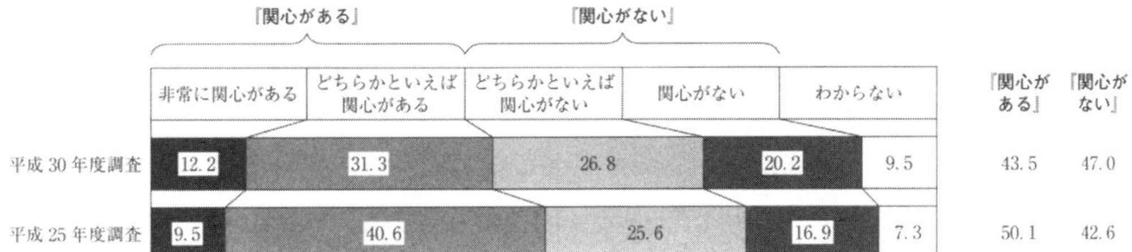

グラフ2　今の自国の政治にどのくらい関心があるか（諸外国比較）　(%)

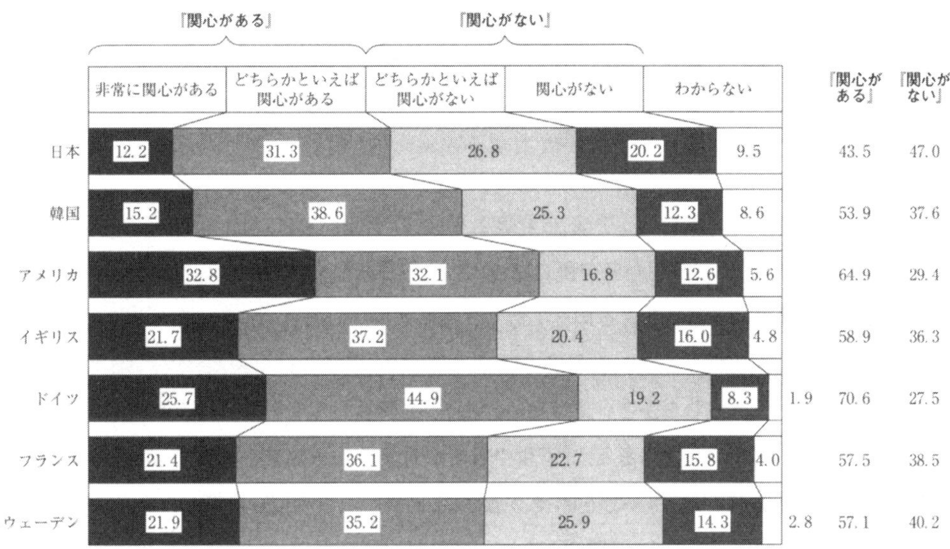

（注1）　グラフ1，グラフ2の『**関心がある**』は「非常に関心がある」と「どちらかといえば関心がある」を合わせたものである。
（注2）　グラフ1，グラフ2の『**関心がない**』は「関心がない」と「どちらかといえば関心がない」を合わせたものである。

グラフ3　政策決定過程への関与についての日本の若者の意識　(%)

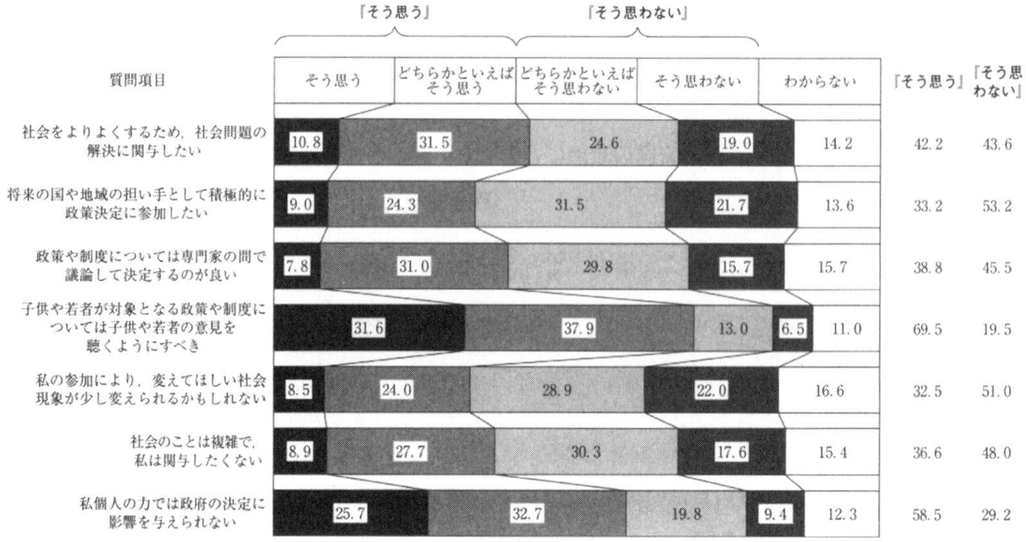

（注3）　**グラフ3**の**『そう思う』**は「そう思う」と「どちらかといえばそう思う」を合わせたものである。
（注4）　**グラフ3**の**『そう思わない』**は「そう思わない」と「どちらかといえばそう思わない」を合わせたものである。
（注5）　**グラフ1**，**グラフ2**，**グラフ3**の数値は四捨五入しているため，合計値が100にならない場合がある。
（内閣府「令和元年版　子供・若者白書」により作成）

① **グラフ1**をみると，平成25年度と平成30年度ともに，日本の若者で自国の政治に**『関心がある』**と回答した者の割合は40％以下であり，**グラフ2**をみると，同様の回答をした諸外国の若者の割合と比べて低く，特にドイツの若者の割合の半分以下である。

② **グラフ1**をみると，平成25年度より平成30年度では，自国の政治に「非常に関心がある」または「どちらかといえば関心がある」と回答した者の割合はともに低くなっている。一方で**グラフ3**をみると，「子供や若者が対象となる政策や制度については子供や若者の意見を聴くようにすべき」で**『そう思う』**と回答した者の割合は7割を超えている。

③ **グラフ2**をみると，**『関心がない』**と回答した者の割合が**『関心がある』**と回答した者を上回っているのは日本のみであり，**グラフ3**をみると，すべての質問項目で**『そう思わない』**と回答した者の割合が過半数を占めている。

④ **グラフ1**をみると，平成25年度より平成30年度では，自国の政治に**『関心がない』**と回答した者の割合は高くなっている。**グラフ3**をみると，「将来の国や地域の担い手として積極的に政策決定に参加したい」及び「私の参加により，変えてほしい社会現象が少し変えられるかもしれない」に**『そう思わない』**と回答した者の割合は5割を超えている。

問 3　下線部分(c)議員に関連して，次の「現代社会」の授業での先生と生徒の**会話文**を読み，先生の発問に対して正しく答えている生徒として適切なものを，下の①～④のうちから一つ選べ。解答番号は 9 。

会話文

先　生：前回の授業で学習した国会議員の特権などについての質問をします。国会議員には国民の代表者としての行動を保障するために，憲法で特権が保障されています。まず，国会議員の不逮捕特権とはどのようなものか，説明してください。できる人はいますか。じゃあ，裕作くん。

裕　作：はい。不逮捕特権とは，国会議員がその任期中は逮捕されないという特権です。衆議院議員は4年間，もし途中で衆議院が解散されたときはそれまでの期間，参議院議員は6年間の任期中はいかなる場合であっても逮捕されません。これは，国会議員の自由な議員活動が妨害されることがないようにするための特権です。

先　生：次の質問ですが，免責特権について説明できる人はいますか。では，響子さん。

響　子：はい。免責特権とは，国会の内外を問わず，自らが行った演説や討論などについて，いっさい責任を問われることがない国会議員の権利のことです。これは国会議員の自由な発言や議論を保障しています。

先　生：国会議員の特権にはもう一つ，歳費特権があります。その内容を説明できる人はいますか。それでは，賢太郎くん。

賢太郎：はい。歳費特権とは，国会議員に認められる経済上の特権です。議員の報酬は議員活動を支える経済的な基盤です。国会議員は，法律の定めるところにより国庫から相当額の歳費を受けることができます。

先　生：それでは最後の質問です。秩序を乱した国会議員について除名などの懲罰を決定するのはどこですか。じゃあ，郁子さん。

郁　子：はい。国会議員の懲罰を決定するのは，最高裁判所で行われる弾劾裁判です。国会議員としてふさわしくない非行があったり，職務を怠ったりした場合に，15名の最高裁判所裁判官による裁判で懲罰を決定します。

先　生：質問は以上です。残念ながら質問に正しく答えられたのは一名しかいませんでした。皆さんは誰が正しく答えられたか，分かりましたか。

①　裕作　　②　響子　　③　賢太郎　　④　郁子

4 次の会話文を読んで，**問1**～**問3**に答えよ。

和樹：前回の授業の「民主政治の基本原理」において，法の支配と社会契約説を学びましたが，この二つがどういう関係にあるのかが意外に難しく感じます。

先生：では，恵子さんもいっしょに考えていきましょう。まず，法の支配とはどのようなものでしたか。

恵子：絶対的な権力を有する国王などによる人の支配に対する考え方で，権力者といえど従うべき法があるというものです。

先生：その通りです。古くは，1215年のイギリスで，領主たちが国王のジョンに認めさせた［A］に示されています。これは，国王の権限をも拘束するという部分に重要な意義があったのですが，領主の特権を擁護するという封建的な要素もありました。

恵子：つまり，法の支配は，当初は必ずしも民主政治と関わるものではなかったのですね。

先生：そういうことになります。そこで，法の支配と民主政治を結びつける別の考え方が必要になります。それが社会契約説です。社会契約説とはどのようなものでしたか。

和樹：アメリカ独立宣言などにも影響を与えたロックの考え方によれば，人々は，生まれながらに持つ自然権をより確実に保持していくため，社会契約により国家を組織し，その政府に自然権の一部を信託して統治にあたらせるというものです。

先生：そうですね。そうした考え方をもとにすれば，［B］。

和樹：なるほど，法の支配と社会契約説によって，国民の権利や自由とそれらを保障する上で必要な国家組織や権力を規定する法と，その法に基づく政治の重要性が説かれるようになったのですね。

先生：そうです。そして，そのような法こそが憲法です。ですから，憲法は国民の権利と国家の権力の在り方をその内容とします。

恵子：この<u>個人の権利と国家の権力との関係</u>(a)については，時代とともに変化があり，非常に奥深いテーマだと思います。

和樹：民主政治にあっては，個人は国家から守られる存在というだけでなく，国民自身が主権者として政治に参画するという側面からも考える必要がありますね。

先生：政治の役割の一つが，<u>国民や企業の自由な活動を制限</u>(b)したり義務を課すことで利害を調整することですから，私たちは，今，社会でどのような意見や利益が対立しているのかを知りどのような利害調整が必要なのかを普段から議論することが重要です。

問 1　会話文中の A ， B にあてはまるものの組合せとして適切なものを，下の①～④のうちから一つ選べ。解答番号は 10 。

A にあてはまる選択肢

ア　バージニア権利章典

イ　マグナ・カルタ

B にあてはまる選択肢

ウ　人々の権利の保障を目的に国家が形成されたのだから，国家権力は，その目的の達成に必要な範囲に制限されるべきということになりますね

エ　人々は権利を完全に放棄して国家を形成したのだから，国家権力に対しては服従する義務があるのみで，革命を起こしたりして抵抗などできないということになりますね

	A	B
①	ア	ウ
②	ア	エ
③	イ	ウ
④	イ	エ

問 2　下線部分個人の権利と国家の権力との関係[(a)]に関連して，次の**会話文**中の，[C]，[D]にあてはまる語句の組合せとして適切なものを，下の①～④のうちから一つ選べ。解答番号は[11]。

会話文

先生：近代立憲主義が成立した当初において，国民の自由・権利と国家の関係はどのようなものでしたか。

和樹：各個人の自由な活動と競争が社会の調和と発展を導くとされ，ここで重視されたものは自由権的基本権と呼ばれるものでした。日本国憲法では，信教の自由や集会・結社・表現の自由，法定手続きの保障，[C]などがこの権利に該当します。

先生：そのような自由や権利に対する考え方は，その後，どのように変化していきましたか。

恵子：資本主義が発達すると貧富の差が拡大し，社会的・経済的弱者は自由や権利を享受できない状態となりました。こうした状況を改善するため，憲法にも，実質的な自由と平等の確保を国家に要請する権利が規定されるようになりました。社会権的基本権と呼ばれるもので，日本国憲法では，[D]や勤労の権利などがこの権利に該当します。

	C	D
①	参政権	生存権
②	参政権	請願権
③	財産権	生存権
④	財産権	請願権

問 3　下線部分国民や企業の自由な活動を制限[(b)]に関連して，次のメモ中の E ， F ， G にあてはまるものの組合せとして適切なものを，下の①～④のうちから一つ選べ。解答番号は 12 。

メモ

> 基本的人権といえど無制限なものではなく，人権相互の衝突や矛盾を調整するなどのために一定の規制が必要となる。そのため，日本国憲法では「公共の福祉」を規定している。しかし，すべての人権が一律の規制に服するのではなく，精神の自由は経済の自由に優越するものととらえ，精神の自由に対し規制を行う場合は，その正当性をより厳格に問うべきとする考え方がある。これは， E という理由からだ。
>
> 経済の自由への規制に関しては， F などのように国民の生命及び健康に対する危険を除く目的のものや，電気・ガス・水道事業やその料金に対する規制のように社会的・経済的弱者を保護し，調和のとれた社会の発展を目的とするものがあるとされる。
>
> また，経済の自由への規制は，経済的効率性の観点から緩和されることがあり，法律改正により， G などの変更がなされている。

E にあてはまる選択肢

オ　精神の自由が民主政治の運営においては不可欠

カ　経済の自由が社会と経済の発展のためには不可欠

F にあてはまる選択肢

キ　男女雇用機会均等法による性別を理由とする差別の禁止

ク　食品衛生法による食品の製造・販売・調理に対する規制

G にあてはまる選択肢

ケ　海外居住の国民も，比例代表選挙に加え選挙区選挙の投票も可能となる

コ　一般用医薬品のインターネット販売が可能となる

	E	F	G
①	オ	キ	ケ
②	オ	ク	コ
③	カ	キ	コ
④	カ	ク	ケ

5 次の会話文を読んで，**問1～問5**に答えよ。

順子：先生，通貨に関する質問があります。暗号資産とか仮想通貨といわれるものはなんなのでしょうか。

先生：そうですね。まずはお金の仕組みから話をしましょう。通貨が使われるまでは，物と物を交換する物々交換でした。ところが社会の仕組みが複雑になると，米をつくる農民や道具を作る職人，魚を捕る漁民，村から村へと商売をしてまわる商人と(a)様々な仕事が生まれました。

吾郎：先生，いわゆる［A］と呼ばれるものですね。(b)貧富の差もここからはじまったと聞きました。

先生：そうですね。［A］が発達すると物々交換では追いつかなくなります。そこで通貨とか貨幣と呼ばれるものが登場します。

順子：江戸時代には小判と呼ばれる金貨などが使われていましたが，今はほとんど紙幣になっていますね。

先生：かつては金本位制といって，中央銀行の発行する紙幣は金との交換が保証されていました。しかし現在では中央銀行の金の保有量と紙幣の発行量は切り離されています。つまり中央銀行が通貨の量をある程度自由にコントロールできます。これを［B］と呼びます。ただし通貨の発行量の管理は意外と難しく，失敗すると物価が上昇する［C］が起きることもあります。他国では，物価の上昇に対応して億や兆の単位の紙幣が発行されたこともあります。

吾郎：お金って怖いですね。ところで暗号資産というのはなんなんですか。

先生：これはブロックチェーンという仕組みを利用して，インターネット上で独自に流通する通貨または資産のことをいいます。この暗号資産(仮想通貨)はどこの国の中央銀行からも自由なものとして考えられました。

順子：最初は一種類だけでしたが，今ではいろいろな種類のものが生まれていますね。

吾郎：(c)ICT技術を活かして急成長している大企業も参入してくるんでしょう。

先生：大企業が中心になって運営するものではリブラが昨年ニュースになりました。これはラテン語で(d)天秤(てんびん)を意味する言葉だそうです。ただしこれらの仕組みが定着するのかどうかは，もう少し年月が経たないと判断するのは難しいですね。

問 1　会話文中の A ， B ， C にあてはまる語句の組合せとして適切なものを，次の①～④のうちから一つ選べ。解答番号は 13 。

	A	B	C
①	社会的分業	変動相場制度	デフレーション
②	社会的分業	管理通貨制度	インフレーション
③	社会主義	管理通貨制度	デフレーション
④	社会主義	変動相場制度	インフレーション

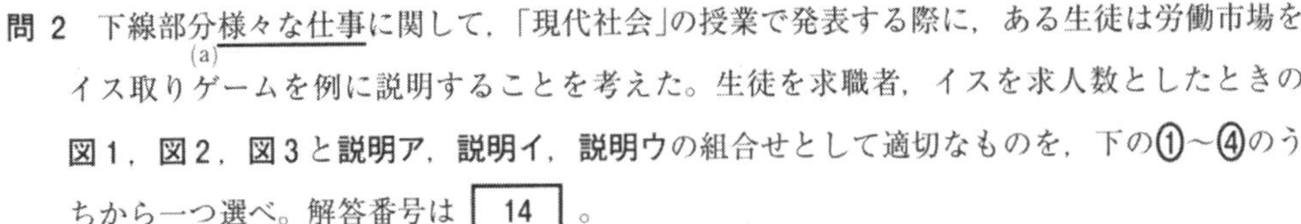

問 2　下線部(a)様々な仕事に関して，「現代社会」の授業で発表する際に，ある生徒は労働市場をイス取りゲームを例に説明することを考えた。生徒を求職者，イスを求人数としたときの**図1**，**図2**，**図3**と**説明ア**，**説明イ**，**説明ウ**の組合せとして適切なものを，下の①～④のうちから一つ選べ。解答番号は 14 。

図1

図2

図3

説明ア：この図の状態では，仕事を探している人と仕事を表すイスの数が均衡している。このため，この労働市場では失業や人手不足は発生しにくいと考えられる。

説明イ：この図の状態では，仕事を表すイスの数から求人倍率は1.5倍となる売り手市場である。景気が良い場合や，あるいは労働条件等の関係で人気のない業種などの労働市場で見られる現象である。中には労働者の待遇改善等を図る企業も出現する。

説明ウ：この図の状態では，少ない仕事を多くの人で奪い合う買い手市場の状態になっている。不況時や，コンピュータ等の導入による省力化が進んだ場合，あるいは労働者に人気のある市場はこのようになりやすい。

	図1	図2	図3
①	説明ア	説明ウ	説明イ
②	説明イ	説明ア	説明ウ
③	説明イ	説明ウ	説明ア
④	説明ア	説明イ	説明ウ

問 3　下線部分(b)貧富の差に関して，次の**レポート**は生徒が「エレファントカーブ」と呼ばれるグラフについてまとめたものである。この**レポート**について述べた文章として適切なものを，下の①～④のうちから一つ選べ。解答番号は［15］。

レポート

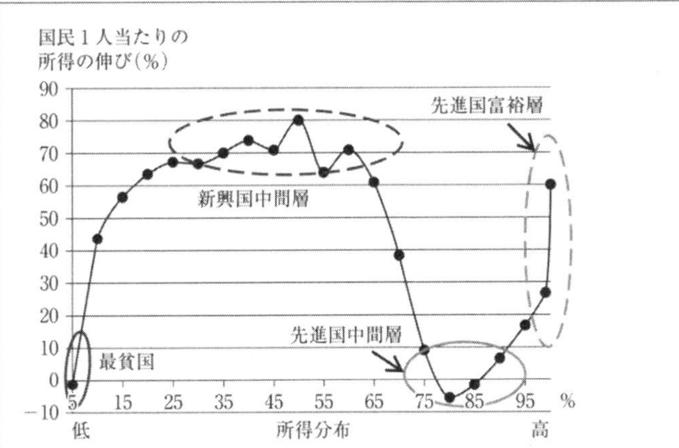

上のグラフは全世界の人々の所得に関する調査をまとめたものである。

世界中の人々を貧富の順に並べ，1988年から2008年までの実質所得の相対的な伸び率をあらわしたものである。

グラフの左端には最貧国の人々が当てはまる。所得分布の中央部には，中国など現在経済発展をしている新興国中間層の人々が当てはまる。所得分布の右側に目を向けると，すでに経済的に発展した日本をはじめとする先進国中間層の人々が所属する箇所があり，グラフの右端には先進国富裕層が位置する。一番右の点は，上位1％の世界で最も裕福な人々をあらわしている。

（総務省ホームページにより作成）

① 最も実質所得が伸びたのは新興国中間層の人々であり，これは中国などの新興国が経済成長によって実質所得を増やしていることをあらわしている。一方，先進国中間層が所属する階層は，実質所得の伸び率が15％を下回っている。

② 最も実質所得が伸びたのは最貧国の人々である。一方，先進国中間層が所属する階層は，実質所得の伸び率が10％以下である。このことから先進国の一握りの裕福な人々に富が集中し，先進国内で貧富の差が拡大していることが分かる。

③ 最も実質所得が伸びたのは先進国中間層の人々であり，伸び率は70％を超えている。一方，最貧国の人々の実質所得の伸びはグラフ内で最も低く，国際的な貧富の差が拡大していることが分かる。

④ 最も実質所得が伸びたのは先進国富裕層の人々である。このことから先進国では中国などの新興国より経済成長が進んでいることが分かる。

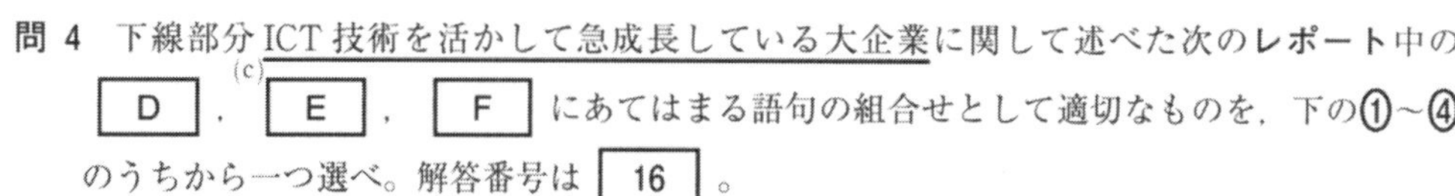

問 4　下線部分 ICT 技術を活かして急成長している大企業に関して述べた次のレポート中の D ，(c) E ， F にあてはまる語句の組合せとして適切なものを，下の①～④のうちから一つ選べ。解答番号は 16 。

レポート

> 私は，アメリカで生まれインターネットなどの ICT 技術を活用して急速に拡大している数社の企業について調べました。これらの企業は，無料で検索サービスを提供し広告収入を得るもの，デザインにこだわった独自の PC やスマートフォンの販売，実名による SNS を提供し広告収入を得るもの，インターネットを利用した通信販売などの事業を通じて，巨大な企業になりました。またこれらの企業は国境を越えてビジネスを展開する D です。さらにこれらの企業は株式会社の仕組みを利用した M&A（ E ）によって，新しいサービスを提供する企業を自社のグループに取り込んでいます。
>
> しかし高い市場占有率（シェア）を問題視する EU では，日本における F にあたる法律による規制が議論されています。

	D	E	F
①	公私合同企業	企業の合併と買収	商法
②	多国籍企業	所有と経営の分離	商法
③	公私合同企業	所有と経営の分離	独占禁止法
④	多国籍企業	企業の合併と買収	独占禁止法

問 5 下線部分(d)天秤(てんびん)に関連して，次の**会話文**中の G にあてはまるものとして適切なものを，下の①～④のうちから一つ選べ。解答番号は 17 。

会話文

天秤のイラスト

秀樹：イギリスの通貨であるポンド(£)の語源はラテン語で天秤を意味しているそうです。なぜ天秤なのですか。

先生：**天秤のイラスト**をみれば分かるように天秤は重さを量る道具です。ポンドは重さの単位でもありますが，かつてのイギリスでは1トロイポンドという重さの単位で量られた銀が通貨として使われていました。

裕美：みんなが欲しがる金や銀がお金に使われていたのですね。

先生：さて，天秤から通貨の役割を考えてみましょう。天秤は，左右の釣り合いがとれているところで重さを量ります。私にはこの左右を比較して重さを量る機能は G を象徴的に表しているように思えます。

① 年月の経過によって価値が減少しない価値の貯蔵機能
② 資金の余剰な部門から資金が不足している部門に通貨を融通する機能
③ 通貨の発行量を調整することで物価を常に下降させる機能
④ 商品の交換に際して，商品の価値をあらわす価値尺度としての機能

6 次の会話文を読んで，**問1～問5**に答えよ。

先生：今年は，国際連盟が設立されてちょうど100年の年にあたります。国際連盟とはどのような機関でしたか？

佳菜：第一次世界大戦後につくられた初の国際平和機構のことですね。たしか，アメリカのウィルソン大統領が提唱した「 A 」に基づいて創設され，国際社会の平和維持のために集団安全保障方式を採用したんですよね。

孝一：でも，国際連盟はその役割を十分に果たすことができず，結局，第二次世界大戦が起こってしまうことになりました。そこで戦後，国際連合(a)が設立されたと学習しました。

先生：その通りですね。国際社会には，より上位の統治機関が存在しないため，かつての国際社会においては，国家間で領土や富をめぐる紛争が起こると外交(b)によって利害を調整しましたが，交渉がうまくいかなければ戦争ということもありました。そこで国家間の対立があることを前提としながら，勢力均衡によって平和を維持しようとしました。勢力均衡方式は，確かに一定の効果がありましたが，結局，戦争を防ぐことはできませんでした。

孝一：なぜ勢力均衡方式では，戦争を防ぐことができなかったのですか。

佳菜：各国が自国の安全を高めようとして，競って軍拡や同盟国の獲得を行い，その結果，一旦戦争が起こると，多くの国々を巻き込んだ大戦争につながってしまうことになったんですよね。

先生：そうです。その典型的な例が第一次世界大戦でした。そこで，戦争終結後に国際連盟が設立されることになったのです。このように，戦争のない世界にするための仕組みが考えられ，試みられてきたのですね。

佳菜：国際紛争を平和的に解決するための国際司法制度もその一つですね。

先生：はい。また，経済的な面においても，1930年代の世界的な不況の中で各国が B し，そのことが第二次世界大戦を引き起こす要因の一つとなったといわれています。その反省から，戦後，為替相場の安定や貿易(c)の拡大を図る国際経済の仕組みづくりが行われました。

孝一：国際連盟のもとでは，第二次世界大戦を防ぐことができなかったけれど，その反省の上に今の国際政治や国際経済の仕組みがあるのですね。

先生：そしてこれらの仕組みのもとで，これまでにも，さまざまな問題が発生し，その対応策として制度が変更されたり，新たな仕組みがつくられたりしてきました。

佳菜：今日においても，持続可能な世界の実現のために解決すべき課題(d)が多くあります。そのためにどのような制度や仕組みが必要か，過去や現在の事例に学びながら，考えていくことが大切だと思います。

問 1　会話文中の［A］，［B］にあてはまるものの組合せとして適切なものを，下の①～④のうちから一つ選べ。解答番号は［18］。

［A］にあてはまる選択肢

ア　平和原則 14 か条

イ　戦争と平和の法

［B］にあてはまる選択肢

ウ　保護貿易主義的な政策を行ったことで，世界貿易が縮小

エ　自由貿易主義的な政策を行ったことで，競争が激化

	A	B
①	ア	ウ
②	ア	エ
③	イ	ウ
④	イ	エ

問 2　下線部分国際連合(a)に関連して，次の**会話文**を参考にして，あとの**グラフ 1** 中の C ，D ，E にあてはまる地域の組合せとして適切なものを，下の①～④のうちから一つ選べ。解答番号は 19 。

会話文

孝一：**グラフ 1** は，地域別にみた国際連合加盟国数の推移を示しているよ。国際連合は，最初 51 か国からスタートしたんだね。現在の加盟国数は 193 か国だから，4 分の 1 ほどしかなかったんだね。

佳菜：そうね。もっとも，現在加盟している国の多くは，国際連合設立時点では，イギリスやフランスなど西欧諸国の植民地だったの。戦後，それらの国々が独立して，国際連合に加盟していくにしたがって，加盟国が増えていったのよ。

孝一：そう言われてみると，国際連合設立時に比べて，かつて植民地だった国が多い地域の加盟国の割合が高まっているね。

佳菜：また，冷戦の終結後には，多くの共和国からなる連邦国家が解体され，多数の独立国が成立して国際連合加盟国数が増加したのよ。

グラフ 1　地域別国際連合加盟国数の推移

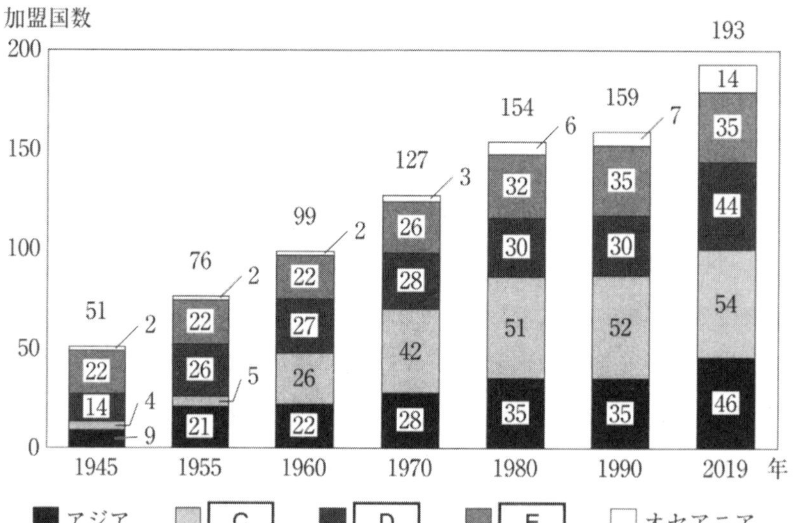

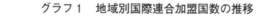

（国際連合広報センターホームページなどにより作成）

	C	D	E
①	アフリカ	ヨーロッパ	南北アメリカ
②	アフリカ	南北アメリカ	ヨーロッパ
③	南北アメリカ	ヨーロッパ	アフリカ
④	南北アメリカ	アフリカ	ヨーロッパ

問 3　下線部分外交(b)に関連して，次のグラフ 2，グラフ 3，グラフ 4 から読み取れる内容として適切なものを，次のページの①～④のうちから一つ選べ。解答番号は 20 。

グラフ 2　対外経済で重点を置くべき分野(2008 年)(複数回答)

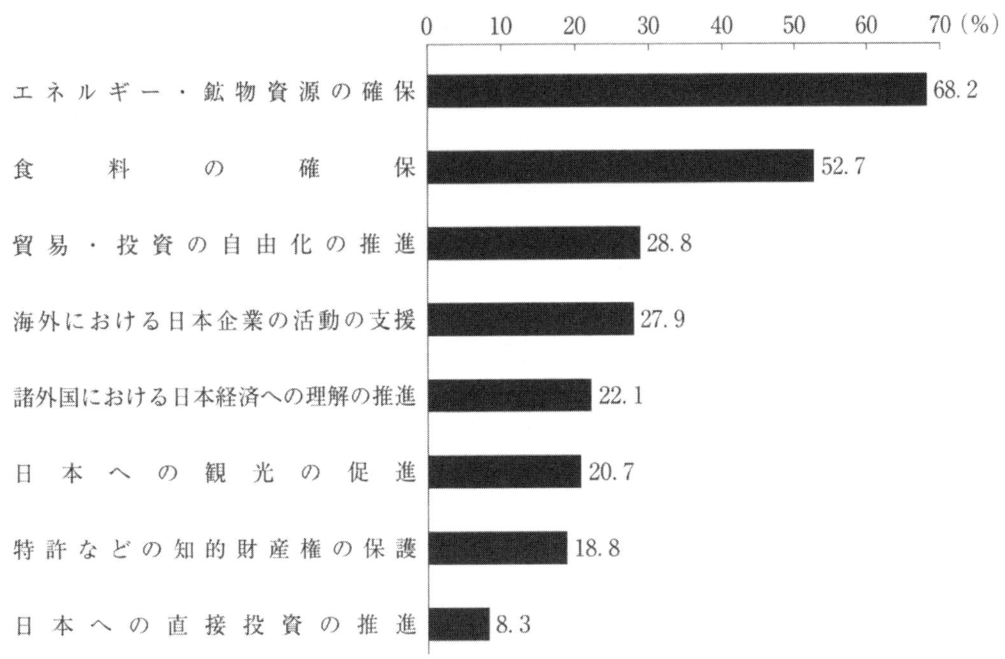

グラフ 3　対外経済で重点を置くべき分野(2013 年)(複数回答)

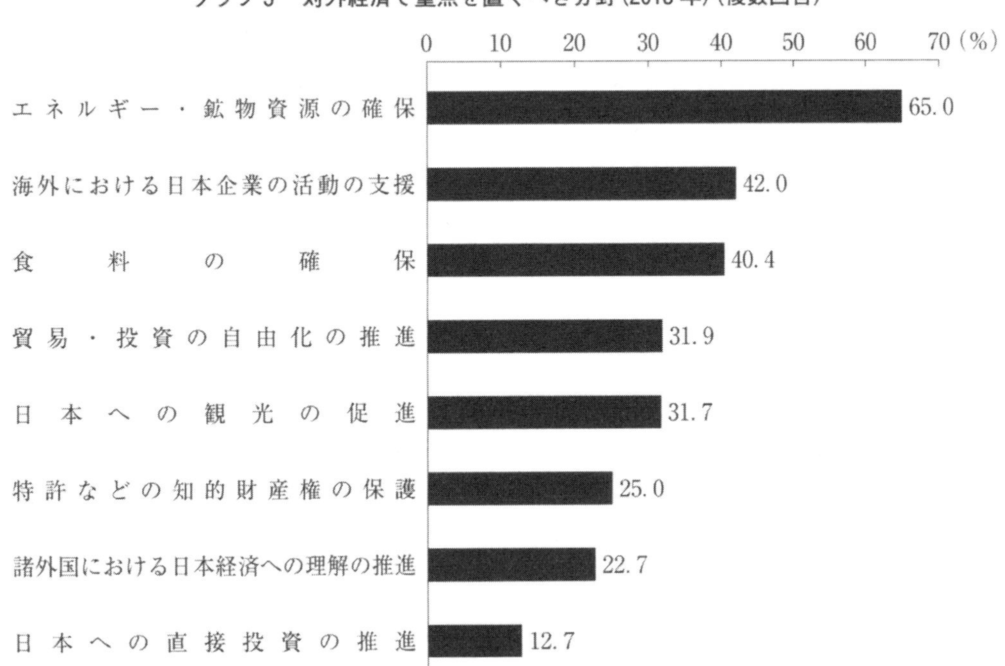

グラフ4　対外経済で重点を置くべき分野（2018年）（複数回答）

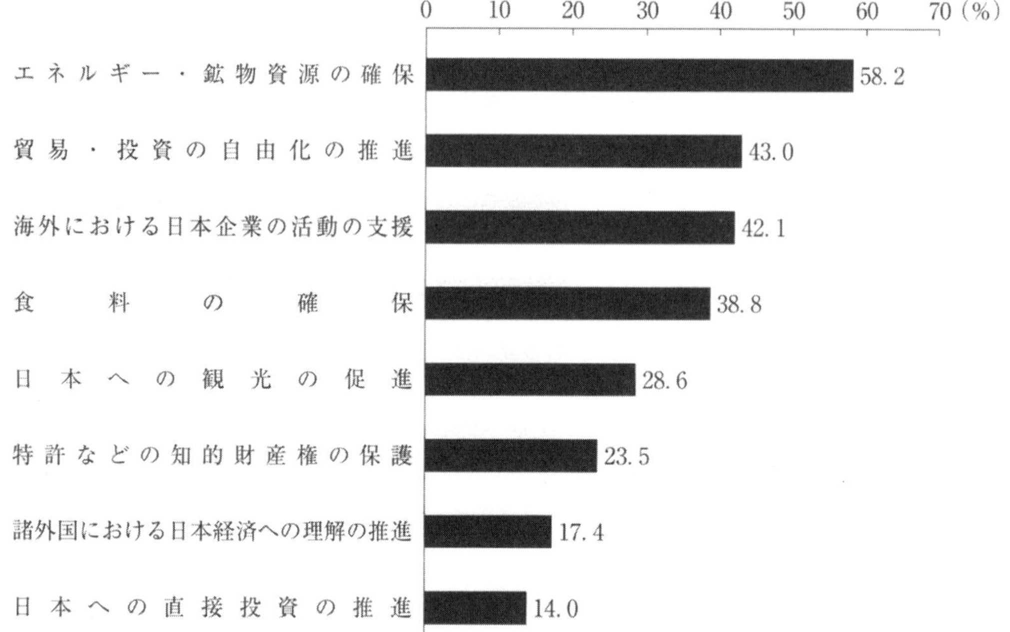

（内閣府「外交に関する世論調査」により作成）

① グラフ2，グラフ3，グラフ4をみると，いずれの年においても，対外経済で重点を置くべき分野として「エネルギー・鉱物資源の確保」と答えた割合が最も高く，その割合は，いずれの年も60％を超えている。

② グラフ2をみると，対外経済で重点を置くべき分野として「貿易・投資の自由化の推進」と答えた割合は，30％未満であるが，グラフ3，グラフ4をみると，「貿易・投資の自由化の推進」と答えた割合は，いずれも30％を超えている。

③ グラフ2，グラフ3をみると，対外経済で重点を置くべき分野として「食料の確保」と答えた割合は，いずれも50％を超えているが，グラフ4をみると，「食料の確保」と答えた割合は，40％未満である。

④ グラフ2，グラフ3，グラフ4をみると，いずれの年においても，対外経済で重点を置くべき分野として「日本への直接投資の推進」や「諸外国における日本経済への理解の推進」と答えた割合は，20％未満である。

問 4 下線部分(c)貿易に関連して，次の**会話文**中の F ， G ， H にあてはまるものの組合せとして適切なものを，次のページの①～④のうちから一つ選べ。
解答番号は 21 。

会話文

佳菜：ねえ，ちょっと教えてくれないかな。GATT の「無差別」の原則ってどういうことなの。

孝一：GATT では最恵国待遇というのが原則になっていて，関税などについて特定の国を優遇したりせずに，すべての国に同じ貿易条件を適用することになっているんだ。それでは，「無差別」の原則について，図を使って説明してみよう。例えば，X・Y・Z という三つの国があったとして，図中の「Y国→X国」は，「X国がY国から輸入する」ということを示しているよ。 F をみてごらん。X国は，Y国から輸入するときもZ国から輸入するときも同じ関税率を設定し，また，Z国は，X国からの輸入とY国からの輸入のどちらに対しても同じ関税率を設定するということだよ。

佳菜：なるほど，よく分かったわ。

孝一：でも例外として「一般特恵関税」というのがあるんだよ。

佳菜：何それ。

孝一：「一般特恵関税」とは，発展途上国からの輸入に対して，他の国に対する関税よりも低い税率の関税をかけて優遇することなんだ。これについて G を使って説明すると，X国は，発展途上国のY国からの輸入に対しては，Z国からの輸入に対してかける関税よりも低い税率を設定するんだ。同じように，Z国も，Y国からの輸入に対しては，X国からの輸入に対してかける関税よりも税率を低くするんだよ。

佳菜：ありがとう。ところで，GATT やこれを継承した WTO のもとで多国間での貿易交渉が行われる一方で，特定の地域内で自由貿易を進めようとする動きもあるのよね。

孝一：そうだね。「地域的経済統合」というんだ。「地域的経済統合」の形態には「自由貿易協定」や「関税同盟」などといった形態があるよ。

佳菜：「関税同盟」って何？

孝一：「関税同盟」とは，域内貿易においては関税障壁を撤廃する一方，域外との貿易に対しては共通関税を設定する地域統合の形態のことなんだ。 H に示すように，X国とZ国が「関税同盟」を結成したとして，X国とZ国の間では互いに関税を撤廃して自由貿易を行う一方で，域外のY国からの輸入に対しては，X国もZ国も同じ税率の関税を用いるということだよ。

佳菜：図を使った説明でとても分かりやすかったわ。どうもありがとう。

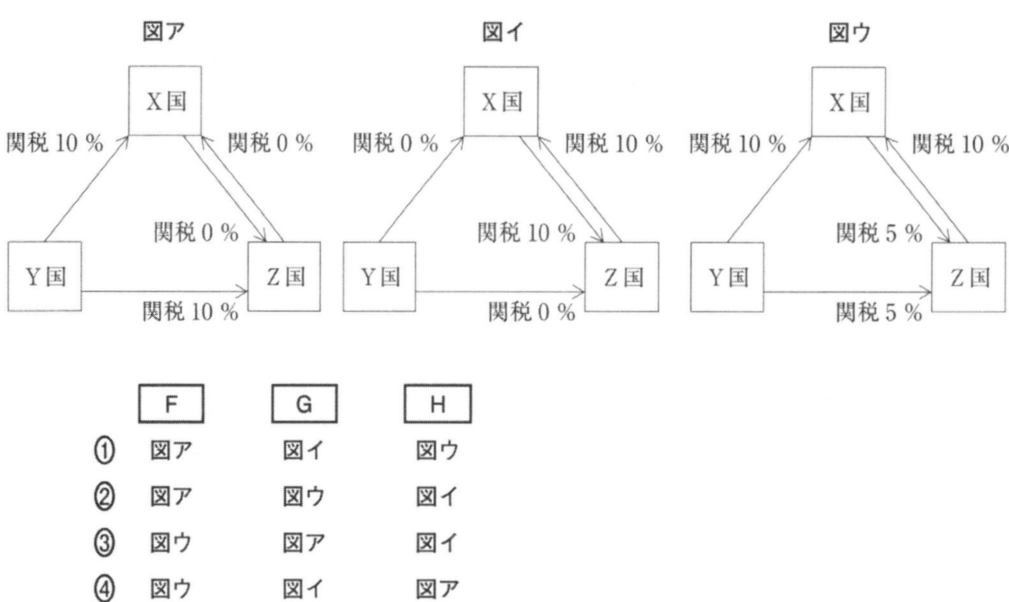

	F	G	H
①	図ア	図イ	図ウ
②	図ア	図ウ	図イ
③	図ウ	図ア	図イ
④	図ウ	図イ	図ア

問 5　下線部(d)持続可能な世界の実現のために解決すべき課題について述べた文として適切なものを，次の①～④のうちから一つ選べ。解答番号は 22 。

① 南北問題に対して，「貿易よりも援助を」の方針のもとに先進国による経済支援が行われているが，発展途上国では「双子の赤字」が特有の問題となっている。

② 新エネルギーとして，太陽光発電や風力発電，バイオマス発電などが注目されているが，発電コストや発電効率の面で，未だ課題が多い。

③ 核兵器の廃絶に向けて，包括的核実験禁止条約が発効したが，地下における核実験が禁止されていないという問題が指摘されている。

④ 中東問題の解決に向けて，ガザ地区とヨルダン川西岸地区でイスラエル人による自治が始まったが，パレスチナ人の手によって分離壁が建設されている。

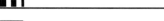

7 次の会話文を読んで，**問1～問2**に答えよ。

ゆ　き：地球温暖化を中心とする気候変動は，化石燃料を消費することで発生する二酸化炭素などの温室効果ガスの増加が，大きな原因と考えられているね。

こうき：気候変動によって，局地的な大雨が頻繁に起きたり，夏の気温が高くなったりしているようにも感じます。気候変動に対して，国際社会はどのような対策をしているのかな。

り　こ：地球温暖化対策を考える国際的な取り組みとしては，1992年にリオデジャネイロで開催された［A］があります。この会議では，「持続可能な開発」の基本理念が示され，気候変動枠組条約（地球温暖化防止条約）などが採択されました。その後，1997年には第3回気候変動枠組条約締約国会議（地球温暖化防止京都会議，COP 3）が開催され，京都議定書が採択されました。

ゆうと：京都議定書では，産業革命以来化石燃料を大量に使い，多くの温室効果ガスを排出してきた先進国にだけ，温室効果ガスの削減を義務づけました。でも，**グラフ1**からは［B］が読み取れ，地球全体の排出量を抑えるためには，世界中の国々の協力が不可欠であることが分かります。

グラフ1　世界の二酸化炭素排出量の推移

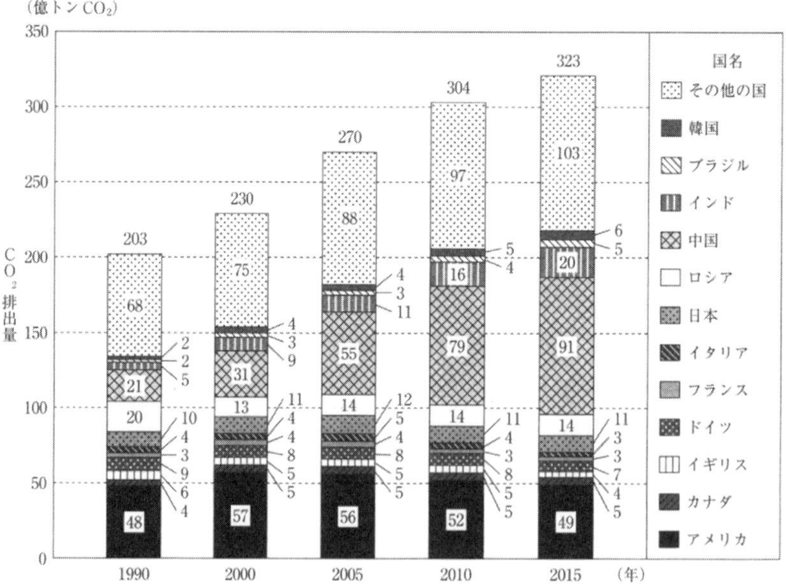

（注）四捨五入の関係で合計値が合わない場合がある。

（一般財団法人 日本原子力文化財団ホームページにより作成）

ゆ　き：そこで，2015年にパリで開催された第21回気候変動枠組条約締約国会議（COP 21）で，パリ協定が採択されました。この協定は，目標達成の義務はないという課題があるものの，［C］が決まりました。

こうき：国際的な取り組みも大切だと思うけど，私たちにもできることはないのかな。

りこ：私たちの生活を(a)環境にやさしいスタイルに変えていくのはどうかな。例えば，現在私たちの使っている電気の大部分は，化石燃料を燃やしてつくられているので，節電をすることはすごく大切だと思う。

ゆうと：買い物をするときに，エコレールマークなどがついた商品を選ぶという方法もあるよね。

資料

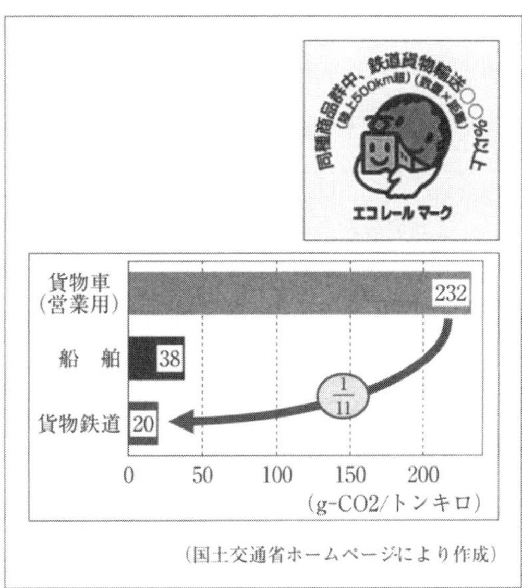

(国土交通省ホームページにより作成)

ゆき：そうだね。**資料**をみると，このマークは，二酸化炭素排出量が貨物車(営業用)に比べて11分の1以下である貨物鉄道を，一定の割合以上利用している商品に表示されているね。

りこ：このマークのおかげで，企業が積極的に環境にやさしい貨物鉄道輸送に取り組んでいると分かるね。身のまわりの商品には，環境に配慮していることを示す，こうしたマークがけっこう表示されているんだよ。

こうき：そうなんだね。今度から買い物をするときに，どういうマークが表示されているか，気にしてみようかな。将来世代のためにも，一人一人が環境に配慮した行動をすることが大切だね。

問1　会話文中の A ，B ，C にあてはまるものの組合せとして適切なものを，下の①～④のうちから一つ選べ。解答番号は 23 。

A にあてはまる選択肢

ア　国連環境開発会議(地球サミット)

イ　持続可能な開発に関する世界首脳会議(環境・開発サミット)

B にあてはまる選択肢

ウ　2015年の世界全体の二酸化炭素排出量は1990年と比較して2倍以上となっていること

エ　中国やインドといった新興国で二酸化炭素排出量が一貫して増加していること

C にあてはまる選択肢

オ　先進国だけが，排出権取引なども活用しながら温室効果ガスの削減に向けてより一層努力すること

カ　先進国，発展途上国を問わず締約国すべてが温室効果ガスの削減に向けて努力すること

	A	B	C
①	ア	ウ	オ
②	ア	エ	カ
③	イ	ウ	カ
④	イ	エ	オ

問 2 下線部分 環境にやさしいスタイル(a) に関連して，次のグラフ2，グラフ3について説明する文章として適切なものを，次のページの①～④のうちから一つ選べ。解答番号は 24 。

グラフ2　今後の環境の状況に対して不安を感じることがあるかどうか

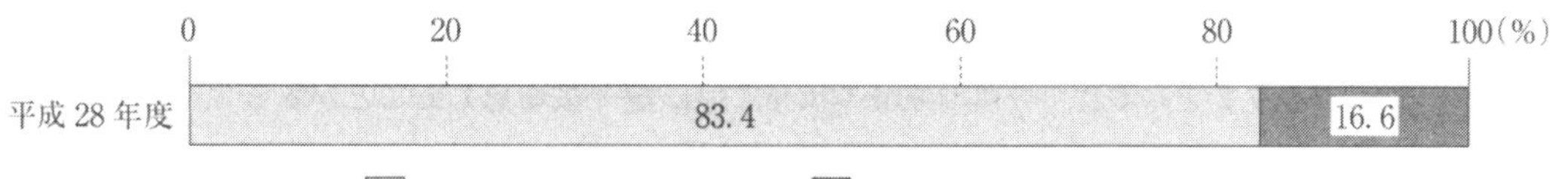

不安を感じることがある　不安を感じることはない

グラフ3　環境配慮行動の実施意向

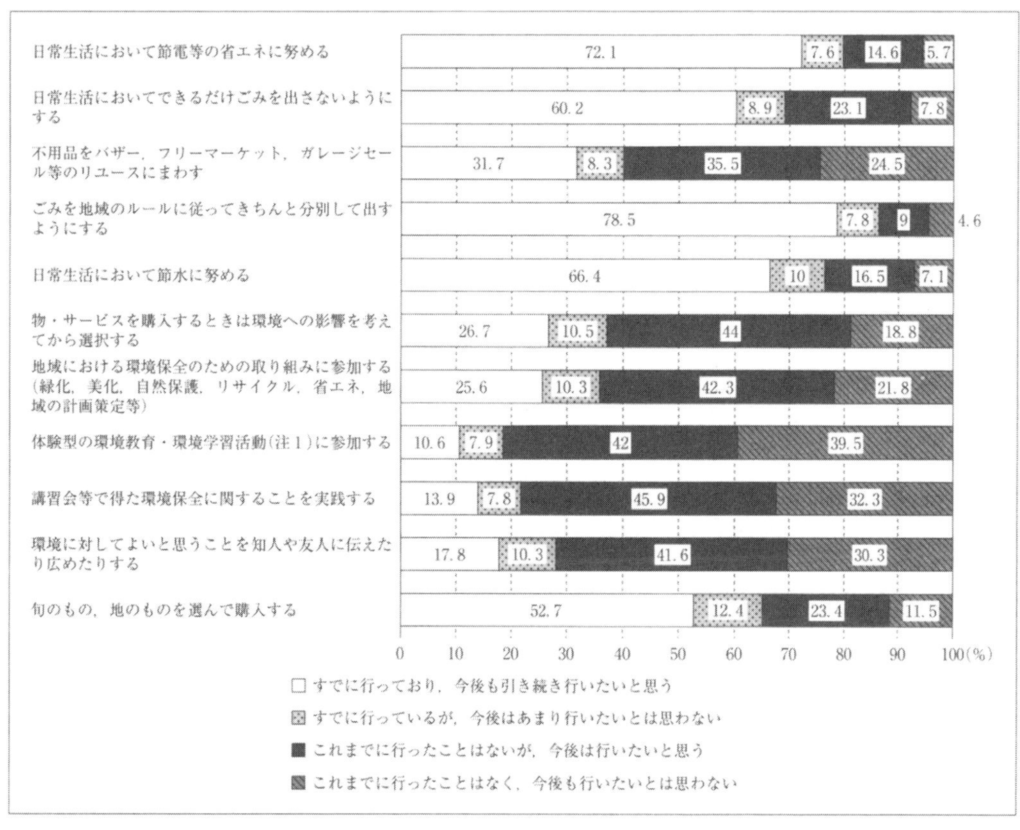

(注1)　体験型の環境教育・環境学習活動とは，例えば，自然観察会や水質調査，河川・砂浜・地域の美化・清掃活動，植林活動など，環境やその問題に関する体験活動や調査活動などの具体的な実践のこと。講習や勉強会などの座学のみのものは含まない。

(注2)　グラフの数値は四捨五入しているため，合計値が100にならない場合がある。

(環境省「環境にやさしいライフスタイル実態調査　平成28年度調査」により作成)

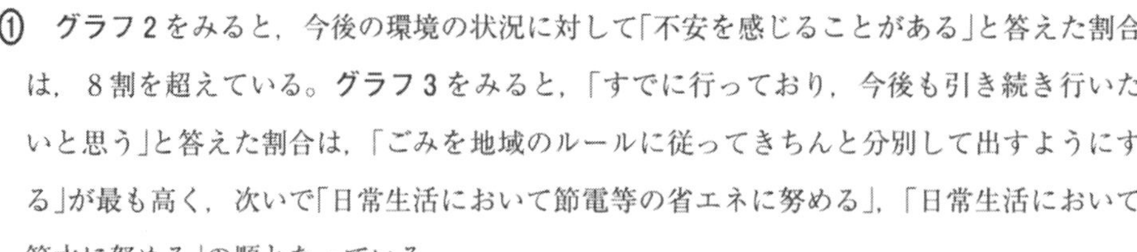

① グラフ2をみると，今後の環境の状況に対して「不安を感じることがある」と答えた割合は，8割を超えている。グラフ3をみると，「すでに行っており，今後も引き続き行いたいと思う」と答えた割合は，「ごみを地域のルールに従ってきちんと分別して出すようにする」が最も高く，次いで「日常生活において節電等の省エネに努める」，「日常生活において節水に努める」の順となっている。

② グラフ2をみると，今後の環境の状況に対して「不安を感じることがある」と答えた割合は，8割を超えている。グラフ3をみると，「すでに行っており，今後も引き続き行いたいと思う」及び「これまでに行ったことはないが，今後は行いたいと思う」と答えた割合の合計は，「物・サービスを購入するときは環境への影響を考えてから選択する」が最も高く，8割を超えている。

③ グラフ2をみると，今後の環境の状況に対して「不安を感じることはない」と答えた割合は，1割以下である。グラフ3をみると，「これまでに行ったことはなく，今後も行いたいとは思わない」と答えた割合は，「講習会等で得た環境保全に関することを実践する」が最も高く，「日常生活においてできるだけごみを出さないようにする」と比べて20ポイント以上の差がある。

④ グラフ2をみると，今後の環境の状況に対して「不安を感じることはない」と答えた割合は，2割を超えている。グラフ3をみると，「すでに行っているが，今後はあまり行いたいとは思わない」及び「これまでに行ったことはなく，今後も行いたいとは思わない」と答えた割合の合計は，「体験型の環境教育・環境学習活動に参加する」が最も高くなっている。

令和２年度　第２回

解答・解説

【重要度の表記】

Ａ：重要度が高く確実に正答したい設問。しっかり復習する必要のある問題です。

Ｂ：重要度はＡレベルよりすこし下で、やや難易度が高い設問または内容を読み取る設問。高得点を狙う人は復習しましょう！

Ｃ：重要度が低い、または難解な設問。軽く復習する程度でよいでしょう！

令和２年度 第２回 高卒認定試験

【解答】

1	解答番号	正答	配点	2	解答番号	正答	配点	3	解答番号	正答	配点	4	解答番号	正答	配点
問１	1	①	4	問１	4	③	4	問１	7	④	4	問１	10	③	4
問２	2	①	5	問２	5	④	4	問２	8	④	5	問２	11	③	4
問３	3	③	4	問３	6	③	4	問３	9	③	4	問３	12	②	4

5	解答番号	正答	配点	6	解答番号	正答	配点	7	解答番号	正答	配点
問１	13	②	4	問１	18	①	4	問１	23	②	4
問２	14	③	4	問２	19	①	4	問２	24	①	4
問３	15	①	5	問３	20	②	4	-	-		
問４	16	④	4	問４	21	④	5	-	-		
問５	17	④	4	問５	22	②	4	-	-		

【解説】

1

問１　空欄Aについて、グラフ１を見ると、ATM設置台数について、人口1,000人あたりと国土面積１㎢あたりの数は、いずれも日本より中国の方が少なくなっています。よって、空欄Aには「ア」が当てはまります。空欄Bについて、グラフ２を見ると、平成25年から平成29年にかけて、「うち名誉棄損」が「うちプライバシー侵害」を常に下回っています。よって、「エ」は誤りです。したがって、正解は①です。

解答番号【1】：1　　⇒重要度A

問２　恵子さんについて、グラフ３で「働きやすい」と回答した割合同士を比較すると、45.0％と42.0％なので、その差は３％です。恵子さんは、その差を10％以上と発言しているので、②は誤りです。勝夫さんと幸美さんについて、グラフ５で「取れている」と回答した割合同士を比較すると、48.0％と39.6％なので、その差は8.4％です。勝夫さんは差を５％未満、幸美さんは差を10％以上と発言しているので、③④は誤りです。したがって、正解は①です。

解答番号【2】：1　　⇒重要度A

問３　空欄Cの１行前を見ると、「このような意見も偏りなく取り入れる必要がある」とあります。「このような意見」とは、レポート２～４行目にある通り「信用の可視化」「忘れら

れる権利」「プライバシーの権利」「表現の自由」への配慮のことで、空欄Cにはこれらのバランスが取れている選択肢が当てはまります。①は「個人情報でも例外なく開示する」とありますが、プライバシーの権利への配慮が欠けている為、誤りです。②は、表現の自由への配慮が欠けている為、誤りです。④は、「情報伝達の効率だけを考え」とありますが、プライバシーや忘れられる権利が侵害される恐れがある為、誤りです。したがって、正解は③です。

解答番号【3】：3　　⇒重要度B

2

問1　空欄Aには、無意識の存在や防衛機制の仕組みについて説いた「フロイト」が当てはまります。一方、「ルソー」は青年期について、男または女としての自我が目覚めることを「第二の誕生」と表現した人物です。空欄Bについて、「昇華」とは、社会的に価値が低い欲求から高い欲求に置き換えることです（例：喧嘩→ボクシング、失恋→スポーツや勉強）。「合理化」とは、欲求が実現しなかった時に、もっともらしく正当化することです（例：テストで点が取れなかった→テストの作り方が悪い）。空欄Bには涼太さんの場合の防衛機制が当てはまります。会話文16～17行目を見ると、スランプの原因をコーチの指導のせいにしています。よって、空欄Bには「合理化」が当てはまります。空欄Cについて、「投射」とは、自分の欲求を相手の中に読み取ることです（例：自分が嫌いだと思っている相手に対して、相手も自分のことを嫌っているに違いないと思う）。「逃避」とは、嫌な状況から逃れようとすることです（例：勉強しなくてはいけないのに、部屋の掃除をする）。空欄Cには、愛香さんの場合の防衛機制が当てはまります。会話文18～19行目を見ると、試験前の不安を、ギターを弾くことで紛らわせています。よって、空欄Cには「逃避」が当てはまります。したがって、正解は③です。

解答番号【4】：3　　⇒重要度B

問2　空欄Dについて、「ア」にはグラフ1について「知らない」と答えた人の割合は、20～22歳の層に比べると40～49歳、50～59歳の年齢層の方が大きいとありますが、20～22歳の層は76.0%、40～49歳の層は73.6%なので、40～49歳の層は小さくなっています。よって、「ア」は誤りです。空欄Eについて、「ウ」にはグラフ3について、「十分である」と「どちらかといえば十分である」と答えた人の割合の合計は、年齢層を比べると16～17歳の割合は、40～49歳の割合の4倍を超えているとありますが、16～17歳は42.9%、40～49歳は14.5%なので、4倍を超えていません。よって、「ウ」は誤りです。したがって、正解は④です。

解答番号【5】：4　　⇒重要度A

問3　①には、グラフ5について「先生」と答えた人の割合は、日本と韓国では10%未満であるとありますが、日本は5.9%、韓国は14.7%です。よって、①は誤りです。②には、グラフ5について「母」と答えた人の割合は、すべての国において50%を超えているとありますが、日本は46.4%、韓国は44.6%です。よって、②は誤りです。④には、グラフ4の「勉強のこと」について「心配」と「どちらかといえば心配」と答えた人の割合の合計は60%を超えているとありますが、54.5%であるため、60%を超えていません。よって、④は誤りです。したがって、正解は③です。

解答番号【6】：3　⇒重要度B

3

問１　適切でないものを選びます。④の「政府委員制度」は1999年に廃止が決定されています。したがって、正解は④です。なお、国会での議論を活発化させるために導入された制度として、党首討論などがあります。

解答番号【7】：4　⇒重要度B

問２　①には、グラフ１について「平成25年度と平成30年度ともに、日本の若者で自国の政治に『関心がある』と回答した者の割合は40％以下」とありますが、平成25年度は50.1％、平成30年度は43.5％であるため、ともに40％以上となっています。よって、①は誤りです。②には、グラフ１について「平成25年度より平成30年度では、自国の政治に『非常に関心がある』または『どちらかといえば関心がある』と回答した者の割合はともに低くなっている」とありますが、「非常に関心がある」と回答した者の割合は、平成25年度は9.5％、平成30年度は12.2％であり高くなっています。よって、②は誤りです。③には、グラフ３について「すべての質問項目で『そう思わない』と回答した者の割合が過半数を占めている」とありますが、過半数を占めている項目は「将来の国や地域の担い手として積極的に政策決定に参加したい」と「私の参加により、変えてほしい社会現象が少し変えられるかもしれない」のみです。よって、③は誤りです。したがって、正解は④です。

解答番号【8】：4　⇒重要度A

問３　正しく答えている生徒は賢太郎さんです。したがって、正解は③です。他の選択肢の誤っている点について確認しておきましょう。裕作さんは「国会議員がその任期中は逮捕されない」と発言していますが、国会議員が逮捕されないのは国会の会期中です。また、例外として院外での現行犯である場合や、議院が許可した時には逮捕されます。よって、①は誤りです。響子さんは「国会の内外を問わず、自らが行った演説や討論などについて、いっさい責任を問われることがない」と発言していますが、これらは院内での発言・表決について院外で責任が問われない権利です。よって、②は誤りです。郁子さんは「国会議員の懲罰を決定するのは、最高裁判所で行われる弾劾裁判です」と発言していますが、弾劾裁判は裁判官の身分にふさわしくない行為をした裁判官を辞めさせるかどうか判断する国会の権能です。よって、④は誤りです。

解答番号【9】：3　⇒重要度B

4

問１　空欄Ａには、1215年のイギリスで、領主たちが国王のジョンに認めさせた「マグナ・カルタ」が当てはまります。空欄Ｂには、ロックの思想と合致するものが当てはまります。会話文14～15行目に「政府に自然権の一部を信託」とあるように、ロックは自然権に

ついて、政府に全面委託はせず、政府が公約違反をした場合に人民は抵抗権や革命権によって政府を変更することを説いています。よって、空欄Bには「ウ」が当てはまります。したがって、正解は③です。なお、「バージニア権利章典」はアメリカの独立革命の過程で1776年に出されたもので、世界で初めて自然権思想を盛り込んだ文書です。「エ」の内容は、ホッブズの思想内容です。

解答番号【10】：3　⇒重要度B

問２　空欄Cには、自由権の１つである「財産権」が当てはまります。空欄Dには、社会権の１つである「生存権」が当てはまります。したがって、正解は③です。

解答番号【11】：3　⇒重要度A

問３　空欄Eについて、メモ３～４行目を見ると、「精神の自由は経済の自由に優越する」とありますので、空欄Eにはこれに合致する選択肢である「オ」が当てはまります。空欄Fについて、メモ６～７行目を見ると、「国民の生命及び健康に対する危険を除く目的のもの」とありますので、空欄Fにはこれに合致する選択肢である「ク」が当てはまります。空欄Gには、メモ９行目にあるように、「経済の自由への規制」に関する法律改正の内容が当てはまります。よって、空欄Gには「コ」が当てはまります。したがって、正解は②です。

解答番号【12】：2　⇒重要度A

5

問１　空欄Aについて。会話文４～６行目に「米をつくる農民や道具を作る職人～商売をしてまわる商人と様々な仕事が生まれました」とあります。よって、空欄Aには社会において人々が仕事を分担し、専門的な職業に従事する「社会的分業」が当てはまります。空欄Bには、中央銀行が通貨の量をある程度自由にコントロールできる「管理通貨制度」が当てはまります。この制度は、通貨の発行量が増えすぎてしまうと通貨の価値が下がり、インフレーション（物価上昇）が起こることがあります。よって、空欄Cには「インフレーション」が当てはまります。したがって、正解は②です。なお、「社会主義」とは生産手段を国が管理し、平等な社会を実現しようとする思想です。「変動相場制度」とは、為替相場を外国為替市場の需要と供給によって自由に変動させる制度です。対になる用語として、１ドル＝360円など、為替市場の需要と供給に関わらず相場を固定する「固定相場制度」があります。「デフレーション」とは、物価が下がる現象です。

解答番号【13】：2　⇒重要度A

問２　設問のとおり、生徒を求職者、イスを求人数として適切な組み合わせを考えましょう。説明アには、「仕事を探している人と仕事を表すイスの数が均衡している」とありますので、説明アの組み合わせは図３となります。説明イには、「求人倍率は1.5倍」とあります。求人倍率は、求職者より求人数が多いほど数値が大きくなりますので、生徒の数よりイスの数が多い図１が説明イとの組み合わせとなります。説明ウには、「少ない仕事を多くの人で奪い合う」とありますので、生徒の数よりイスの数が少ない図２が説明ウとの組み合わせとなります。したがって、正解は③です。

解答番号【14】：3　⇒重要度A

問３　レポートにあるグラフの縦軸「国民１人当たりの所得の伸び」が、実質所得の伸び率を表しています。最も実質所得が伸びているのは、60％～80％に位置する新興国中間層です。したがって、正解は①です。

解答番号【15】：1　　⇒**重要度Ａ**

問４　空欄Ｄには、国境を越えてビジネスを展開する「多国籍企業」が当てはまります。空欄Ｅには、M&Aを意味する「企業の合併と買収」が当てはまります。空欄Ｆには、市場の独占を防ぎ、公正かつ自由な競争を促進する目的で制定された「独占禁止法」が当てはまります。したがって、正解は④です。なお、「公私合同企業」とは、国や地方公共団体と民間企業が合同して設立した企業です。「所有と経営の分離」とは、株式を所有する株主と、経営を行う取締役は異なる原則のことです。「商法」とは、商売に関わる法律のことです。

解答番号【16】：4　　⇒**重要度Ａ**

問５　会話文９～10行目の通り、天秤は左右の釣り合いがとれているところで重さを量ります。かつてイギリスでは銀を通貨として使っており、銀の価値は天秤によって量られていたことを考えると、天秤ではモノの価値をあらわす尺度としての機能を象徴しているように思われます。したがって、正解は④です。

解答番号【17】：4　　⇒**重要度Ｂ**

6

問１　空欄Ａについて、国際連盟はアメリカのウィルソン大統領が提唱した「平和原則14か条」に基づいて創設されました。よって、空欄Ａには「ア」が当てはまります。空欄Ｂについて、第二次世界大戦を引き起こす要因の一つとなったのは、各国が保護貿易主義的な政策を行ったことで、世界貿易が縮小し、経済的に困窮した国が他国を攻撃したことにあります。よって、空欄Ｂには「ウ」が当てはまります。したがって、正解は①です。なお、『戦争と平和の法』はオランダのグロティウスが1625年に出版した著作です。

解答番号【18】：1　　⇒**重要度Ａ**

問２　会話文を参考に、空欄に当てはまる国を考えます。会話文４～５行目に「現在加盟している国の多くは、国際連合設立時点では、イギリスやフランスなど西欧諸国の植民地だった」とありますが、これはアフリカの国々で、1960年代に次々と独立を果たしました。よって、1960年から国連加盟数を伸ばしている空欄Ｃが「アフリカ」となります。次に、会話文９～10行目を見ると、「冷戦の終結後には、多くの共和国からなる連邦国家が解体され、多数の独立国が成立して国際連合加盟国数が増加した」とありますが、これは東ヨーロッパのことで、冷戦が終結した1989年以降に次々と独立を果たしました。よって、1990年以降から国連加盟国数を伸ばしている空欄Ｄが「ヨーロッパ」となります。したがって、正解は①です。

解答番号【19】：1　　⇒**重要度Ｂ**

問３　①には、「エネルギー・鉱物資源の確保」と答えた割合についてグラフ２・３・４いず

れも60％を超えているとありますが、グラフ4では58.2％なので、60％を超えていません。よって、①は誤りです。③には、グラフ2・3について「食料の確保」と答えた割合はいずれも50％を超えているとありますが、グラフ3では40.4％となっており、50％を超えていません。よって、③は誤りです。④には、「日本への直接投資の推進」や「諸外国における日本経済への理解の推進」と答えた割合について、グラフ2・3・4はいずれも20％未満とありますが、「諸外国における日本経済への理解の推進」はグラフ2では22.1％、グラフ3では22.7％なので、20％以上となっています。よって、④は誤りです。したがって、正解は②です。

解答番号【20】：2　　⇒重要度A

問4　空欄Fについて、会話文6～7行目を見ると、「X国は、Y国から輸入するときもZ国から輸入するときも同じ関税率を設定し」とあります。よって、空欄FにはX国が輸入する際にY・Z国ともに10％の税率を設定している「図ウ」が当てはまります。空欄Gについて、会話文14～15行目を見ると、「X国は、発展途上国のY国からの輸入に対しては、Z国からの輸入に対してかける関税よりも低い税率を設定」とあります。よって、空欄Gには、Y国に0％、Z国に10％の税率を設定している「図イ」が当てはまります。空欄Hについて、会話文24～25行目を見ると、「X国とZ国の間では互いに関税を撤廃して自由貿易を行う」とあります。よって、空欄HにはX・Z国の税率が互いに0％である「図ア」が当てはまります。したがって、正解は④です。

解答番号【21】：4　　⇒重要度B

問5　①について、南北問題は、UNCTAD（国連貿易開発会議）により1964年に提出された「プレビッシュ報告」による「援助よりも貿易を」をスローガンに格差の是正が進められています。よって、①は誤りです。③について、包括的核実験禁止条約により、地下を含むあらゆる核実験が禁止されました。よって、③は誤りです。④について、パレスチナにおける分離壁は、イスラエルによって建設されています。よって、④は誤りです。したがって、正解は②です。

解答番号【22】：2　　⇒重要度B

7

問1　空欄Aには、1992年にリオデジャネイロで開催された「ア」が当てはまります。空欄Bについて、「ウ」には、2015年の世界全体の二酸化炭素排出量は1990年と比較して2倍以上となっているとありますが、グラフ1を見ると、1990年は203億トン、2015年は323億トンです。2倍以上にはなっていない為、「ウ」は誤りです。空欄Cには、パリ協定の内容にあたる「カ」が当てはまります。したがって、正解は②です。なお、「イ」は「ア」の10年後に行われた会議で、「ア」で定めた基本概念の実施状況の確認と取り組みの強化を目標としました。

解答番号【23】：2　　⇒重要度B

問2　②には、グラフ3について「すでに行っており、今後も引き続き行いたいと思う」及び「これまでに行ったことはないが、今後は行いたいと思う」と答えた割合の合計は、「物・サービスを購入するときは環境への影響を考えてから選択する」が最も高く、８割を超えているとありますが、最も高い項目は「ごみを地域のルールに従ってきちんと分別して出すようにする」(87.5％）です。よって、②は誤りです。③と④について、グラフ２を見ると「不安を感じることはない」と答えた割合は 16.6％です。③では１割以下、④では２割を超えているとありますので、③④は誤りです。したがって、正解は①です。

解答番号【24】：1　　⇒ **重要度A**

令和２年度 第１回
高卒認定試験

現代社会

解答時間　50 分

注　意　事　項（抜粋）

＊　試験開始の合図前に，監督者の指示に従って，解答用紙の該当欄に以下の内容をそれぞれ正しく記入し，マークすること。

①**氏名欄**

氏名を記入すること。

②**受験番号**，③**生年月日**，④**受験地欄**

受験番号, 生年月日を記入し，さらにマーク欄に**受験番号**（数字），**生年月日**（年号・数字），**受験地をマーク**すること。

＊　**受験番号，生年月日，受験地が正しくマークされていない場合は，採点できないことがある。**

＊　解答は，解答用紙の解答欄にマークすること。例えば，[10] と表示のある解答番号に対して②と解答する場合は，次の(例)のように**解答番号** 10 の**解答欄**の②に**マーク**すること。

（例）

解答番号	解　答　欄
10	① ● ③ ④ ⑤ ⑥ ⑦ ⑧ ⑨ ⓪

現　代　社　会

（解答番号 1 ～ 24）

1 次の文章を読んで，**問1～問3**に答えよ。

あさがお高校では文化祭で，地球環境問題に関するクイズ大会を実施した。これは各学年から代表者が一人ずつ出て三つの問題に挑戦するというものである。次の【1】～【19】のスライドは，その時の様子を番号順にあらわしている。

【1】

【2】

生徒会長

第一問です。はじめに次の**写真1**を見てください。これは2019年に北極海の海氷(海水が凍結したもの)の上を移動している犬ぞりです。海氷の表面がとけて水たまりのようになっています。

写真1

(「日本経済新聞」2019年8月4日により作成)

【3】

生徒会長

次の**グラフ**は北極海の海氷面積年間最小値の年変化[(a)]をあらわしています。**写真1**と**グラフ**からどのようなことが読み取れますか。またどのようなことが考えられるでしょうか。

グラフ　北極海の海氷面積年間最小値の年変化

(国立研究開発法人宇宙航空研究開発機構ホームページにより作成)

【4】

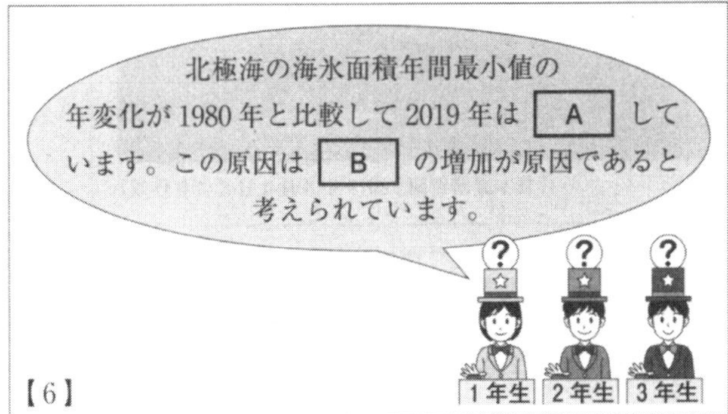

問1　スライド【4】にある下線部分北極海の海氷面積年間最小値の年変化(a)に関連して，このあとに続くスライド【6】にある1年生の生徒による発言の A ， B にあてはまるものの組合せとして適切なものを，次の①～④のうちから一つ選べ。解答番号は 1 。

	A	B
①	約半分に減少	地球上のダイオキシン
②	約4分の1に減少	地球上の二酸化炭素
③	約半分に減少	地球上の二酸化炭素
④	約4分の1に減少	地球上のダイオキシン

次の新聞記事１を読んでください。この記事の中の C にあてはまるものは何でしょうか。またこのことに関連して，現在の日本ではどのようになっていますか。
生徒会長
【9】

新聞記事１

欧州など海外では炭素税をすでに導入している国や地域も多い。

炭素税は企業等に C ことを目的とした税で，その税収を経済成長の後押しに役立てている国もある。欧州は約 20 カ国がすでに炭素税を導入済みだ。まずフィンランドが 1990 年に初めて導入。フランスや英国，スウェーデンなども取り入れている。

（「日本経済新聞」2019 年 8 月 24 日により作成）

生徒会長
C という言葉が入ります。
また，現在の日本では D という状況です。
1年生
2年生
3年生
【11】

問 2　スライド【11】にある2年生の生徒による発言の C ， D にあてはまるものの組合せとして適切なものを，下の①～④のうちから一つ選べ。解答番号は 2 。

C にあてはまる選択肢

ア　化石燃料の使用を促進させる

イ　温暖化ガス排出を抑えさせる

D にあてはまる選択肢

ウ　地球温暖化対策のための税が導入されている

エ　まだ地球温暖化対策のための税は導入されていない

	C	D
①	ア	エ
②	イ	ウ
③	ア	ウ
④	イ	エ

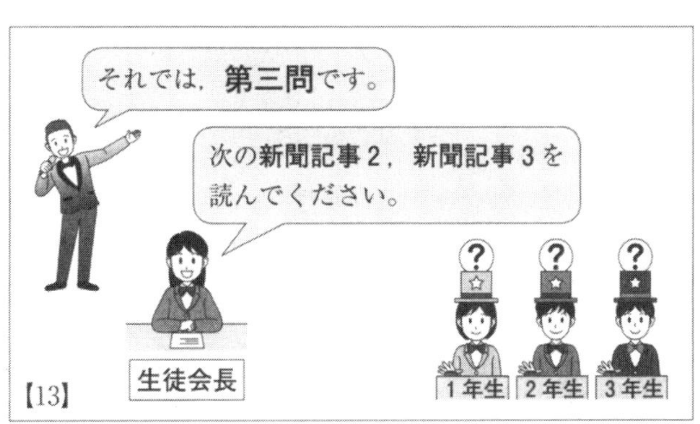

新聞記事 2

エネルギーを化石燃料から再生可能エネルギーにかえる動きは世界中で増えている。アイスランドではすでに電力をすべて再生可能エネルギーでまかなっている。火山の多い地形で，地熱発電が 3 割近くを占める。デンマークは風力発電が総電力量の 40 % 以上だ。

気候変動の大きな影響を避けるためには，2030 年までに 10 年比で約 45 % の二酸化炭素削減が必要とする報告書もあり，各国が再生可能エネルギーに力を入れている。

（「日本経済新聞」2019 年 9 月 14 日夕刊により作成）

新聞記事 3

太陽光をはじめ自然エネルギーによる電力の使用やレジ袋，食べ物の容器といった使い捨てプラスチックを使用しないなど，化石燃料に依存しない生活様式を心がけることは対策になる。とはいえ，一足飛びに変えるのは容易ではない。企業や行政が変わらないと個人ができることには限界がある。

（「日本経済新聞」2019 年 11 月 25 日夕刊により作成）

この新聞記事 2，新聞記事 3 を読んだ二人の高校生，春男さんと
(b)
夏子さんが次のような発言をしました。 E ， F ，
G にあてはまるものは何でしょうか。
生徒会長
1 年生
2 年生
3 年生
【14】

E という国もあると書いてあります。日本も政府が補助金を出して再生可能エネルギーの利用を進めるべきです。実現しようと思えばできるのではないでしょうか。
春男さん
再生可能エネルギーは F と授業で学習しました。新聞記事にも G と書いてあり，再生可能エネルギーの普及について私たちが考えなくてはいけない大切な問題なのだなと思いました。
夏子さん
【15】

はい！
3年生どうぞ！
ピンポーン
生徒会長
1年生
2年生
3年生
【16】

はい E ， F ， G となります。
生徒会長
1年生
2年生
3年生
【17】

正解です。再生可能エネルギーの特色を理解し，新聞記事を適切に読み取っていますね。
生徒会長
1年生
2年生
3年生
【18】

問 3　スライド【14】にある下線部分(b)新聞記事 2，新聞記事 3 を読んだ二人の高校生に関連して，スライド【17】にある E ， F ， G にあてはまるものの組合せとして適切なものを，下の①～④のうちから一つ選べ。解答番号は 3 。

E にあてはまる選択肢

オ　すでに電力をすべて再生可能エネルギーでまかなっている

カ　2030 年までに 10 年比で約 55 % の二酸化炭素を削減している

F にあてはまる選択肢

キ　資源に限りがあり，枯渇してしまう

ク　自然条件に発電量が左右されてしまう

G にあてはまる選択肢

ケ　一足飛びに変えるのは容易ではない

コ　莫大なコストがかかり容易ではない

	E	F	G
①	オ	キ	コ
②	カ	キ	ケ
③	カ	ク	コ
④	オ	ク	ケ

2 次の会話文を読んで，**問1～問3**に答えよ。

たかし：先生，ちょっと悩みがあるんです。聞いていただけますか？

先　生：もちろんだよ。どんなことだい？

たかし：はい，僕は部活の部長とホームルーム長をやっているんです。両方とも思いもよらなかったことなんですが，選ばれた以上は努力しているつもりです。部活動の後は率先してグラウンド整備をしたり，クラスでは友人の悩みを聞いてあげたりしています。でもなかなか思うようにいきません。みんなの期待に応えられていないような気がするんです。

先　生：そうか。たかしくんは真面目で誠実だなあ。今の話を聞くと，たかしくんの行動は，孔子の教えに重なるような気がするな。

たかし：僕が孔子ですか？　孔子って，確か，古代中国の思想家(a)ですよね？

先　生：よく覚えていたね。孔子は，仁を中心とした教えを説いた人物だね。仁とは他者への自然な親愛の情のことであり，その心が行動にあらわれたものが礼なんだ。人々が礼の実践によって仁を認識し，それが社会全体におよぼされたとき，秩序と調和がもたらされる，と彼は考えたんだ。つまり孔子は人間の意志によって社会は変えられる，と信じていたようだね。たかしくんは知らず知らずのうちに孔子の教えを身につけ，それを実践していたのかもしれないね。やっていることは決して間違っていない。

たかし：そうですか。少しは自信が持てました。でもちょっと疲れてしまったのも正直なところです。

先　生：リーダーを務めていると，そういう時があるよね。では，また違うアプローチの一つを紹介しようか。これも古代中国のものなんだけど。

たかし：はい，ぜひお願いします！

先　生：老子の思想だよ。老子は，人々にあまり意図的なことをせず，無心に生きることを説いたんだ。意図的というのは，ある目的を持って，わざとそうすることをいうのだけれど，自然には作為や意図はないだろう？　天気が晴れたり曇ったりするのも，意図があるわけではないよね。だから人間も作為や意図に限界を感じて，自然に任せた生き方をしていれば，なるようになっていくし，またなるようにしかならないよ，ということなんだ。

たかし：なるほど，確かに孔子とはちがうアプローチですね。でも今はその教えにも共感できます。意志を持ち目標に向かって働くことは大事ですね。でも，自然の流れに任せることも，時には必要だっていうことですね。

先　生：そうだね。孔子と老子，それぞれの思想の中に生き方を導く教えがあるということだね。先哲の思想を学ぶことによって，心の持ちようを柔軟にし，様々な生き方を模索できるようになるんじゃないかな。この先，部活やクラス運営のときや，将来仕事をするとき(b)に思い出してみたらどうだろう。青年期(c)に大いに学び，悩むって，とても大事なことなんだね。

たかし：はい。ありがとうございます。何とかやれそうな気がしてきました。もっと他の思想も勉強したくなりました。

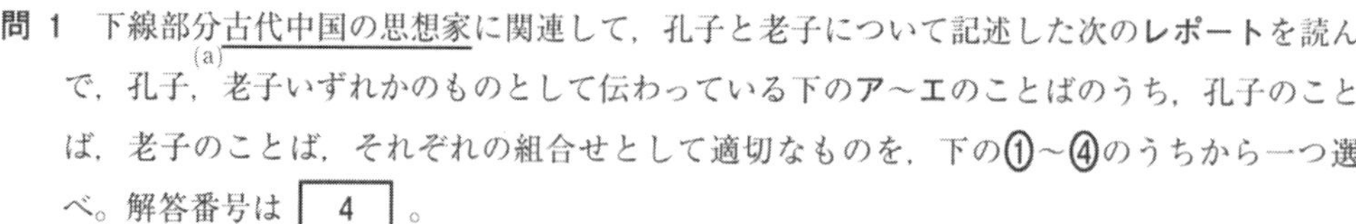

問 1　下線部分古代中国の思想家(a)に関連して，孔子と老子について記述した次の**レポート**を読んで，孔子，老子いずれかのものとして伝わっている下の**ア**～**エ**のことばのうち，孔子のことば，老子のことば，それぞれの組合せとして適切なものを，下の①～④のうちから一つ選べ。解答番号は［4］。

レポート

孔子の思想は，領土をめぐって大国がせめぎ合う春秋・戦国時代の中国で，いわゆる諸子百家の思想の一つとして生まれました。この頃の知識人はどうしたら戦いを終わらせ，社会を安定させられるかについて，議論を交わしていたのです。孔子の思想は「仁」や「義」「礼」などのモラルを尊重し，血族的な関係や主従関係を重んずることで安定した社会をつくろうというものです。人間の生き方で言うならば，学びによって自己を向上させ，それを家・国・天下に広めていくことを理想としたのが特徴です。

一方老子も諸子百家の思想の一つですが，老子は，意図や作為のないことを理想としたのが特徴です。天や地は意図や作為を持っていませんが，その働きはこの世界全体に行きわたっています。人間の生き方も，意図や作為を取り去ってありのままの自分になることが，そのまま天地自然の働きに重なる。そのことから老子は，学問で身につけた知識も余計な付着物と考え，「学」でさえも無駄なものと捉えていたようです。

ア
学を絶(た)たば憂(うれ)いなし。
（訳・解釈：学ぶことを止めれば，迷うこともないだろう。）

イ
学びて時にこれを習う，亦(ま)た説(よろこ)ばしからずや。
（訳・解釈：いろいろな物事を学んで，時に応じてそれを実践してみると，理解が深まり自分のものになる。愉快なことではないか。）

ウ
人能(よ)く道を弘(ひろ)む。
（訳・解釈：われわれ一人ひとりが努力することによって，社会は良くなるんだよ。）

エ
上善は水の若(ごと)し。水は善(よ)く万物を利して而(しか)も争わず，衆人(しゅうじん)の悪(にく)む所に処(お)る。
（訳・解釈：水のような振る舞いをする人物がもっとも理想的だ。水のよさは，あらゆる生物に恵みを施しながら，しかもそれは争わず，誰もが嫌がる低いところに流れて落ち着くことにある。）

	孔子のことば	老子のことば
①	アとイ	ウとエ
②	イとウ	アとエ
③	アとウ	イとエ
④	イとエ	アとウ

問 2 下線部分将来仕事をするとき(b)に関連して，次の**グラフ 1**，**グラフ 2**，**グラフ 3**，**グラフ 4**をみて，次のページの**会話文**中の A ， B ， C ， D にあてはまるものの組合せとして適切なものを，次のページの①～④のうちから一つ選べ。
解答番号は 5 。

グラフ 1　あなたは全体として，現在の生活にどの程度満足していますか

(%)
80
60
40
20
0
平成22　23　24　25　26　27　28　29　30令和元（年）
満足　不満

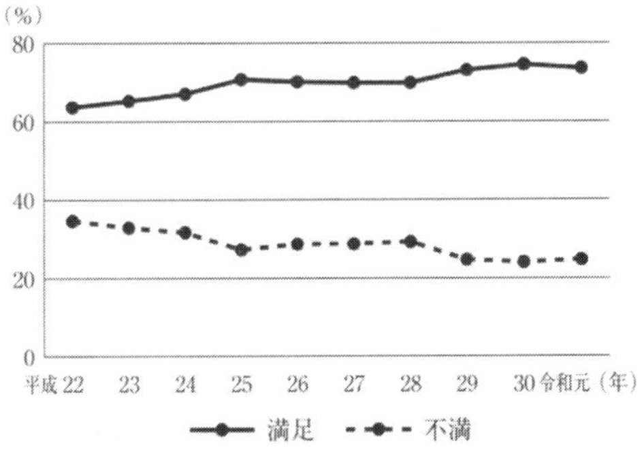

グラフ 2　あなたは所得・収入の面ではどの程度満足していますか

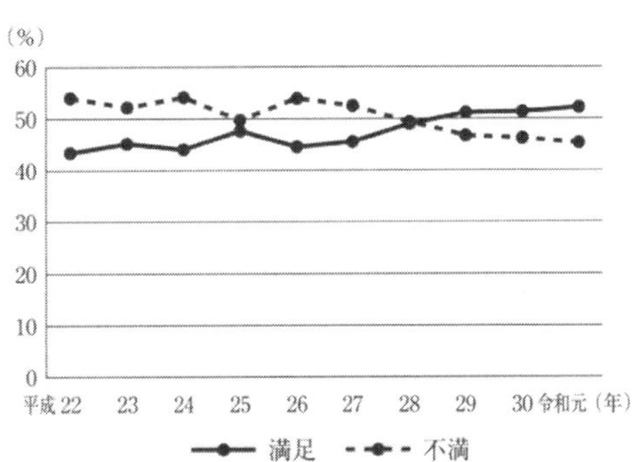

グラフ 3　働く目的は何ですか

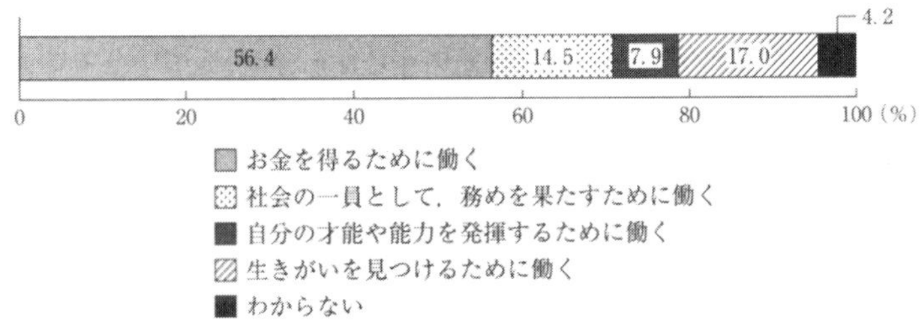

グラフ 4　どのような仕事が理想的だと思いますか(複数回答)

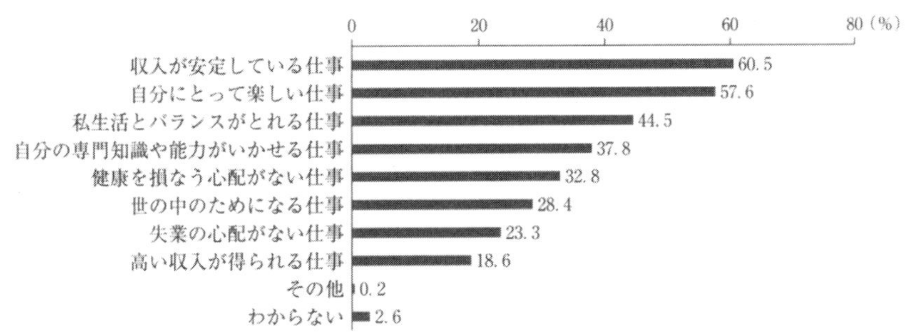

注：**グラフ 1** と**グラフ 2** における「満足」とは「満足している」，「まあ満足している」と回答した割合を，「不満」とは「不満だ」，「やや不満だ」と回答した割合を，それぞれ合計したものである。
(「国民生活に関する世論調査(令和元年 6 月)」により作成)

令和2年度第1回試験

会話文

先　生：国民の仕事に対する意識を調査するための資料は収集できたかな。

り　え：はい，私は10年間で人々の生活や所得・収入に対する満足度がどう変化しているかを調べてみようと思い，**グラフ1**と**グラフ2**に着目しました。**グラフ1**で平成22年と令和元年を比較すると，［A］ことがわかりました。一方，**グラフ2**で平成22年と令和元年を比較すると，［B］ということがわかりました。

先　生：なるほど。これは興味深いな。はじめさんはどうかな。

はじめ：はい，私は国民の働く目的や仕事に対する考え方について調べてみようと思い，**グラフ3**と**グラフ4**に着目しました。**グラフ3**では，［C］ことがわかりました。また，**グラフ4**では，［D］ということがわかりました。

先　生：そうか，ではこれらの資料からどのような仮説が立てられるか，みんなで考えていこう。

［A］にあてはまる選択肢

オ　どちらの年においても，「満足」と答えた割合が，「不満」と答えた割合を上回っている

カ　どちらの年においても，「不満」と答えた割合が，「満足」と答えた割合を上回っている

［B］にあてはまる選択肢

キ　平成22年では「満足」と答えた割合の方が「不満」と答えた割合より高かったが，令和元年においては「不満」と答えた割合の方が「満足」と答えた割合よりも高くなっている

ク　平成22年では「不満」と答えた割合の方が「満足」と答えた割合より高かったが，令和元年においては「満足」と答えた割合の方が「不満」と答えた割合よりも高くなっている

［C］にあてはまる選択肢

ケ　「お金を得るために働く」と答えた割合が最も多い

コ　「生きがいを見つけるために働く」と答えた割合が最も多い

［D］にあてはまる選択肢

サ　「自分にとって楽しい仕事」と答えた割合が「収入が安定している仕事」と答えた割合を上回る

シ　「世の中のためになる仕事」と答えた割合が「失業の心配がない仕事」と答えた割合を上回る

	A	B	C	D
①	オ	キ	ケ	サ
②	オ	ク	ケ	シ
③	カ	キ	コ	サ
④	カ	ク	コ	シ

問 3 下線部分青年期(c)に関連して，次の**レポート**を読んで， E にあてはまるものとして適切なものを，下の①～④のうちから一つ選べ。解答番号は 6 。

レポート

青年期の分析で知られるアメリカの精神分析学者エリクソンは，人生を八つの発達段階を持つライフサイクルとしてとらえ，それぞれの段階における発達課題があるとした。そしてそれぞれの課題と，達成に失敗する危機的状態の二つを対比させている。ライフサイクルの段階は，下のように示される。

乳児期 ⇒ 幼児期 ⇒ 児童期 ⇒ 学童期 ⇒ 青年期 ⇒ 成人期 ⇒ 壮年期 ⇒ 老年期

彼の説によると，上に示すライフサイクルのうち，**青年期**においては， E とされている。

① 自分が自分の行動の主体でありたいという「自発性」の獲得が課題であり，それによって行動を拡大し，環境を広げていくが，その行きすぎや，やりすぎたという体験から，罪悪感が生じる場合がある

② 排尿排便のような日常的な行為を自分でできるかどうかためそうとする「自律性」の獲得が課題であるが，この欲求は大人によって制限されることが多いことから，自分は頼りない存在ではないか，という恥と疑惑の感情が生じる場合がある

③ 「自分は何者なのか」，「これまで何をしてきたのか」という自己のイメージを再構築するという「自我同一性(アイデンティティ)」の獲得が課題であり，これがうまくいかないと，自己にこだわりすぎるために自信を失うなど，自我同一性の拡散という状態が生じる場合がある

④ 子供を産み育てたり，仕事の中で何かを生産したり，さらには子供や若い人を指導したり教育して育成するという「生殖性」の獲得が課題であり，これがうまくいかないと，社会的責任を負えないという気持ちから，停滞という状況が生じる場合がある

3 次の会話文を読んで，**問1～問3**に答えよ。

彩子：最近，サッカー部の調子はどう？

伸二：部の活動方針を決めたいんだけど，いろんな意見が出て困っているんだ。部長としてどのように意見をまとめていこうかなぁ。

彩子：部員全員がみんな同じ方向性で一致団結して頑張ることって難しいことだよね。政治の中でも，全会一致の取り決めってあまり聞かないよ。

伸二：言われてみればそうかもね。日本や世界の政治制度の中では全会一致を導入しているところってあるのかなぁ。

彩子：日本では，［A］の表決は全会一致制が採られているよね。

伸二：じゃあ，日本と同じく議院内閣制を導入しているイギリスと日本とでは，どんな政治制度の共通点があるのかなぁ。

彩子：どちらの国も議会が二院制を採用しているよね。それ以外では，どちらの国とも20世紀は単独政権の時期が長かったけれども，近年は<u>連立政権</u>(a)がみられるようになったことも似ているような気がするよ。ただし，日本では，行政の長である首相は［B］による選挙で選ばれるよね。

伸二：逆に二つの国の相違点は何だろう。

彩子：いちばんの相違点は，憲法の形式面だと思うよ。日本は成文憲法の国なのに対して，イギリスは不文憲法の国だよね。

伸二：ところで，憲法といえば，日本で「憲法の番人」といわれているのは，たしか裁判所だよね。

彩子：裁判所といえば，<u>裁判員制度</u>(b)が導入からもう10年以上が経過したよね。

伸二：裁判員制度とはどんな制度なの？

彩子：えええっとね。インターネットで詳しく検索をしてみよう。

伸二：ちょっと待って，僕が裁判員制度の資料をいろいろ探して，今度彩子さんに紹介するよ。

問１　会話文中の［A］，［B］にあてはまるものの組合せとして適切なものを，下の①～④のうちから一つ選べ。解答番号は［7］。

［A］にあてはまる選択肢

ア　閣議

イ　内閣不信任決議

［B］にあてはまる選択肢

ウ　国会議員

エ　国民

	A	B
①	ア	ウ
②	ア	エ
③	イ	ウ
④	イ	エ

問２　下線部分連立政権(a)に関連して，彩子さんは次の年表を作成しました。**年表**の［C］～［F］に最も適する**オ～ク**の組合せとして適切なものを，下の①～④のうちから一つ選べ。解答番号は［8］。

年表

戦後の政党政治の歴史		衆議院議員選挙の政党別議席数
1955年	左右社会党の統一，自由民主党が誕生 →　55年体制成立	［C］（1958年実施）
1993年	非自民連立政権誕生 →　連立政権の時代へ	［D］（1993年実施）
2009年	衆議院議員選挙で民主党が圧勝 →　民主党が中心の連立政権が誕生	［E］（2009年実施）
2012年	衆議院議員選挙で自由民主党が勝利 →　自由民主党が中心の連立政権が誕生	［F］（2017年実施）

オ

自民党	223
社会党	70
公明党	51
新生党	55
日本新党	35
民社党	15
共産党	15
新党さきがけ	13
その他	4
無所属	30

カ

自民党	287
社会党	166
共産党	1
その他	1
無所属	12

キ

自民党	284
社民党	2
公明党	29
立憲民主党	55
共産党	12
希望の党	50
日本維新の会	11
無所属	22

ク

自民党	119
社民党	7
公明党	21
民主党	308
共産党	9
みんなの党	5
国民新党	3
その他	2
無所属	6

（総務省ホームページにより作成）

	C	D	E	F
①	オ	カ	キ	ク
②	オ	カ	ク	キ
③	カ	オ	キ	ク
④	カ	オ	ク	キ

問 3　下線部分(b)裁判員制度に関連して，次の会話文中の G ， H ， I にあてはまるものの組合せとして適切なものを，273 ページの①～④のうちから一つ選べ。
解答番号は 9 。

伸二：裁判員制度について調べてきたよ。裁判員制度は G が期待されて，2009 年の5月から実施されたんだよ。原則として，裁判官 3 人と裁判員 6 人で，日本では重大な刑事事件についての裁判の公判について審理を行う制度だったよ。

彩子：とても詳しく調べたね。裁判員制度は， H の第一審に導入されたんだよね。

伸二：裁判員は，満 20 歳以上の有権者の中からくじ引きで無作為に選ばれて，翌年の裁判員候補者名簿が作成されるようだね。

彩子：事件の関係者，会期中の地方公共団体の議会議員などは裁判員にはなれないようね。加えて，70 歳以上の人，学生・生徒，同居の親族を介護・養育する必要がある人などは裁判員を辞退できると裁判員法に規定されているはずだよ。

伸二：裁判員制度導入から 10 年経過して最高裁判所から出された報告書から次の 1 ～ 5 のグラフを集めてみたよ。そして，グラフから読み取れることを，次のページのメモにまとめてみたよ。

グラフ 1　裁判員に選ばれる前の気持ち
(平成 30 年)

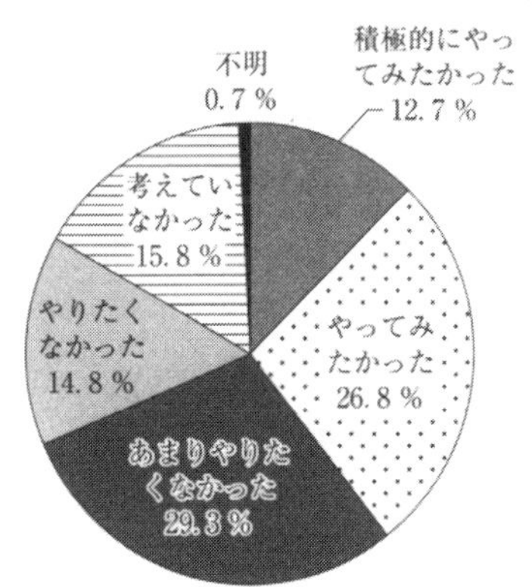

グラフ2　裁判員の構成（年代別）

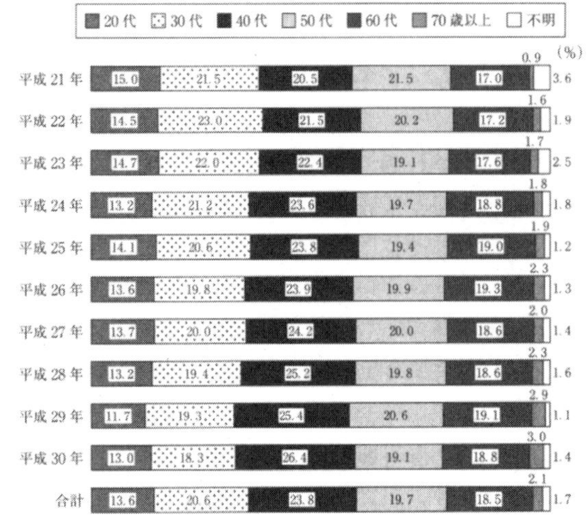

グラフ3　裁判員として裁判に参加した感想

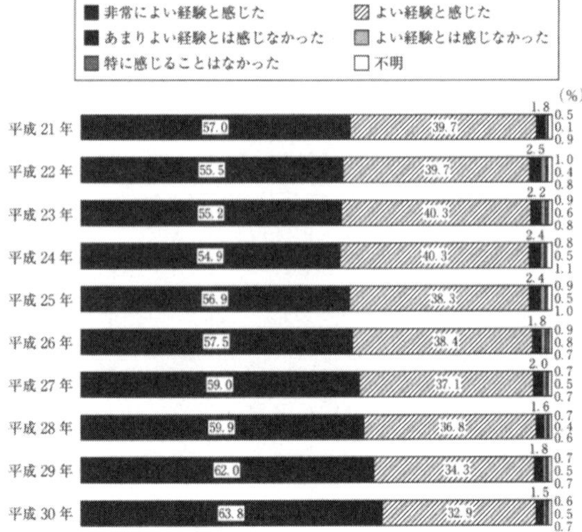

グラフ4　裁判員の構成（職業別）

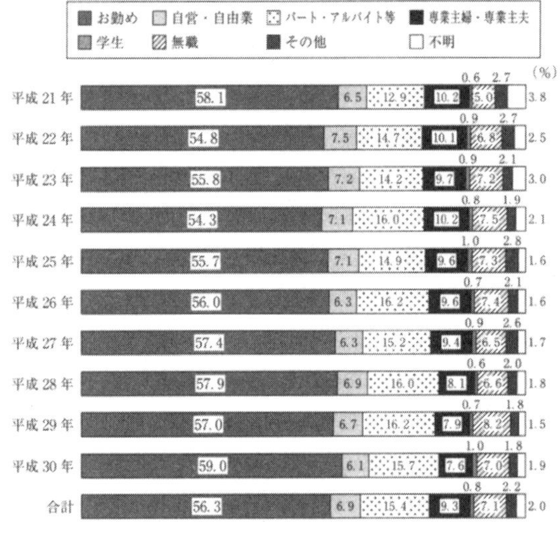

グラフ5　平均実審理予定日数の推移

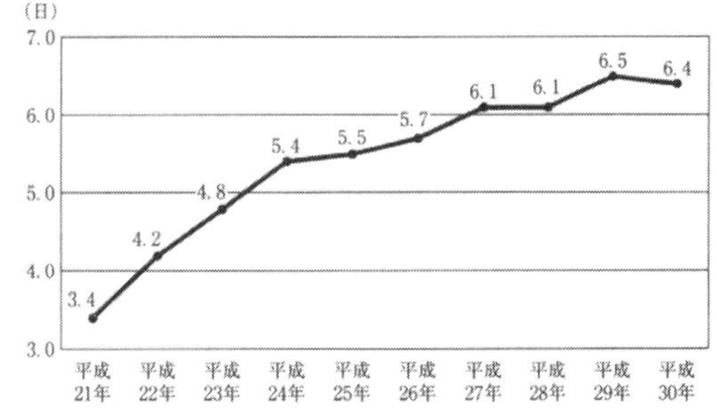

（最高裁判所事務総局「裁判員制度10年の総括報告書」により作成）

メモ

裁判員制度を調べて分かったこと ○　裁判員に選ばれる前は，「積極的にやってみたかった」と「やってみたかった」と答えた人の割合の合計が50％を超えていないが，裁判員として裁判に参加してみると「非常によい経験と感じた」と答えた人の割合が，毎年50％を超えていること。 ○　裁判員の構成のうち，「お勤め」の割合が，毎年，全体の半数以上を占めていること。

彩子：伸二君がメモの作成に使用したグラフはグラフ１と　Ｉ　のようだね。

伸二：さすが彩子さん。メモにも書いたように，僕たちのような国民が裁判員に選ばれていて，多くの人がよい経験だったと感じているみたいだね。

彩子：これらのグラフを見ると，私たちも裁判員に選ばれる可能性があるみたいだから，選ばれた時にしっかりとした判断ができる準備をしておく必要があるね。

伸二：僕も部員がサッカーをやっていて良かったと思えるような部活動にできるように頑張ろう。

Ｇ　にあてはまる選択肢

ケ　法曹養成制度を改善して，司法試験合格者を減らし，法曹にかかる国家予算を削減させること

コ　裁判に国民の良識が反映され，司法に対する国民の理解が深まり，裁判の信頼性を高めること

Ｈ　にあてはまる選択肢

サ　地方裁判所

シ　高等裁判所

Ｉ　にあてはまる選択肢

ス　グラフ２とグラフ５

セ　グラフ３とグラフ４

	Ｇ	Ｈ	Ｉ
①	ケ	サ	ス
②	ケ	シ	セ
③	コ	シ	ス
④	コ	サ	セ

4 次の文章を読んで，**問1**～**問3**に答えよ。

皆さんは，契約をしたことがあるだろうか。実は，コンビニでの商品を購入するときは「売買契約」，学校へ通学するときに電車やバスを利用するときは「旅客運送契約」，友達からお土産をもらうときは「 A 」，アルバイトするときは「雇用契約」というように，私たちは，社会で暮らしていく上でさまざまな契約と関わっている。

契約の基本的な考え方の一つに，契約自由の原則がある。これは，近代法の原則で，当事者双方で結ばれる契約については，国家が干渉せず，それぞれの個人の意思を尊重するという原則のことをいう。契約は，当事者双方の意思表示が合致することで成立する約束であり，仮に片方の当事者だけが<u>契約の成立</u>(a)を望んでいたとしても，もう片方の当事者がそれを拒(こば)めば成立しない。そして，当事者双方の合意によって契約が成立した以上は，契約の効力として，原則として当事者双方にそれぞれ<u>権利と義務</u>(b)が発生し，義務を履行する責任が生じることになる。そのため，一度成立した契約を当事者のいずれかの都合で解消することは原則としてできないのである。ただし，この原則は無制限なものではない。例えば，民法 90 条では「公の秩序又は善良の風俗に反する事項を目的とする法律行為は，無効とする」と定めており，いわゆる公序良俗(こうじょりょうぞく)に反する契約は無効としている。

契約自由の原則は，対等な個人を前提としているが，当事者が必ずしも対等な関係ばかりで契約が行われているわけではないことから，実質的な平等を図るための例外も存在する。例えば，一般の消費者と事業者との間には，商品に対する情報の質や量，交渉力に格段の差があるので，対等な個人を重視することを徹底すると，事業者に有利な契約ばかりが成立しかねず，かえって不平等や不公平な結果になってしまう。そのため，クーリングオフ制度を根拠とした契約の解除や B を根拠とした契約の取り消しが認められている。 B は，民法その他の規定では対応できないようなトラブルから消費者を守る目的で 2000 年に制定された。このような契約自由の原則における例外は，社会的・経済的弱者を保護するために存在する。

契約自由の原則がありながらも，なぜ例外があるのか。2022 年 4 月から成年年齢が引き下げられる今，一人ひとりが契約に関する基本的な考え方を学習し，人々の生活や社会を豊かにするために理解を深めていく必要がある。

問 1　文章中の［A］，［B］にあてはまる語句の組合せとして適切なものを，次の①～④のうちから一つ選べ。解答番号は［10］。

	A	B
①	賃貸借契約	消費者契約法
②	贈与契約	消費者基本法
③	贈与契約	消費者契約法
④	賃貸借契約	消費者基本法

問 2　下線部分契約の成立(a)に関連して，以下の【ア】～【ウ】は契約に関する具体的な例である。このうち，無効な契約や，取り消しができる契約の具体例として正しいものをすべて選んだ組合せとして適切なものを，本文も参考にして，次のページの①～④のうちから一つ選べ。解答番号は［11］。

【ア】

Xは，知人から「100万円を渡すから，兼ねてから恨みのある人物に怪我を負わせてほしい」と頼まれた。Xは金銭的にとても困っていたこと，また，知人から「絶対にXがやったことが分からないようにする」，「もし頼みを聞いてくれなかったら，お前に危害を加えるぞ」と言われ，怪我を負わせるかわりに金銭を受け取る約束を交わした。ただ，自分の知らない人物に怪我を負わせることに気が引けるので，Xは知人と交わした契約を無効にしたいと思っている。

【イ】

Yは，インターネットの個人間取引サイトで，「人気ブランドの中古バッグを3万円で売ります」というページを見て，売主に対し3万円を振り込み売買契約を交わした。しかし，間もなく届けられたバックを見たYは，それまで抱いていたそのバックを欲しいと思う気持ちをなくしてしまった。バックはたしかにサイトに掲示されていたものであったが，もう自分では使う気はしないので，売主への契約の取り消しを申し入れるつもりである。

【ウ】

Zは，あるお店でアルバイトをしようと考えている。お店の店長は，Zに対して，以下のような条件を出した。

条件1：雇用者は，雇用主のお店において接客業の業務を行う。

条件2：雇用主は雇用者に対し，業務の報酬として，一時間あたり1,050円を支払う。ただし，雇用後1ヶ月は，研修期間とし，その期間の報酬は払わない。

研修期間中に報酬が出ないため，Zは，契約の無効を店長に申し入れるつもりである。

① 【ア】と【イ】
② 【イ】と【ウ】
③ 【ア】と【ウ】
④ 【ア】と【イ】と【ウ】

問3 下線部(b)権利と義務に関連して，国民の権利および義務について述べた文として適切なものを，次の①～④のうちから一つ選べ。解答番号は 12 。

① 日本国憲法では，子供が普通教育を受ける義務，勤労の義務，納税の義務の三つを国民の義務として定めている。
② 障害者雇用促進法では，身体や精神に障害のある人が分け隔てなく職業に就くため，事業主に雇用義務や差別の禁止，合理的配慮の提供義務を定めている。
③ 成年年齢の引き下げと同時に，少年法が改正され，16～19歳の者が少年法の対象から外されることになった。
④ 人権擁護に関する世論の高まりにより，公職選挙法が改正され，永住外国人が国政選挙に参加できることになった。

5 次の会話文を読んで，**問1～問5**に答えよ。

先生：経済分野の探究レポート作成ですが，よいテーマにつながりそうな課題は見つかりそうですか？

すず：私は市内を走るバス路線のことが気になっています。私の住む街は，地方の中山間地で過疎化や高齢化が進んでいます。そのため，路線バスを主に利用するのは車の運転ができない高齢者や学生などです。調べてみると，市内のほとんどのバス路線が(a)市から民間のバス会社への委託によって，公費で運行されていることが分かりました。使用しているバスの外観などからは，民間企業のバスのように見ても， A の一環として運行されていることもあるのです。

修人：僕はスマートフォンを使って(b)フリーマーケットアプリで買い物をしたり，不要になったものを売ったりするうちに，インターネット上の商品の価格の決まり方が気になるようになりました。フリーマーケットアプリとはインターネット上で，主に個人間で物品の売買を行えるスマートフォン用のアプリのことです。このアプリを使用していろいろなものを売り買いする中で気がついたことがあります。それは，定価の高い物が必ずしも高い金額で売買される訳ではなかったり，同じ商品でも時期によって売買される金額が異なったりしているなど，商品が売買される金額には様々な要素が関係しているということです。

瑛斗：僕はお小遣いなどを自分の(c)銀行口座で管理するようにしています。しかし，商業施設などに銀行が独自に設置しているATM(現金自動預払機)が減少していることが気になっています。ATMの維持には，現金輸送時の警備やシステム管理などで1台当たり年間数百万円の費用がかかるケースもあります。近年の銀行は，長らく低金利政策が行われたり，国際的な厳しい競争にさらされたりする中で，金融機関の健全性を測る1つの目安である B を維持するために，様々な点から経費を削減する必要に迫られており，ATMの減少もそのことと無関係ではないようです。

陽菜：私は市内にあった個人経営の飲食店が閉店していることが気になっています。閉店するお店の多くは，(d)高度経済成長期に開店しています。現在は，経営者が高齢になってきても，後継ぎがいないなどの理由でお店を閉じる場合があるようです。飲食店に限らず，個人経営の商店等の数が地域や時代によってどのように変化しているかや，店舗数の変化の要因が気になっています。

先生：みなさんそれぞれが，よいテーマを設定できそうですね。レポートの完成を楽しみにしています。

III

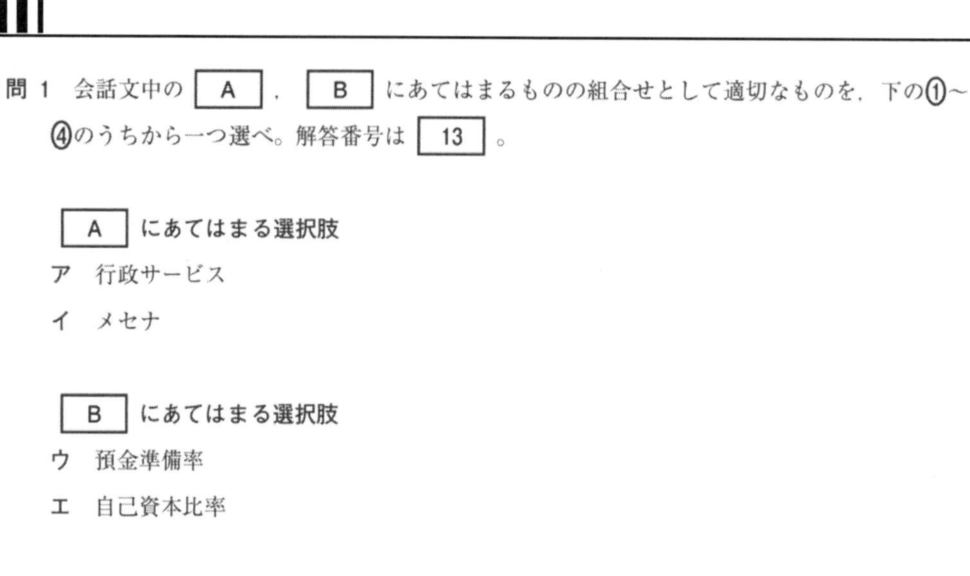

問 1　会話文中の A ， B にあてはまるものの組合せとして適切なものを，下の①～④のうちから一つ選べ。解答番号は 13 。

A にあてはまる選択肢

ア　行政サービス

イ　メセナ

B にあてはまる選択肢

ウ　預金準備率

エ　自己資本比率

	A	B
①	ア	ウ
②	ア	エ
③	イ	ウ
④	イ	エ

問 2 下線部(a)市から民間のバス会社への委託に関連して，次の**会話文**中の C ， D にあてはまるものの組合せとして適切なものを，次のページの①～④のうちから一つ選べ。解答番号は 14 。

会話文

すず：レポートを作成するにあたって路線バスの委託路線について，さらに詳しく調べてみたの。

修人：どんなことが分かったの？

すず：私の住む市の財政資料を見てみると，路線バスの委託にかかる費用は年間約 7,000 万円で，これは市の基本的な財政活動のための支出を総合的に管理する C の「総務管理費」の項目から支出されていることが分かったよ。

修人：7,000 万円も公費から支払われているのはちょっと驚いたな。僕も家族も路線バスに乗ることはほとんどないからなあ。

すず：私も路線バスにはほとんど乗らないけれど，私たちの学校には通学に路線バスを使っている友達がたくさんいるし，路線バスが生活に欠かせない人も少なくないよね。だから，民間バス会社への委託金について考えてみる必要があると思っているよ。

修人：路線バスの委託に関する費用について検証するということだよね。それには他の自治体と比較して考えてみる必要があるんじゃないかな。

すず：確かに 7,000 万円という金額を調べただけだと，その金額が妥当なものなのかどうか考察することができないからバス事業者への委託金額が， D のか他の自治体と比較できる資料を準備する必要があると思っているよ。

修人：なるほど。自治体によって人口や財政規模が異なるわけだから，委託金額を比較するだけでは資料として不十分だね。すずさんが言うように相対値にして比較することで，何か分かることがありそうだね。

C にあてはまる選択肢

オ 特別会計

カ 一般会計

D にあてはまる選択肢

キ 歳出全体の何パーセントを占めている

ク 昨年と比べいくら増減している

	C	D
①	オ	キ
②	オ	ク
③	カ	キ
④	カ	ク

問 3 下線部分(b)フリーマーケットアプリに関連して，次のメモ中の E ， F にあてはまるものの組合せとして適切なものを，下の①～④のうちから一つ選べ。
解答番号は 15 。

メモ

> フリーマーケットアプリ(以下，「フリマアプリ」と言う)でモノの売買をしていると様々な傾向に気づくことができます。例えば，共に定価が10,000円のブランドYとブランドZのスニーカーをフリマアプリで出品すると，ブランドYのものは人気が高く，ブランドZのものよりも商品が汚れたり傷んだりしていても高値で売れる場合があります。このような場合には E が関係していると考えられます。
>
> また，例年お正月には様々なブランドから福袋が販売されます。福袋の中には，好みと合わなかったり，サイズが合わなかったりする商品も含まれることから，福袋に入っていた商品がフリマアプリを使って出品されることがあります。お正月の時期に，全国各地の店舗で福袋が売られているブランドの商品が数多くフリマアプリで出品されている状況で，購入者の数は大きく変化しないとすると， F と考えられます。実際にはどうなっているか注意して観察してみることにします。

E にあてはまる選択肢

ケ ブランドYのスニーカーは新品での販売数が少なく，手に入りにくいこと
コ ブランドYのスニーカーは新品での販売数が多く，手に入りやすいこと

F にあてはまる選択肢

サ 高値になる
シ 安値になる

	E	F
①	ケ	サ
②	ケ	シ
③	コ	サ
④	コ	シ

問 4　下線部分(c)銀行に関連して，日本の金融に関する記述として**適切でない**ものを，次の①～④のうちから一つ選べ。解答番号は [16] 。

① 1990 年代初めには，バブル経済が破綻し，金融機関の多くは多額の不良債権処理に追われることになった。

② 1990 年代後半には，デフレーションの収束をはかることなどを目的とし，ゼロ金利政策が導入された。

③ 2000 年に金融庁が発足し，金融機関の検査・監督や不良債権処理の指導など，金融行政全般を担うようになった。

④ 2005 年よりペイオフが実施され，金融機関が破綻した場合も預金額の全額が保護されるようになった。

問 5 下線部分$_{(d)}$高度経済成長期に関連して，陽菜さんが作成したメモを参考にして，第二次世界大戦以降の日本経済についての生徒の発言のうち，正しいものの組合せとして適切なものを，下の①～④のうちから一つ選べ。解答番号は 17 。

陽菜さんが作成した**メモ**　第二次世界大戦後～高度経済成長期にかけての日本経済

> 日本は第二次世界大戦によって多くの生産資源を失い，生産基盤の立て直しのために，限られた資金と資源を鉄鋼や石炭などの基幹産業に重点的にそそぎこむ，傾斜生産方式が採用された。また，経済の復興とともに，経済の民主化のための様々な改革が行われた。
>
> 一進一退を繰り返していた日本経済は朝鮮戦争による特需を機に一変した。その後，日本経済は鉱工業生産，農林水産業生産，国民総生産など様々な指標で戦前の水準を回復することになった。1955 年以降第一次石油危機が起こる 1973 年までの間は，平均して 10 % 近くの経済成長を続けた。日本でのオリンピック開催や高速道路の建設，新幹線の開業などは高度経済成長を象徴する出来事であった。

すず：傾斜生産方式による基幹産業の育成は，経済力をいち早く回復させることが目的の一つだったね。基幹産業には，復興金融金庫から重点的な融資がなされたね。

修人：経済の民主化政策の一つに労働組合の育成があったね。日本国内の労働組合の組織率が第二次戦後から現在にいたるまで一貫して上昇しているのも，この政策の影響と考えられるね。

瑛斗：朝鮮戦争による特需は，アメリカ軍が戦争に必要な物資を日本から調達したことでもたらされたね。結果的にこの特需は，日本の戦後復興を後押しすることになったね。

陽菜：高度成長期には第三次産業への投資が活発になり，情報化が急速に進んだね。一方この時期は，世界経済停滞の影響を受け，実質経済成長率がマイナスとなる年が続いたね。

① すず と 瑛斗
② 修人 と 瑛斗
③ 修人 と 陽菜
④ 陽菜 と すず

6 次の会話文を読んで，問1～問5に答えよ。

佳奈：今日の授業では，冷戦の終結によって世界が大きく変わっていったということを学んだよね。

優太：そうだったね。経済面では，市場経済が進行し，(a)商品や資本などが国境を越えて自由に移動することが当たり前のようになったんだよね。

美咲：国を越えて人間や情報が行き来することで，国際的な相互依存関係が深まり，経済の **A** が進んだと思うよ。

大輝：さらに，新興国と呼ばれる国々の経済発展により，それまでの先進国中心だった世界経済が変わっていったことも忘れてはいけないよ。

佳奈：世界の経済が一体化していくことによって，私たちの生活がそれまで以上に便利になったことは間違いないよね。

優太：その一方で，一つの国で発生した経済的混乱が世界全体に拡大するリスクや，世界的に経済格差が広がっていることは見過ごすことができないと思うよ。

美咲：また，情報産業や金融システムに関わることなど，国ごとの規制だけでは解決することが困難な問題も増加しているよね。

大輝：様々な問題を解決していくためには，国家及び(b)国際的な組織，企業などが互いに連携しながら協力していくことが大切だよ。

佳奈：その中で日本も一定の役割を果たしていかなければならないけど，**B** のように政府が行う援助のほかにはどのようなことが考えられるのかな。

優太：日本の(c)企業が海外進出すること自体が，現地の雇用を創出したり，その国の技術発展の支援につながったりすると思うな。

美咲：経済面での貢献も大事だけど，広く政治面や文化面でも(d)日本のことをもっと海外の人に知ってもらえるように情報を発信して国際交流を深めていくべきだと思うよ。

大輝：そうだね。日本に対する信頼や好感度が高まることで，国際的な諸問題を解決していく場面において，日本の影響力が増し，これまで以上に国際社会での日本の役割を果たすことができるよね。

問1 会話文中の **A** ，**B** にあてはまる語句の組合せとして適切なものを，次の①～④のうちから一つ選べ。解答番号は **18** 。

	A	B
①	二重構造	ODA
②	二重構造	DAC
③	グローバル化	ODA
④	グローバル化	DAC

問 2 下線部分(a)商品や資本などが国境を越えて自由に移動するに関連して，次のア～エの出来事を古い順に並べたものとして適切なものを，下の①～④のうちから一つ選べ。
解答番号は 19 。

ア　サービス貿易のルールづくりなどについても話し合われたGATTの成果を引き継ぎ，貿易紛争の処理機能を強化したWTOが設立された。

イ　アメリカで，低所得者向けの住宅ローンであるサブプライム＝ローンを統合した金融商品の価格が暴落した。

ウ　発展途上国の開発の促進と貧困の削減などを課題とした多角的交渉であるドーハ＝ラウンドが始まった。

エ　投資銀行の経営破綻に象徴される世界的金融危機の発生を受けて，G20の首脳会合が開催されるようになった。

① ア → ウ → イ → エ
② ア → エ → ウ → イ
③ ウ → ア → エ → イ
④ ウ → イ → ア → エ

問 3 下線部分(b)国際的な組織に関連して，国際連合について述べた文として**適切でないもの**を，次の①～④のうちから一つ選べ。解答番号は 20 。

① 国際司法裁判所は，当事国双方の同意のもとで，国家間の紛争を扱う裁判所である。
② 安全保障理事会には経済制裁などの非軍事的措置に加えて軍事的措置をとる権限もある。
③ 総会は全加盟国で構成され，議決に際しては一国が一票の投票権をもっている。
④ 集団安全保障の考え方に立つ国際連合は，加盟国がもつ自衛権の行使を認めていない。

問 4　下線部分(c)企業が海外進出するに関連して，次の表1，及び表2を見て，次のページの会話文中の C ， D ， E にあてはまるものの組合せとして適切なものを，次のページの①～④のうちから一つ選べ。解答番号は 21 。

表 1　国（地域）別日系企業（拠点）数上位 10 カ国の推移

順位	平成 25 年			平成 26 年			平成 27 年			平成 28 年			平成 29 年		
	国（地域）名	日系企業（拠点）数	前年比	国（地域）名	日系企業（拠点）数	前年比	国（地域）名	日系企業（拠点）数	前年比	国（地域）名	日系企業（拠点）数	前年比	国（地域）名	日系企業（拠点）数	前年比
1	中国	31, 661	+1. 9%	中国	32, 667	+3. 2%	中国	33, 390	+2. 2%	中国	32, 313	−3. 2%	中国	32, 349	+0. 1%
2	米国	7, 193	+4. 3%	米国	7, 816	+8. 7%	米国	7, 849	+0. 4%	米国	8, 422	+7. 3%	米国	8, 606	+2. 2%
3	インド	2, 510	+46. 5%	インド	3, 880	+54. 6%	インド	4, 315	+11. 2%	インド	4, 590	+6. 4%	インド	4, 805	+4. 7%
4	タイ	1, 580	+7. 6%	インドネシア	1, 766	+22. 8%	ドイツ	1, 777	+5. 5%	ドイツ	1, 811	+1. 9%	タイ	3, 925	+120. 1%
5	ドイツ	1, 571	+2. 9%	ドイツ	1, 684	+7. 2%	タイ	1, 725	+5. 1%	インドネシア	1, 810	+6. 7%	インドネシア	1, 911	+5. 6%
6	インドネシア	1, 438	+2. 9%	タイ	1, 641	+3. 9%	インドネシア	1, 697	−3. 9%	タイ	1, 783	+3. 4%	ベトナム	1, 816	+7. 6%
7	マレーシア	1, 390	+31. 6%	フィリピン	1, 521	+20. 7%	ベトナム	1, 578	+8. 7%	ベトナム	1, 687	+6. 9%	ドイツ	1, 814	+0. 2%
8	ベトナム	1, 309	+8. 1%	ベトナム	1, 452	+10. 9%	フィリピン	1, 448	−4. 8%	フィリピン	1, 440	−0. 6%	フィリピン	1, 502	+4. 3%
9	フィリピン	1, 260	+3. 8%	マレーシア	1, 347	−3. 1%	マレーシア	1, 383	+2. 7%	マレーシア	1, 362	−1. 5%	マレーシア	1, 295	−4. 9%
10	台湾	1, 119	−1. 9%	台湾	1, 112	−0. 6%	台湾	1, 125	+1. 2%	台湾	1, 152	+2. 4%	シンガポール	1, 199	+5. 1%

表 2　国（地域）別在留邦人数上位 10 カ国の推移

順位	平成 25 年			平成 26 年			平成 27 年			平成 28 年			平成 29 年		
	国（地域）名	在留邦人数	前年比	国（地域）名	在留邦人数	前年比	国（地域）名	在留邦人数	前年比	国（地域）名	在留邦人数	前年比	国（地域）名	在留邦人数	前年比
1	米国	412, 639	+0. 4%	米国	414, 247	+0. 4%	米国	419, 610	+1. 3%	米国	421, 665	+0. 5%	米国	426, 206	+1. 1%
2	中国	135, 078	−10. 2%	中国	133, 902	−0. 9%	中国	131, 161	−2. 0%	中国	128, 111	−2. 3%	中国	124, 162	−3. 1%
3	オーストラリア	81, 981	+4. 2%	オーストラリア	85, 083	+3. 8%	オーストラリア	89, 133	+4. 8%	オーストラリア	92, 637	+3. 9%	オーストラリア	97, 223	+5. 0%
4	英国	67, 148	+3. 2%	英国	67, 258	+0. 2%	英国	67, 997	+1. 1%	タイ	70, 337	+4. 3%	タイ	72, 754	+3. 4%
5	カナダ	62, 349	+0. 8%	タイ	64, 285	+8. 5%	タイ	67, 424	+4. 9%	カナダ	70, 174	+5. 9%	カナダ	70, 025	−0. 2%
6	タイ	59, 270	+6. 5%	カナダ	63, 252	+1. 4%	カナダ	66, 245	+4. 7%	英国	64, 968	−4. 5%	英国	62, 887	−3. 2%
7	ブラジル	56, 217	+0. 5%	ブラジル	54, 377	−3. 3%	ブラジル	54, 014	−0. 7%	ブラジル	53, 400	−1. 1%	ブラジル	52, 426	−1. 8%
8	ドイツ	37, 393	−3. 5%	ドイツ	39, 902	+6. 7%	ドイツ	42, 205	+5. 8%	ドイツ	44, 027	+4. 3%	ドイツ	45, 784	+4. 0%
9	韓国	36, 719	+8. 5%	フランス	38, 349	+17. 7%	フランス	40, 308	+5. 1%	フランス	41, 641	+3. 3%	フランス	42, 712	+2. 6%
10	フランス	32, 579	−5. 7%	韓国	36, 708	−0. 0%	韓国	38, 060	+3. 7%	韓国	38, 045	−0. 0%	韓国	39, 778	+4. 6%

（外務省「海外在留邦人数調査統計」により作成）

会話文

佳奈：日系企業とは，日本の企業または日本人が出資している海外の企業のことで，**表1**はその拠点数の推移を示しているよ。上位に人口の多い国が集中しているのは，商品の生産拠点としても，市場としても魅力が大きいということだと思う。その中でも，［C］。

優太：拠点数の数字だけを見ると確かにそうだと思う。ただ，前年比でいうと，［D］。この国の経済の成長ぶりや市場としての将来性を示しているんじゃないかな。

美咲：**表2**からはそれぞれの国に在留する日本人の数がわかるよ。単純に人数で見ると，米国が圧倒的に多いけど，前年比でいうと，［E］。日系企業にとって，この国の経済的な魅力が増しているといえないかな。

大輝：少し待って。この国に在留している日本人がすべて仕事で来ているとは限らないよ。それらの国に住む日本人の在留目的が分かるような資料をみんなで探してみようよ。

［C］にあてはまる選択肢

オ　中国は平成25年から29年の各年において拠点数が3万を下回った年はないよ

カ　米国は平成25年から29年の各年において拠点数が8千を下回った年はないよ

［D］にあてはまる選択肢

キ　インドは平成25年，26年，27年の各年において増加率が10％を下回った年はないよ

ク　フィリピンは平成25年，26年，27年の各年において増加率が10％を下回った年はないよ

［E］にあてはまる選択肢

ケ　オーストラリアは平成25年から29年の各年において米国の増加率を常に上回っているよ

コ　カナダは平成25年から29年の各年において米国の増加率を常に上回っているよ

	C	D	E
①	オ	キ	ケ
②	オ	ク	コ
③	カ	キ	コ
④	カ	ク	ケ

問 5　下線部分(d)日本のことをもっと海外の人に知ってもらえるように情報を発信して国際交流を深めていくべきに関連して，「文化・スポーツ外交」について述べた次の**資料 1** と次のページの**資料 2** を読み，その内容の説明として最も適切なものを，次のページの①～④のうちから一つ選べ。解答番号は 22 。

資料 1

外務省及び国際交流基金は，諸外国において良好な対日イメージを形成し，日本全体のブランド価値を高めるとともに，対日理解を促し，親日派・知日派を育成するため，海外での日本文化の紹介やスポーツを通じた様々な事業を行っている。例えば，「在外公館文化事業」では，在外公館の企画により，茶道，華道等の日本の伝統文化からアニメ，マンガ，ファッションといった日本の現代文化に至るまで幅広く紹介している。「日本ブランド発信事業」では，日本の経験・英知が結集された優れた文物を海外に発信し，日本の国家ブランドを確立し，世界における日本のプレゼンス(存在感)を強化するため，各分野の専門家を海外に派遣した。それぞれの特性をいかした講演に加え，ワークショップやデモンストレーション等を実施し，聴衆と価値観や体験を共有することを通じて国際交流の端緒としている。また，各種対外広報事業では，現在オールジャパンで取り組んでいる訪日外国人数増加に資する地方の魅力の発信もソーシャル・ネットワーキング・サービス(SNS)発信等を通じ行っている。

また，東京オリンピック・パラリンピック競技大会の成功に向けて，スポーツ分野での日本の存在感を示すことも重要である。外務省は，「Sport for Tomorrow(SFT)」プログラムの一環として，各国での様々なスポーツ交流・スポーツ促進支援事業，JICA ボランティアや国際交流基金によるスポーツ指導者の派遣，文化無償資金協力を活用したスポーツ器材の供与や施設の整備を実施している。また，オリンピック・パラリンピックの参加国・地域との相互交流を図るホスト・タウンの取り組みを支援している。

(外務省『外交青書 2018』により作成)

資料2　文化資源を活用した観光インバウンドのための環境整備

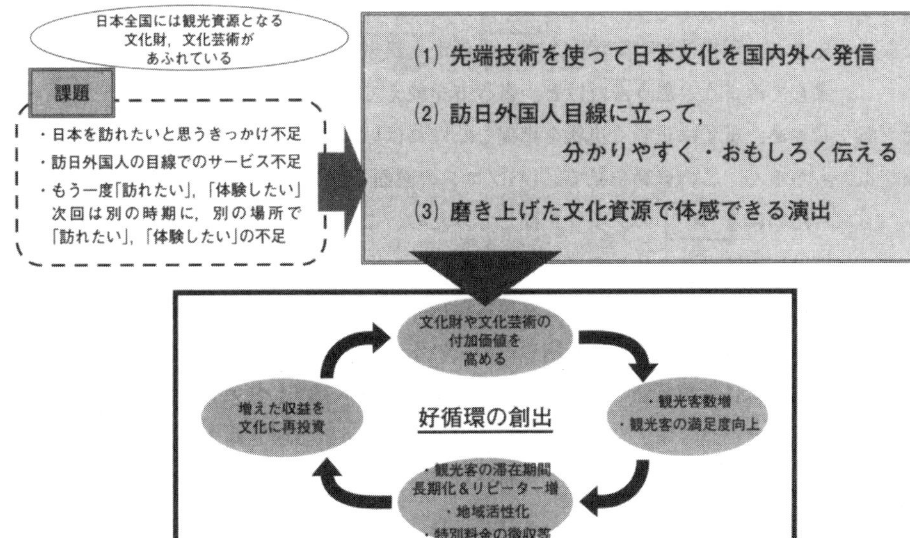

“文化”を最大限活用して，好循環を創出し，観光立国の実現を目指す

（文化庁「文化資源を活用した観光インバウンドのための環境整備」により作成）

① スポーツ指導者の派遣，文化無償資金協力を活用したスポーツ器材の供与や施設の整備については，各地方公共団体の独自の事業として実施されている。一方で，訪日外国人の目線に立って，日本の魅力を分かりやすく，おもしろく伝えることが課題となっている。

② 正しく日本のことを知ってもらい，日本文化のブランド価値を高めるために，在外公館の企画により，茶道，華道など日本の伝統文化のみを紹介している。また，文化財や文化芸術の付加価値を高めることで，観光客の満足度向上につなげるという好循環を創出しようとしている。

③ 日本の経験・英知が結集された優れた文物を海外に発信し，日本の国家ブランドを確立し，世界における日本のプレゼンス(存在感)を強化するため，各分野の専門家を海外に派遣した。また，観光客の数を増やし，地域の活性化につなげるという好循環を創出しようとしている。

④ 訪日外国人増加に資する首都東京の魅力の発信を，ソーシャル・ネットワーキング・サービスを通じて行うことを検討している。一方で，外国人観光客数を増加させるにあたって，そのきっかけとなる文化財，文化芸術などの観光資源が不足していることが課題となっている。

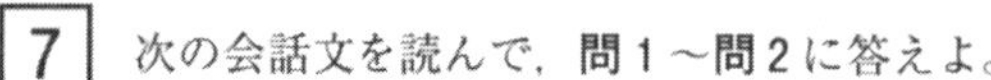

7 次の会話文を読んで，**問1～問2**に答えよ。

ななこ：兄さん，現代社会のレポートで，世界から飢餓をなくすために私たちができることを提案してみようと思うんだけど，書き方を教えてくれる？

元　気：じゃあ，まずは正しく現状を把握しなければいけないね。何か探してみた？

ななこ：もちろん。この資料を見て。(パソコンの画面を見せながら)まず世界の飢餓の状況を知るために［ A ］のグラフを探してみたの。このグラフから，飢餓人口の割合が高い地域は，南アジアとサハラ以南アフリカだということが分かったんだ。

元　気：これらの地域の中には，最近急速に経済発展している国もあるよね。それでも，依然として世界の飢餓人口の約6割を占めているのは，これらの地域なんだね。

ななこ：ええ。次に栄養状態の地域格差を調べるために［ B ］のグラフを見てみたら，やはり多くのサハラ以南アフリカの国の人々が，必要最低摂取カロリーを摂れていないの。

元　気：たとえばコンゴの一人あたり食料摂取カロリーは，アメリカやEUなどの半分以下の数値になっていて，格差がはっきりと現れているね。

ななこ：でも［ C ］のグラフによると，2014年以降ずっと穀物生産量は消費量を上回っているの。これが平等に分配されていれば，飢餓は起こらないはずだよね。どうしてそれができないのかな。

元　気：いろいろな理由が考えられるけど，たとえば多くのアフリカの国々が，モノカルチャー経済から抜け出せていないことがあるんじゃないかな。賃金水準が低い上に，国内の穀物生産が不十分で輸入に依存しているから，天候不順などで商品作物が不作になると，外貨が不足して食料の輸入ができなくなってしまうんだ。

ななこ：なるほどね。(パソコンを操作して)この［ D ］のグラフを見て。今のままだと，アフリカをはじめアジアや中東でも，将来さらに穀物等の輸入量が増加すると予測されているの。

元　気：そうだね。これにはさっき話した理由だけでなく，BRICSのような新興国での消費拡大や，世界の人口増加等も関係していると思うよ。かなり深刻な状況だね。

ななこ：だから早急な支援が必要だよね。政府レベルの支援も不可欠だけど，こうした現状をふまえて，私たちにもできる支援の方法について，提案しようと思うことを書き出してみるね。

<メモ>

私たちにできること

・食品ロス(食料廃棄・食べ残し)をなくす・減らす
　→　エコフィードの推進　→　食肉生産のための穀物消費減少　→　穀物価格下がる
　→　発展途上国の食料事情が改善される
・フェアトレード商品の購入　→　公平・公正な貿易　→　発展途上国の生活の安定
・地産地消の推進　→　フードマイレージの削減

元　気：結構たくさん書けたね。エコフィード(a)が挙げてあるけど，良く気づいたね。

ななこ：同じクラスの悠太郎さんの家が酪農をやっていて，この前エコフィードの活用について教えてくれたの。彼も家の仕事を手伝っていて，エコフィードをテーマにレポートを書くって言ってた。

元　気：エコフィードは，とても有効な取り組みだよね。悠太郎さんは，もうそれを実践しているんだね。すごいなあ。

ななこ：そうなの。だから私も自分にできることから始めたいし，みんなにそれを提案したいと思うの。このメモをもとに，もう一度資料をそろえて書いてみるね。書けたらまた見てもらってもいい？

元　気：もちろん。楽しみにしているよ。頑張ってね。

問１　会話文中の A ， B ， C ， D にあてはまる資料の組合せとして適切なものを，293ページの①〜④のうちから一つ選べ。解答番号は 23 。

資料１　世界の穀物生産量と消費量の推移

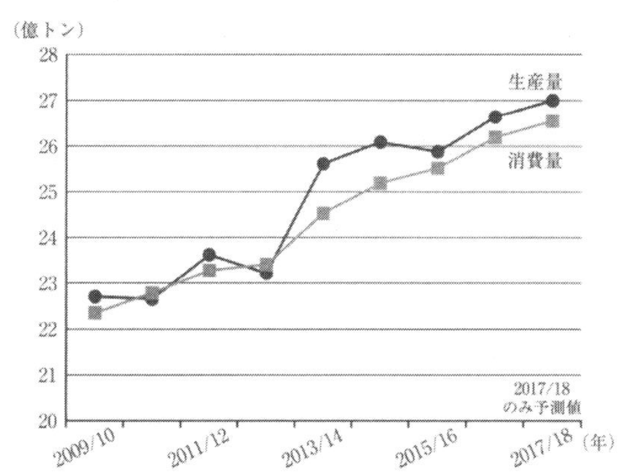

（国連食糧農業機関(2019年)により作成）

資料２　地域別飢餓人口の割合

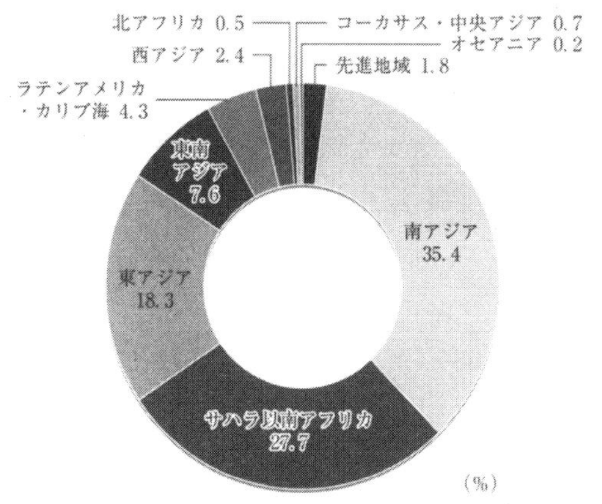

（国連食糧農業機関(2015年)により作成）

資料3　各国の食料摂取カロリー(一人あたり)

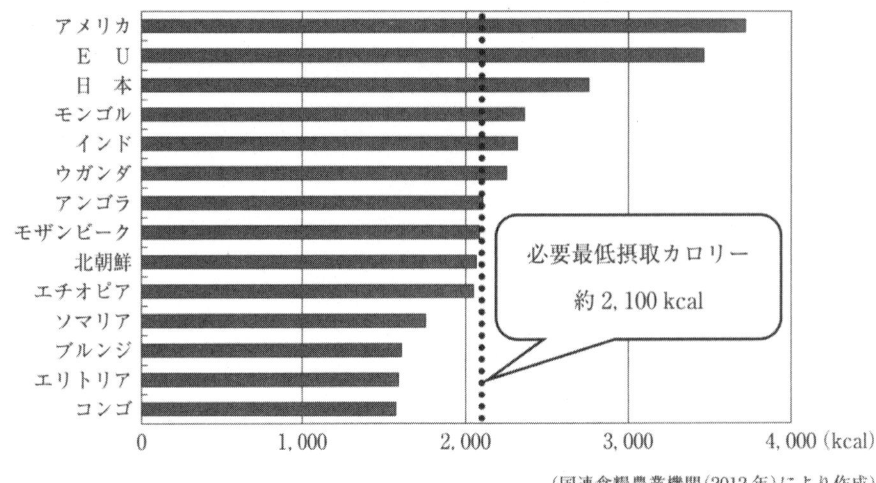

(国連食糧農業機関(2012年)により作成)

資料4　穀物等の地域別需給見通し

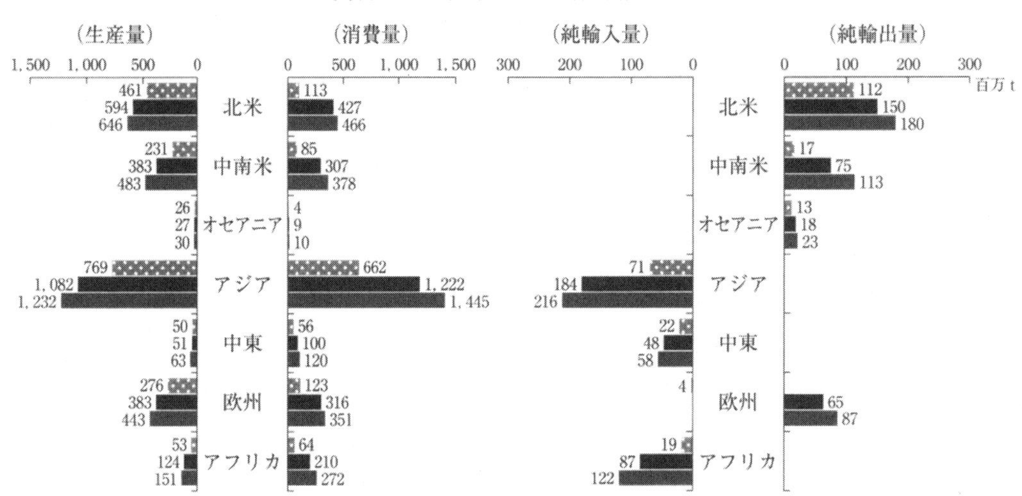

地域	生産量	消費量	純輸入量	純輸出量
北米	461	113		112
	594	427		150
	646	466		180
中南米	231	85		17
	383	307		75
	483	378		113
オセアニア	26	4		13
	27	9		18
	30	10		23
アジア	769	662	71	
	1,082	1,222	184	
	1,232	1,445	216	
中東	50	56	22	
	51	100	48	
	63	120	58	
欧州	276	123	4	
	383	316		65
	443	351		87
アフリカ	53	64	19	
	124	210	87	
	151	272	122	

(注1)　穀物等は小麦，とうもろこし，米，大豆の合計
(注2)　グラフ上段から2003-05年，2015-17年，2028年(予測)の数値

(平成30年度『食料・農業・農村白書』により作成)

	A	B	C	D
①	資料 2	資料 3	資料 1	資料 4
②	資料 2	資料 3	資料 4	資料 1
③	資料 3	資料 2	資料 1	資料 4
④	資料 3	資料 2	資料 4	資料 1

問 2 下線部分エコフィード(a)に関連して，次の文は，悠太郎さんが作成した**レポート**である。この**レポート**から読み取れる内容として**適切でないもの**を，次のページの①～④のうちから一つ選べ。解答番号は 24 。

レポート

写真 1　コーヒー皮等を利用した敷料

私の家は，X市郊外で酪農を営んでいます。国道に面し，周囲は住宅地のため，環境への配慮は欠かせません。近隣に住宅が増えてきた20年前から臭い対策として，市内の飲料工場からコーヒー皮・豆・粉を1日1000 kg入手し，牛舎の敷料として用いています(**写真1**)。これらは脱臭・吸湿効果があり，牛舎の臭いが抑えられるとともに，牛も快適に過ごすことができます。

写真 2　フルーツの残渣を利用した飼料

そして5年前からは，その飲料工場から排出されるビールかす，フルーツや野菜のしぼりかすなどの食品残渣を飼料として用いるエコフィードの活用を始めました(**写真2**)。

エコフィードは食品ロスの削減に役立つという意見があります。また酪農家にとっては，飼料代の削減になるというメリットがあります。ただ，牛に大好評かつ栄養も豊富なニンジンのしぼりかすは11月しか入手できないなど季節性があるため，成分や栄養価を考慮して飼料設計を行う必要があります。家では先に挙げたもののほかに，豆腐工場から大豆かす，食品工場から野菜くずなど多種類の原料を用いて成分を調整するとともに，外部の分析機関に成分分析を依頼して飼料設計を行っています。その甲斐もあり牛の健康状態は良好で，乳成分のばらつきが少なく，平均乳量もエコフィード導入前の23 kg/日･頭から27 kg/日･頭へ増加しました。

エコフィードの活用は，世界の食料事情にも良い影響をもたらします。左の**図1**は，畜産物1 kgの生産に必要な穀物量を表しています。畜産物1 kgの生産にはその何倍もの飼料穀物を家畜に与える必要があり，エコフィードの活用により飼料穀物の消費を抑えることは，食用の穀物を確保するための有効な手段であるといえます。

また，各国の飼料自給率の向上をはかる上でも重要な取り組みだと思います。

図1　畜産物1 kgの生産に必要な穀物量

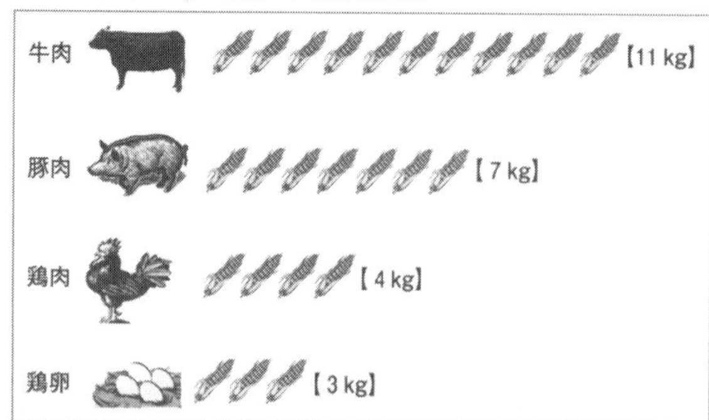

(注)　日本における飼養方法を基にしたとうもろこし換算による試算。
(「知ってる？日本の食料事情(平成28年8月　農林水産省発行)」より)

(磯沼ミルクファームホームページにより作成)

① エコフィードとは食品残渣を利用して製造された飼料のことで，飼料穀物の消費を抑え，食用の穀物を確保するための有効な手段である。

② エコフィードには特定の時期にしか入手できない野菜があるなど季節性があるため，多種類の原料を用いて成分を調整するなど，成分や栄養価を考慮して飼料設計を行う必要がある。

③ 畜産物1kgの生産には，その何倍もの飼料穀物を家畜に与える必要があるので，エコフィードの活用により飼料穀物の消費を抑えることは，食用の穀物を確保するための有効な手段である。

④ エコフィードはフルーツや野菜のしぼりかすなどの食品残渣を飼料として用いるため食品ロスの削減に役立つという意見があるが，酪農家には飼料代が増大するというデメリットがある。

令和２年度　第１回

解答・解説

【重要度の表記】

A：重要度が高く確実に正答したい設問。しっかり復習する必要のある問題です。

B：重要度はＡレベルよりすこし下で、やや難易度が高い設問または内容を読み取る設問。高得点を狙う人は復習しましょう！

C：重要度が低い、または難解な設問。軽く復習する程度でよいでしょう！

令和２年度 第１回 高卒認定試験

【解 答】

1	解答番号	正答	配点	2	解答番号	正答	配点	3	解答番号	正答	配点	4	解答番号	正答	配点
問１	1	③	4	問１	4	②	5	問１	7	①	4	問１	10	③	4
問２	2	②	4	問２	5	②	4	問２	8	④	4	問２	11	③	5
問３	3	④	4	問３	6	③	4	問３	9	④	4	問３	12	②	4

5	解答番号	正答	配点	6	解答番号	正答	配点	7	解答番号	正答	配点
問１	13	②	4	問１	18	③	4	問１	23	①	4
問２	14	③	4	問２	19	①	4	問２	24	④	4
問３	15	②	4	問３	20	④	4	-	-		
問４	16	④	4	問４	21	①	5	-	-		
問５	17	①	5	問５	22	③	4	-	-		

【解 説】

1

問１　空欄Ａについて、スライド【4】のグラフを見ると、1980年は約800、2019年は約400です。よって、空欄Ａには「約半分に減少」が当てはまります。北極海の海氷面積減少の原因として、二酸化炭素増加の影響による地球温暖化があります。よって、空欄Ｂには「地球上の二酸化炭素」が当てはまります。したがって、正解は③です。なお、ダイオキシンとは主にモノの不完全燃焼で生じる有害物質です。

解答番号【1】：3　⇒**重要度Ａ**

問２　空欄Ｃには、炭素税の目的である「イ」が当てはまります。日本では、2012年から「地球温暖化対策のための税」（環境税）が導入されているので、空欄Ｄには「ウ」が当てはまります。したがって、正解は②です。

解答番号【2】：2　⇒**重要度Ａ**

問３　空欄Ｅについて、新聞記事２の２行目を見ると、「アイスランドではすでに電力をすべて再生可能エネルギーでまかなっている」とあります。よって、空欄Ｅには「オ」が当てはまります。空欄Ｆには、再生可能エネルギーの特徴である「ク」が当てはまります。再生可能エネルギーの１つである風力発電は風の有無、太陽光発電は天候に発電量が左右

されますが、資源が枯渇することはありません。空欄Gは、新聞記事3の3行目に「一足飛びに変えるのは容易ではない」とありますので、「ケ」が当てはまります。したがって、正解は④です。

解答番号【3】：4　⇒**重要度A**

2

問1　レポートの文章から、孔子と老子の思想に関するキーワードを探すことで、正答を導き出すことができます。孔子については、レポート5～6行目を見ると、「学びによって自己を向上させ」ることを重視していることが分かります。一方、老子についてはレポート9～11行目を見ると、ありのままの自分を重視し、「学」でさえも無駄なものと捉えていることが分かります。よって、孔子のことばは「学び」に重点を置いた「イ」「ウ」、老子のことばは「無作為」に重点を置いた「ア」「エ」となり、正解は②となります。

解答番号【4】：2　⇒**重要度B**

問2　空欄Aについて、グラフ1を見ると、平成22年と令和元年のどちらの年においても、「満足」と答えた割合が、「不満」と答えた割合を上回っています。よって、空欄Aには「オ」が当てはまります。空欄Bについて、グラフ2を見ると、平成22年では、「不満」と答えた割合の方が「満足」と答えた割合よりも高くなっています。よって、空欄Bには「ク」が当てはまります。空欄Cについて、グラフ3を見ると、「お金を得るために働く」と答えた割合が56.4%で最も多くなっています。よって、空欄Cには「ケ」が当てはまります。空欄Dについて、グラフ4を見ると、「世の中のためになる仕事」が28.4%であり、「失業の心配がない仕事」の23.3%より上回っています。よって、空欄Dには「シ」が当てはまります。したがって、正解は②です。

解答番号【5】：2　⇒**重要度A**

問3　エリクソンは、青年期の発達課題としてアイデンティティの獲得を挙げています。よって、正解は③です。なお、①と②は幼児期、④は成人期の説明です。

解答番号【6】：3　⇒**重要度A**

3

問1　全会一致を採用しているのは、内閣で行う会議である「閣議」です。よって、空欄Aには「ア」が当てはまります。首相は「国会議員」による選挙で選ばれます。よって、空欄Bには「ウ」が当てはまります。したがって、正解は①です。なお、「イ」の「内閣不信任決議」は衆議院で行われ、出席議員の過半数で可決される多数決となっています。

解答番号【7】：1　⇒**重要度B**

問2　順番に政党の歴史を振り返りながら、正答を考えていきましょう。1955年、自民党と社会党が対峙する55年体制が成立しました。この体制では、自民党が社会党より2倍近い議席がありましたので、空欄Cには「カ」が当てはまります。長く続いていた自民党政権でしたが、次第に汚職事件が目立つようになり、1993 年には政治改革をめぐって自民党が分裂し、非自民党連立政権が誕生します。よって、空欄Dには「オ」が当てはまります。その後、再び自民党政権が続きますが、2009 年に民主党が中心の連立政権が誕生します。よって、空欄Eには民主党の数が多い「ク」が当てはまります。2012 年には再び自民党が中心の連立政権が誕生します。よって、空欄Fには自民党の数が多い「キ」が当てはまります。したがって、正解は④です。

解答番号【8】：4　　⇒重要度B

問３　空欄Gには、裁判員制度導入の目的である「コ」が当てはまります。裁判員制度は、第一審の地方裁判所で行われますので、空欄Hには「サ」が当てはまります。空欄Ｉは、メモの内容から使用したグラフを考えます。メモ３～４行目には、裁判員として裁判に参加した感想があり、メモ５行目には、裁判員の構成について書かれています。よって、伸二君はグラフ３と４を使用したと考えられます。よって、空欄Ｉには「セ」が当てはまります。したがって、正解は④です。

解答番号【9】：4　　⇒重要度B

4

問１　空欄Aには、友達からお土産をもらった際の契約を選びますので、無償で財産を与える契約に関する「贈与契約」が当てはまります。空欄Bには、消費者にとって一方的に不利益な契約を取り消すことができる「消費者契約法」が当てはまります。したがって、正解は③です。なお、「賃貸借契約法」とは、財の貸し借りに関する法律です。「消費者基本法」とは、消費者保護の基本方針を定めた法律です。

解答番号【10】：3　　⇒重要度B

問２　契約は、原則として一度成立すると、片方の都合だけで勝手にやめることはできません。ただし、契約の成立過程に問題がある時などは、契約を取り消すことができます。例えば、公序良俗に反する【ア】のようなケースや、労働基準法違反となる【ウ】のケースです。一方、【イ】の契約には契約の成立過程に問題は無く、契約取り消しの希望はＹの個人的な都合によるものである為、この場合は契約の取り消しはできません。したがって、正解は③です。

解答番号【11】：3　　⇒重要度B

問３　②が正解です。他の選択肢の不適切な点を確認しておきましょう。①の普通教育は、「受ける義務」ではなく「受けさせる義務」である為、誤りです。③の少年法ではおおむね 12 歳以上で 20 歳に満たない者が対象である為（2020 年 12 月現在）、誤りです。④の永住外国人の国政選挙権ですが、まだ実現されていない為、誤りです。

解答番号【12】：2　　⇒重要度B

5

問１　空欄Ａには、会話文５〜６行目のように国や自治体が公費で行うサービスである「行政サービス」が当てはまります。空欄Ｂには、金融機関の健全性を測る１つの目安である「自己資本比率」が当てはまります。したがって、正解は②です。一方、「メセナ」とは企業が行う文化や芸術の支援活動のことです。「預金準備率」とは、金融機関が預金の一部を日本銀行に預け入れる際の金額の比率のことです。

解答番号【13】：2　　⇒重要度B

問２　「特別会計」とは、あらかじめ用途が決まっているお金について、一般会計から切り離して経理する会計のことです。「一般会計」とは、予算のうち、通常経費をまかなうものです。空欄Ｃは、基本的な財政活動の支出について問われていますので、「一般会計」が当てはまります。空欄Ｄには、路線バスの委託金額の妥当性について、他の自治体と比較できる資料が当てはまります。それぞれの自治体が、全体の経費（歳出）の中でどれくらい路線バスに金額を使っているのかの割合を比較することで、ある自治体が多いのか少ないかを判断することができます。よって、空欄Ｄには「キ」が当てはまります。したがって、正解は③です。

解答番号【14】：3　　⇒重要度A

問３　モノの値段が上がるのは、需要が高い時、供給量が少ない時などです。設問の場合、ＹとＺの定価がともに10,000円であるにもかかわらず、Ｙの方が高値で売れているということは、Ｙが人気商品であり（需要が高い）、かつ手に入りにくい（供給量が少ない）ため、高値を払ってでも手に入れたい人達がいるからだと考えられます。よって、空欄Ｅには「ケ」が当てはまります。モノの値段は、市場に出回っている数が多くなると価格が下がります。よって、空欄Ｆには「シ」が当てはまります。したがって、正解は②です。

解答番号【15】：2　　⇒重要度B

問４　不適切なものを選びます。④のペイオフとは、金融機関が破綻した場合に、預金額のうち1,000万円とその利息分が保護される制度です。全額が保護されるわけではありません。よって、正解は④です。

解答番号【16】：4　　⇒重要度B

問５　正しい発言をしているのは、すずさんと瑛斗さんです。よって、正解は①です。では、修人さんと陽菜さんの誤った箇所を確認しておきましょう。修人さんの発言に「日本国内の労働組合の組織率が第二次戦後から現在にいたるまで一貫して上昇している」とありますが、労働組合の組織率は戦後〜現在に至るまで、徐々に減少傾向にあるので誤りです。また、陽菜さんの発言に「高度経済成長期には第三次産業への投資が活発になり」とありますが、第二次産業への投資が活発であったため、誤りです。

解答番号【17】：1　　⇒重要度B

6

問１　空欄Ａには、国を越えて人間や情報が行き来することである「グローバル化」が当てはまります。空欄Ｂには、政府開発援助を指す「ODA」が当てはまります。したがって、正解は③です。なお、「二重構造」とは大企業と中小企業間にある様々な格差のことです。「DAC」は国連機関の開発援助委員会です。

解答番号【18】：３　　⇒ **重要度Ａ**

問２　「ア」のWTO設立は1995年、「イ」のリーマンショックは2008年、「ウ」のドーハ＝ラウンドは2001年、「エ」のG 20サミットの開催がリーマンショック後の出来事です。したがって、古い順に並べるとア→ウ→イ→エの順となり、正解は①です。

解答番号【19】：１　　⇒ **重要度Ｂ**

問３　適切でないものを選びます。国際連合は加盟国に自衛権の行使権を認めています。よって、正解は④です。

解答番号【20】：４　　⇒ **重要度Ａ**

問４　表１の米国を見ると、平成25～27年の拠点数は７千件台なので、「カ」は誤りです。よって、空欄Ｃには「オ」が当てはまります。表１のフィリピンを見ると、いずれの年も前年比が10％を下回っているので、「ク」は誤りです。よって、空欄Ｄには「キ」が当てはまります。表２のカナダと米国の増加率を比較すると、平成29年は、カナダは米国より下回っているので、「コ」は誤りです。よって、空欄Ｅには「ケ」が当てはまります。よって、正解は①です。

解答番号【21】：１　　⇒ **重要度Ａ**

問５　①について、各スポーツ支援事業は「各地方公共団体の独自の事業として実施されている」とありますが、資料１の13～16行目を見ると、実施しているのは外務省であることが分かります。よって、①は誤りです。②について、在外公館は「茶道、華道など日本の伝統文化のみを紹介している」とありますが、資料１の４～５行目を見ると、他にもアニメ、ファッションなどの文化も紹介していることが分かります。よって、②は誤りです。④について、「首都東京の魅力の発信を、ソーシャル・ネットワーキング・サービスを通じて行うことを検討」とありますが、資料１の10～11行目を見ると、東京に限らずオールジャパンで取り組んでいることが分かります。よって、④は誤りです。したがって、正解は③です。

解答番号【22】：３　　⇒ **重要度Ｂ**

7

問１　各空欄前後の会話文を参考に当てはまる資料を考えます。空欄Ａは、世界の飢餓人口を知ることができるグラフを選びます。会話文５～６行目に「飢餓人口の割合が高い地域は、南アジアとサハラ以南アフリカ」とありますので、空欄Ａには「資料２」が当てはまります。空欄Ｂは、栄養状態の地域格差が分かるグラフを選びます。会話文10行目に「サハ

ラ以南アフリカの国の人々が、必要最低摂取カロリーを摂れていない」とありますので、空欄Bには「資料3」が当てはまります。空欄Cには、穀物生産量が分かるグラフを選びますので、資料1を選びます。空欄Dには、穀物等の輸入量が分かるグラフを選びますので、資料4が当てはまります。したがって、正解は①です。

解答番号【23】：1　　⇒**重要度A**

問2　不適切なものを選びます。レポート14～15行目を見ると、エコフィードについて「飼料代の削減になるというメリットがあります」とありますので、④は誤りです。したがって、正解は④です。

解答番号【24】：4　　⇒**重要度A**

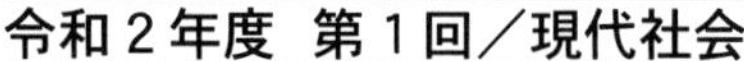

キリトリ線

第　回　高等学校卒業程度認定試験

現代社会　解答用紙

氏　名	

受験番号 ⇒

①	⓪①②③④⑤⑥⑦⑧⑨	⓪①②③④⑤⑥⑦⑧⑨	⓪①②③④⑤⑥⑦⑧⑨	⓪①②③④⑤⑥⑦⑧⑨

生年月日 ⇒

年号						
明治 Ⓜ 大正 Ⓣ 昭和 Ⓢ 平成 Ⓗ	⓪①②③④⑤⑥	⓪①②③④⑤⑥⑦⑧⑨	⓪①	⓪①②③④⑤⑥⑦⑧⑨	⓪①②③	⓪①②③④⑤⑥⑦⑧⑨

（注意事項）
1．記入はすべてＨまたはＨＢの黒色鉛筆を使用してください。
2．訂正するときは、プラスチックの消しゴムで丁寧に消し、消しくずを残さないでください。
3．所定の記入欄以外には何も記入しないでください。
4．解答用紙を汚したり、折り曲げたりしないでください。
5．マーク例　良い例　悪い例

受験地	
北海道 ○	滋賀 ○
青森 ○	京都 ○
岩手 ○	大阪 ○
宮城 ○	兵庫 ○
秋田 ○	奈良 ○
山形 ○	和歌山 ○
福島 ○	鳥取 ○
茨城 ○	島根 ○
栃木 ○	岡山 ○
群馬 ○	広島 ○
埼玉 ○	山口 ○
千葉 ○	徳島 ○
東京 ○	香川 ○
神奈川 ○	愛媛 ○
新潟 ○	高知 ○
富山 ○	福岡 ○
石川 ○	佐賀 ○
福井 ○	長崎 ○
山梨 ○	熊本 ○
長野 ○	大分 ○
岐阜 ○	宮崎 ○
静岡 ○	鹿児島 ○
愛知 ○	沖縄 ○
三重 ○	

解答番号	解答欄 1 2 3 4 5 6 7 8 9 0
1	①②③④⑤⑥⑦⑧⑨⓪
2	①②③④⑤⑥⑦⑧⑨⓪
3	①②③④⑤⑥⑦⑧⑨⓪
4	①②③④⑤⑥⑦⑧⑨⓪
5	①②③④⑤⑥⑦⑧⑨⓪
6	①②③④⑤⑥⑦⑧⑨⓪
7	①②③④⑤⑥⑦⑧⑨⓪
8	①②③④⑤⑥⑦⑧⑨⓪
9	①②③④⑤⑥⑦⑧⑨⓪
10	①②③④⑤⑥⑦⑧⑨⓪
11	①②③④⑤⑥⑦⑧⑨⓪
12	①②③④⑤⑥⑦⑧⑨⓪
13	①②③④⑤⑥⑦⑧⑨⓪
14	①②③④⑤⑥⑦⑧⑨⓪
15	①②③④⑤⑥⑦⑧⑨⓪

解答番号	解答欄 1 2 3 4 5 6 7 8 9 0
16	①②③④⑤⑥⑦⑧⑨⓪
17	①②③④⑤⑥⑦⑧⑨⓪
18	①②③④⑤⑥⑦⑧⑨⓪
19	①②③④⑤⑥⑦⑧⑨⓪
20	①②③④⑤⑥⑦⑧⑨⓪
21	①②③④⑤⑥⑦⑧⑨⓪
22	①②③④⑤⑥⑦⑧⑨⓪
23	①②③④⑤⑥⑦⑧⑨⓪
24	①②③④⑤⑥⑦⑧⑨⓪
25	①②③④⑤⑥⑦⑧⑨⓪
26	①②③④⑤⑥⑦⑧⑨⓪
27	①②③④⑤⑥⑦⑧⑨⓪
28	①②③④⑤⑥⑦⑧⑨⓪
29	①②③④⑤⑥⑦⑧⑨⓪
30	①②③④⑤⑥⑦⑧⑨⓪

キ リ ト リ 線

第　　回　高等学校卒業程度認定試験

現代社会　解答用紙

氏　名	

受験番号 ⇒

①	⓪①②③④⑤⑥⑦⑧⑨	⓪①②③④⑤⑥⑦⑧⑨	⓪①②③④⑤⑥⑦⑧⑨	⓪①②③④⑤⑥⑦⑧⑨

生年月日 ⇒

年号						
明治 Ⓜ 大正 Ⓣ 昭和 Ⓢ 平成 Ⓗ	⓪①②③④⑤⑥	⓪①②③④⑤⑥⑦⑧⑨	⓪①	⓪①②③④⑤⑥⑦⑧⑨	⓪①②③	⓪①②③④⑤⑥⑦⑧⑨

（注意事項）

1．記入はすべてＨまたはＨＢの黒色鉛筆を使用してください。

2．訂正するときは、プラスチックの消しゴムで丁寧に消し、消しくずを残さないでください。

3．所定の記入欄以外には何も記入しないでください。

4．解答用紙を汚したり、折り曲げたりしないでください。

5．マーク例

良い例	●	悪い例							

受　験　地	
北海道 ○	滋　賀 ○
青　森 ○	京　都 ○
岩　手 ○	大　阪 ○
宮　城 ○	兵　庫 ○
秋　田 ○	奈　良 ○
山　形 ○	和歌山 ○
福　島 ○	鳥　取 ○
茨　城 ○	島　根 ○
栃　木 ○	岡　山 ○
群　馬 ○	広　島 ○
埼　玉 ○	山　口 ○
千　葉 ○	徳　島 ○
東　京 ○	香　川 ○
神奈川 ○	愛　媛 ○
新　潟 ○	高　知 ○
富　山 ○	福　岡 ○
石　川 ○	佐　賀 ○
福　井 ○	長　崎 ○
山　梨 ○	熊　本 ○
長　野 ○	大　分 ○
岐　阜 ○	宮　崎 ○
静　岡 ○	鹿児島 ○
愛　知 ○	沖　縄 ○
三　重 ○	

解答番号	解　答　欄 1 2 3 4 5 6 7 8 9 0
1	①②③④⑤⑥⑦⑧⑨⓪
2	①②③④⑤⑥⑦⑧⑨⓪
3	①②③④⑤⑥⑦⑧⑨⓪
4	①②③④⑤⑥⑦⑧⑨⓪
5	①②③④⑤⑥⑦⑧⑨⓪
6	①②③④⑤⑥⑦⑧⑨⓪
7	①②③④⑤⑥⑦⑧⑨⓪
8	①②③④⑤⑥⑦⑧⑨⓪
9	①②③④⑤⑥⑦⑧⑨⓪
10	①②③④⑤⑥⑦⑧⑨⓪
11	①②③④⑤⑥⑦⑧⑨⓪
12	①②③④⑤⑥⑦⑧⑨⓪
13	①②③④⑤⑥⑦⑧⑨⓪
14	①②③④⑤⑥⑦⑧⑨⓪
15	①②③④⑤⑥⑦⑧⑨⓪

解答番号	解　答　欄 1 2 3 4 5 6 7 8 9 0
16	①②③④⑤⑥⑦⑧⑨⓪
17	①②③④⑤⑥⑦⑧⑨⓪
18	①②③④⑤⑥⑦⑧⑨⓪
19	①②③④⑤⑥⑦⑧⑨⓪
20	①②③④⑤⑥⑦⑧⑨⓪
21	①②③④⑤⑥⑦⑧⑨⓪
22	①②③④⑤⑥⑦⑧⑨⓪
23	①②③④⑤⑥⑦⑧⑨⓪
24	①②③④⑤⑥⑦⑧⑨⓪
25	①②③④⑤⑥⑦⑧⑨⓪
26	①②③④⑤⑥⑦⑧⑨⓪
27	①②③④⑤⑥⑦⑧⑨⓪
28	①②③④⑤⑥⑦⑧⑨⓪
29	①②③④⑤⑥⑦⑧⑨⓪
30	①②③④⑤⑥⑦⑧⑨⓪

キリトリ線

第　　回　高等学校卒業程度認定試験

現代社会　解答用紙

氏　名	

受験番号 ⇒

①	⓪①②③④⑤⑥⑦⑧⑨	⓪①②③④⑤⑥⑦⑧⑨	⓪①②③④⑤⑥⑦⑧⑨	⓪①②③④⑤⑥⑦⑧⑨

生年月日 ⇒

年号						
明治 Ⓜ 大正 Ⓣ 昭和 Ⓢ 平成 Ⓗ	⓪①②③④⑤⑥	⓪①②③④⑤⑥⑦⑧⑨	⓪①	⓪①②③④⑤⑥⑦⑧⑨	⓪①②③	⓪①②③④⑤⑥⑦⑧⑨

受験地	
北海道 〇	滋　賀 〇
青　森 〇	京　都 〇
岩　手 〇	大　阪 〇
宮　城 〇	兵　庫 〇
秋　田 〇	奈　良 〇
山　形 〇	和歌山 〇
福　島 〇	鳥　取 〇
茨　城 〇	島　根 〇
栃　木 〇	岡　山 〇
群　馬 〇	広　島 〇
埼　玉 〇	山　口 〇
千　葉 〇	徳　島 〇
東　京 〇	香　川 〇
神奈川 〇	愛　媛 〇
新　潟 〇	高　知 〇
富　山 〇	福　岡 〇
石　川 〇	佐　賀 〇
福　井 〇	長　崎 〇
山　梨 〇	熊　本 〇
長　野 〇	大　分 〇
岐　阜 〇	宮　崎 〇
静　岡 〇	鹿児島 〇
愛　知 〇	沖　縄 〇
三　重 〇	

（注意事項）

1．記入はすべてＨまたはＨＢの黒色鉛筆を使用してください。
2．訂正するときは、プラスチックの消しゴムで丁寧に消し、消しくずを残さないでください。
3．所定の記入欄以外には何も記入しないでください。
4．解答用紙を汚したり、折り曲げたりしないでください。
5．マーク例

良い例	●

悪い例	

解答番号	解答欄 1 2 3 4 5 6 7 8 9 0
1	①②③④⑤⑥⑦⑧⑨⓪
2	①②③④⑤⑥⑦⑧⑨⓪
3	①②③④⑤⑥⑦⑧⑨⓪
4	①②③④⑤⑥⑦⑧⑨⓪
5	①②③④⑤⑥⑦⑧⑨⓪
6	①②③④⑤⑥⑦⑧⑨⓪
7	①②③④⑤⑥⑦⑧⑨⓪
8	①②③④⑤⑥⑦⑧⑨⓪
9	①②③④⑤⑥⑦⑧⑨⓪
10	①②③④⑤⑥⑦⑧⑨⓪
11	①②③④⑤⑥⑦⑧⑨⓪
12	①②③④⑤⑥⑦⑧⑨⓪
13	①②③④⑤⑥⑦⑧⑨⓪
14	①②③④⑤⑥⑦⑧⑨⓪
15	①②③④⑤⑥⑦⑧⑨⓪

解答番号	解答欄 1 2 3 4 5 6 7 8 9 0
16	①②③④⑤⑥⑦⑧⑨⓪
17	①②③④⑤⑥⑦⑧⑨⓪
18	①②③④⑤⑥⑦⑧⑨⓪
19	①②③④⑤⑥⑦⑧⑨⓪
20	①②③④⑤⑥⑦⑧⑨⓪
21	①②③④⑤⑥⑦⑧⑨⓪
22	①②③④⑤⑥⑦⑧⑨⓪
23	①②③④⑤⑥⑦⑧⑨⓪
24	①②③④⑤⑥⑦⑧⑨⓪
25	①②③④⑤⑥⑦⑧⑨⓪
26	①②③④⑤⑥⑦⑧⑨⓪
27	①②③④⑤⑥⑦⑧⑨⓪
28	①②③④⑤⑥⑦⑧⑨⓪
29	①②③④⑤⑥⑦⑧⑨⓪
30	①②③④⑤⑥⑦⑧⑨⓪

キリトリ線

第　　回　高等学校卒業程度認定試験

現代社会　解答用紙

氏　名	

（注意事項）
1．記入はすべてＨまたはＨＢの黒色鉛筆を使用してください。
2．訂正するときは、プラスチックの消しゴムで丁寧に消し、消しくずを残さないでください。
3．所定の記入欄以外には何も記入しないでください。
4．解答用紙を汚したり、折り曲げたりしないでください。
5．マーク例

良い例	●

悪い例	◐ ◆ ⊖ ⊙ ◒ ◓ ⊘

受験番号⇒

①	⓪①②③④⑤⑥⑦⑧⑨	⓪①②③④⑤⑥⑦⑧⑨	⓪①②③④⑤⑥⑦⑧⑨	⓪①②③④⑤⑥⑦⑧⑨

生年月日⇒

年号						
明治Ⓜ 大正Ⓣ 昭和Ⓢ 平成Ⓗ	⓪①②③④⑤⑥	⓪①②③④⑤⑥⑦⑧⑨	⓪①	⓪①②③④⑤⑥⑦⑧⑨	⓪①②③	⓪①②③④⑤⑥⑦⑧⑨

受験地	
北海道 ○	滋賀 ○
青森 ○	京都 ○
岩手 ○	大阪 ○
宮城 ○	兵庫 ○
秋田 ○	奈良 ○
山形 ○	和歌山 ○
福島 ○	鳥取 ○
茨城 ○	島根 ○
栃木 ○	岡山 ○
群馬 ○	広島 ○
埼玉 ○	山口 ○
千葉 ○	徳島 ○
東京 ○	香川 ○
神奈川 ○	愛媛 ○
新潟 ○	高知 ○
富山 ○	福岡 ○
石川 ○	佐賀 ○
福井 ○	長崎 ○
山梨 ○	熊本 ○
長野 ○	大分 ○
岐阜 ○	宮崎 ○
静岡 ○	鹿児島 ○
愛知 ○	沖縄 ○
三重 ○	

解答番号	解答欄 1 2 3 4 5 6 7 8 9 0
1	①②③④⑤⑥⑦⑧⑨⓪
2	①②③④⑤⑥⑦⑧⑨⓪
3	①②③④⑤⑥⑦⑧⑨⓪
4	①②③④⑤⑥⑦⑧⑨⓪
5	①②③④⑤⑥⑦⑧⑨⓪
6	①②③④⑤⑥⑦⑧⑨⓪
7	①②③④⑤⑥⑦⑧⑨⓪
8	①②③④⑤⑥⑦⑧⑨⓪
9	①②③④⑤⑥⑦⑧⑨⓪
10	①②③④⑤⑥⑦⑧⑨⓪
11	①②③④⑤⑥⑦⑧⑨⓪
12	①②③④⑤⑥⑦⑧⑨⓪
13	①②③④⑤⑥⑦⑧⑨⓪
14	①②③④⑤⑥⑦⑧⑨⓪
15	①②③④⑤⑥⑦⑧⑨⓪

解答番号	解答欄 1 2 3 4 5 6 7 8 9 0
16	①②③④⑤⑥⑦⑧⑨⓪
17	①②③④⑤⑥⑦⑧⑨⓪
18	①②③④⑤⑥⑦⑧⑨⓪
19	①②③④⑤⑥⑦⑧⑨⓪
20	①②③④⑤⑥⑦⑧⑨⓪
21	①②③④⑤⑥⑦⑧⑨⓪
22	①②③④⑤⑥⑦⑧⑨⓪
23	①②③④⑤⑥⑦⑧⑨⓪
24	①②③④⑤⑥⑦⑧⑨⓪
25	①②③④⑤⑥⑦⑧⑨⓪
26	①②③④⑤⑥⑦⑧⑨⓪
27	①②③④⑤⑥⑦⑧⑨⓪
28	①②③④⑤⑥⑦⑧⑨⓪
29	①②③④⑤⑥⑦⑧⑨⓪
30	①②③④⑤⑥⑦⑧⑨⓪

---- キリトリ線 ----

第　　回　高等学校卒業程度認定試験

現代社会　解答用紙

氏　名	

（注意事項）
1．記入はすべてＨまたはＨＢの黒色鉛筆を使用してください。
2．訂正するときは、プラスチックの消しゴムで丁寧に消し、消しくずを残さないでください。
3．所定の記入欄以外には何も記入しないでください。
4．解答用紙を汚したり、折り曲げたりしないでください。
5．マーク例

良い例	●

悪い例	(不正なマークの例)

受験番号⇒

①	⓪①②③④⑤⑥⑦⑧⑨	⓪①②③④⑤⑥⑦⑧⑨	⓪①②③④⑤⑥⑦⑧⑨	⓪①②③④⑤⑥⑦⑧⑨

生年月日⇒

年号						
明治Ⓜ 大正Ⓣ 昭和Ⓢ 平成Ⓗ	⓪①②③④⑤⑥	⓪①②③④⑤⑥⑦⑧⑨	⓪①	⓪①②③④⑤⑥⑦⑧⑨	⓪①②③	⓪①②③④⑤⑥⑦⑧⑨

受験地	
北海道 ○	滋　賀 ○
青　森 ○	京　都 ○
岩　手 ○	大　阪 ○
宮　城 ○	兵　庫 ○
秋　田 ○	奈　良 ○
山　形 ○	和歌山 ○
福　島 ○	鳥　取 ○
茨　城 ○	島　根 ○
栃　木 ○	岡　山 ○
群　馬 ○	広　島 ○
埼　玉 ○	山　口 ○
千　葉 ○	徳　島 ○
東　京 ○	香　川 ○
神奈川 ○	愛　媛 ○
新　潟 ○	高　知 ○
富　山 ○	福　岡 ○
石　川 ○	佐　賀 ○
福　井 ○	長　崎 ○
山　梨 ○	熊　本 ○
長　野 ○	大　分 ○
岐　阜 ○	宮　崎 ○
静　岡 ○	鹿児島 ○
愛　知 ○	沖　縄 ○
三　重 ○	

解答番号	解答欄 1 2 3 4 5 6 7 8 9 0
1	①②③④⑤⑥⑦⑧⑨⓪
2	①②③④⑤⑥⑦⑧⑨⓪
3	①②③④⑤⑥⑦⑧⑨⓪
4	①②③④⑤⑥⑦⑧⑨⓪
5	①②③④⑤⑥⑦⑧⑨⓪
6	①②③④⑤⑥⑦⑧⑨⓪
7	①②③④⑤⑥⑦⑧⑨⓪
8	①②③④⑤⑥⑦⑧⑨⓪
9	①②③④⑤⑥⑦⑧⑨⓪
10	①②③④⑤⑥⑦⑧⑨⓪
11	①②③④⑤⑥⑦⑧⑨⓪
12	①②③④⑤⑥⑦⑧⑨⓪
13	①②③④⑤⑥⑦⑧⑨⓪
14	①②③④⑤⑥⑦⑧⑨⓪
15	①②③④⑤⑥⑦⑧⑨⓪

解答番号	解答欄 1 2 3 4 5 6 7 8 9 0
16	①②③④⑤⑥⑦⑧⑨⓪
17	①②③④⑤⑥⑦⑧⑨⓪
18	①②③④⑤⑥⑦⑧⑨⓪
19	①②③④⑤⑥⑦⑧⑨⓪
20	①②③④⑤⑥⑦⑧⑨⓪
21	①②③④⑤⑥⑦⑧⑨⓪
22	①②③④⑤⑥⑦⑧⑨⓪
23	①②③④⑤⑥⑦⑧⑨⓪
24	①②③④⑤⑥⑦⑧⑨⓪
25	①②③④⑤⑥⑦⑧⑨⓪
26	①②③④⑤⑥⑦⑧⑨⓪
27	①②③④⑤⑥⑦⑧⑨⓪
28	①②③④⑤⑥⑦⑧⑨⓪
29	①②③④⑤⑥⑦⑧⑨⓪
30	①②③④⑤⑥⑦⑧⑨⓪

キリトリ線

第　回　高等学校卒業程度認定試験

現代社会　解答用紙

氏　名	

（注意事項）
1．記入はすべてＨまたはＨＢの黒色鉛筆を使用してください。
2．訂正するときは、プラスチックの消しゴムで丁寧に消し、消しくずを残さないでください。
3．所定の記入欄以外には何も記入しないでください。
4．解答用紙を汚したり、折り曲げたりしないでください。
5．マーク例

良い例	●

悪い例	

受験番号⇒

①	⓪①②③④⑤⑥⑦⑧⑨	⓪①②③④⑤⑥⑦⑧⑨	⓪①②③④⑤⑥⑦⑧⑨	⓪①②③④⑤⑥⑦⑧⑨

生年月日⇒

年号						
明治Ⓜ 大正Ⓣ 昭和Ⓢ 平成Ⓗ	⓪①②③④⑤⑥	⓪①②③④⑤⑥⑦⑧⑨	⓪①	⓪①②③④⑤⑥⑦⑧⑨	⓪①②③	⓪①②③④⑤⑥⑦⑧⑨

受　験　地	
北海道 ○	滋　賀 ○
青　森 ○	京　都 ○
岩　手 ○	大　阪 ○
宮　城 ○	兵　庫 ○
秋　田 ○	奈　良 ○
山　形 ○	和歌山 ○
福　島 ○	鳥　取 ○
茨　城 ○	島　根 ○
栃　木 ○	岡　山 ○
群　馬 ○	広　島 ○
埼　玉 ○	山　口 ○
千　葉 ○	徳　島 ○
東　京 ○	香　川 ○
神奈川 ○	愛　媛 ○
新　潟 ○	高　知 ○
富　山 ○	福　岡 ○
石　川 ○	佐　賀 ○
福　井 ○	長　崎 ○
山　梨 ○	熊　本 ○
長　野 ○	大　分 ○
岐　阜 ○	宮　崎 ○
静　岡 ○	鹿児島 ○
愛　知 ○	沖　縄 ○
三　重 ○	

解答番号	解答欄 1 2 3 4 5 6 7 8 9 0
1	①②③④⑤⑥⑦⑧⑨⓪
2	①②③④⑤⑥⑦⑧⑨⓪
3	①②③④⑤⑥⑦⑧⑨⓪
4	①②③④⑤⑥⑦⑧⑨⓪
5	①②③④⑤⑥⑦⑧⑨⓪
6	①②③④⑤⑥⑦⑧⑨⓪
7	①②③④⑤⑥⑦⑧⑨⓪
8	①②③④⑤⑥⑦⑧⑨⓪
9	①②③④⑤⑥⑦⑧⑨⓪
10	①②③④⑤⑥⑦⑧⑨⓪
11	①②③④⑤⑥⑦⑧⑨⓪
12	①②③④⑤⑥⑦⑧⑨⓪
13	①②③④⑤⑥⑦⑧⑨⓪
14	①②③④⑤⑥⑦⑧⑨⓪
15	①②③④⑤⑥⑦⑧⑨⓪

解答番号	解答欄 1 2 3 4 5 6 7 8 9 0
16	①②③④⑤⑥⑦⑧⑨⓪
17	①②③④⑤⑥⑦⑧⑨⓪
18	①②③④⑤⑥⑦⑧⑨⓪
19	①②③④⑤⑥⑦⑧⑨⓪
20	①②③④⑤⑥⑦⑧⑨⓪
21	①②③④⑤⑥⑦⑧⑨⓪
22	①②③④⑤⑥⑦⑧⑨⓪
23	①②③④⑤⑥⑦⑧⑨⓪
24	①②③④⑤⑥⑦⑧⑨⓪
25	①②③④⑤⑥⑦⑧⑨⓪
26	①②③④⑤⑥⑦⑧⑨⓪
27	①②③④⑤⑥⑦⑧⑨⓪
28	①②③④⑤⑥⑦⑧⑨⓪
29	①②③④⑤⑥⑦⑧⑨⓪
30	①②③④⑤⑥⑦⑧⑨⓪

2023　高卒認定スーパー実戦過去問題集
現代社会

2023年　2月7日　初版　第1刷発行

編集：J-出版編集部
制作：J-Web School
発行：J-出版

〒112-0002 東京都文京区小石川2-3-4 第一川田ビル TEL 03-5800-0552
J-出版.Net　http://www.j-publish.net/

この本についてのご質問・ご要望は次のところへお願いいたします。
*企画・編集内容に関することは、J-出版編集部（03-5800-0552）
*在庫・不良品（乱丁・落丁等）に関することは、J-出版（03-5800-0552）
*定価はカバーに記載してあります。

ISBN978-4-909326-73-7 C7300 Printed in Japan